Nove Zamky
Zemné
Trhová Hradská
Dubník
Komoča
Bruty
Hurbanovo
Veľký Meder
Ižop
Holiare
Čalovec
Zemianska Olča
Mudroňovo
Modrany
Bátorove Kosihy
Búč
Belá
Chotín
Srobárová
Marcelová
Zlatná
Nová Stráž
Čičov
Trávnik
Veľké Kosihy
Kližska
Gönyű
Győrszentiván
Nagyszentjános
Ács
Bőny
Bana
Bábolna
Komárom
Komárno
Szőny
Almásfüzitő
Neszmély
Virt
Radvaň
Iža
Naszály
Szomód
Dunaszentmiklós
Tata
Kertváros
Vértesszőlős
Csém
Mocsa
Kisigmánd
Nagyigmánd
Kocs
Tatabánya
Mésztelep
Újtelep
Környe
Kömlőd
Szákszend
Kecskéd
Vértessomló
Dad
Kisbér
Császár
Ete
Bársonyos
Tárkány
Csép
Réttalap
Mezőörs
Töltéstava
Pér
Győrság
Pannonhalma
Écs
Ravazd
Táp
Tardos
Vértestolna
Süttő
Lábatlan
Nyergesújfalu
Kravany
Bajót
Tát
Tokod
Tokodaltáró
Dorog
Esztergom
Esztergom Kertváros
Kesztölc
Csolnok
Nagysáp
Sárisáp
Kamenica
Obid
Vámosmikola
Rastovce
Nagybörzsöny
Malé Kosihy
Salka
Máriánosztra
Bajtava
Ipolydamásd
Szob
Nagymaros
Visegrád
Kisoroszi
Pilismarót
Dömös
Pilisszentlászló
Pilisszentkereszt
Piliscsév
Pilisszántó
Piliscsaba
Pilisvörösvár
Csobánka
Tinnye
Perbál
Solymár
Nagykovácsi
Pesthidekút
Budajenő
Paty
Budakeszi
Bicske
Szárliget
Szár
Felcsút
Etyek
Biatorbágy
Törökbálint
Vértesboglár
Alcsútdoboz
Tabajd
Csákvár
Vértesacsa
Gyúró
Vál
Sóskút
Tárnok
Érd
Diósd
Mór
Kosd
Rád
Vác
Václiget
Váchuka
Csörög
Sződ
Vácrátót
Tahitótfalu
Leányfalu
Göd
Szentendre
Pomáz
Budakalász
Dunakeszi
Fót
Veresegyház
Szada
Mogyoród
Békásmegyer
Csillaghegy
Újpest
Rákospalota
Angyalföld
Kerepes
Kistarcsa
Szabadságtelep
Nagytarcsa
Mátyásföld
Vérhalom
Budapest
Józsefváros
Ferencváros
Kelenföld
Budaörs
Albertfalva
Kispest
Pesterzsébet
Pestszentlőrinc
Rákoshegy
Rákoscsaba
Ecser
Csepel
Soroksár
Királyerdő
Budatétény
Nagytétény
Halásztelek
Dunaharaszti
Gyál
Vecsés
Felsőpakony
Szátok
Magyarn
B7
B8
B9
C8
C9
C10
C11
D1
D2
D3
D4
E1
E2
E3
E4
F1
F4
F5
F6
F7
F8

bikeline®-Radtourenbuch
Donau-Radweg 3
© 1992-2022, **Verlag Esterbauer GmbH**
A-3751 Rodingersdorf, Hauptstr. 31
Tel.: +43/2983/28982-0, Fax: -500
E-Mail: bikeline@esterbauer.com
www.esterbauer.com
15. aktualisierte Auflage, Sommer 2022
ISBN 978-3-7111-0070-2
Bitte geben Sie bei jeder Korrespondenz die ISBN an!

Dank an alle, die uns bei der Erstellung dieses Buches tatkräftig unterstützt haben.

Das *bikeline*-Team: Birgit Albrecht-Walzer, Katrin Baumhauer, Beatrix Bauer, Michael Binder, Veronika Bock, Petra Bruckmüller, Roland Esterbauer, Dagmar Güldenpfennig, Martina Kreindl, Gregor Münch, Mario Nakić, Karin Neichsner, Carmen Paradeiser, Amélie Pommier, Manuel Randa, Petra Schartner, Sonja Schleifer, Christian Thoren, Isabella Tillich, Martin Trippmacher, Carina Winkelhofer, Martin Wischin, Wolfgang Zangerl

Umschlagbilder: Bild gr.: © milosk50 - Fotolia; Bild kl. oben: © Jenifoto - fotolia; Bild kl. unten: © Jerzy Bin - Fotolia
Bildnachweis: anderm - stock.adobe.com: 106; © avirid - Fotolia: 8; Blumesser - stock.adobe.com: 116; dmpalino - stock.adobe.com: 54; dudlajzov stock.adobe.com: 74; Erik Schmidt: 10, 62; Ferenc - stock.adobe.com: 96; Frank Wagner - stock.adobe.com: 20; Gästeinformationsbüro Hainburg: 36; GezaKurkaPhotos - stock.adobe.com: 112; Jaroslav Moravcik - stock.adobe.com: 78, 84; © kotomiti - Fotolia: 45; Mikhail Markovskiy - stock.adobe.com: 90; © mRGB - Fotolia: 23; © Noppasinw - Fotolia: 120, 123; Österr. Bundesforste: 32; Pasztilla aka Attila Terbócs, CC BY-SA 4.0 <https://creativecommons.org/licenses/by-sa/4.0>, via Wikimedia Commons: 68;© PHB.cz - Fotolia: 42; photo 5000 - stock.adobe.com: 25; Posztós János - stock.adobe.com: 94; © Renáta Sedmáková - Fotolia: 7; rihas - stock.adobe.com: 72;Roland- stock.adobe.com: 61; Roland Esterbauer: 17, 66; SAndor - stock.adobe.com: 100; Sergii Figurnyi - stock.adobe.com: 41; Shchipkova Elena - stock.adobe.com: 52; Sina Ettmer - stock.adobe.com: 118; Stadtverwaltung Györ: 70; Steve - stock.adobe.com: 88; tamas - stock.adobe.com: 80; Tourinform Vác: 108; Ungor - stock.adobe.com: 93; WerbeGrafikDesign Eva Horak: 30; zgphotography - stock.adobe.com: 104

Kartographie erstellt mit axpand (www.axes-systems.com)

Wetterfest und robust!

Für die Innenseiten dieses Buches haben wir uns etwas Besonderes einfallen lassen. Die Seiten bestehen aus hochwertigem Landkartenpapier, welches mit einer robusten und wasserabweisenden Beschichtung versehen wurde. Somit übersteht es unbeschadet auch mal ein Regenwetter.
Bitte beachten Sie: wetterfest und wasserabweisend bedeutet nicht wasserfest! Die Seiten sind gut gegen Spritzwasser geschützt und kleben, wenn sie feucht werden, nicht aneinander. Dennoch darf das Buch nicht komplett durchnässt werden.
Bitte verwenden Sie bei Dauerregen zusätzlich einen Regenschutz.

bikeline

Was ist bikeline?

Wir sind ein Team von Redakteuren, Kartografen, Geografen und anderen Mitarbeitern, die allesamt begeisterte Radfahrerinnen und Radfahrer sind. Ins „Rollen" gebracht hat das Projekt 1987 eine Wiener Radinitiative, die begonnen hat, Radkarten zu produzieren. Heute tun wir dies als Verlag mit großem Erfolg. Mittlerweile gibt's bikeline® Bücher in fünf Sprachen und in vielen Ländern Europas.

Um unsere Bücher immer auf dem letzten Stand zu halten, brauchen wir auch Ihre Hilfe. Schreiben Sie uns, wenn Sie Unstimmigkeiten oder Änderungen in einem unserer Bücher entdeckt haben.

Wir freuen uns auf Ihre Rückmeldung (redaktion@esterbauer.com),

Ihre bikeline-Redaktion

Vorwort

Einst verlief entlang der Donau die Grenze des Römischen Reiches. Später, zur Zeit Österreich-Ungarns, war der Strom Lebensader der Monarchie bis der Eiserne Vorhang die enge kulturelle und wirtschaftliche Beziehung der Länder bis 1989 beendete. Die wechselvolle Geschichte der Länder am Donau-Radweg zeigt sich in den vor Kultur, Architektur und lebendiger Stadtvielfalt berstenden Zentren Wien und Budapest ebenso wie in den Städten am Strom Bratislava, Györ oder Esztergom. Abwechslungsreich ist auch die Landschaft rund um die Donau. Diese durchfließt naturbelassene Auen in Österreich und Ungarn und weitet sich zur breiten Wasserfläche, wenn sie durch das slowakische Kraftwerk Gabčíkovo gestaut und zur Stromerzeugung genutzt wird. Hiernach bahnt sich der Fluss seinen Weg zwischen den Börszöny- und dem Pilis-Gebirge hindurch und fließt schlussendlich, zu einem rechtwinkeligen Knick gezwungen, nach Süden auf die ungarische Hauptstadt Budapest zu.

Präzise Karten, genaue Streckenbeschreibungen, zahlreiche Stadt- und Ortspläne, Hinweise auf das kulturelle und touristische Angebot der Region und ein umfangreiches Übernachtungs- und Serviceverzeichnis – in diesem Buch finden Sie alles, was Sie zu einer Radtour entlang der Donau brauchen – außer gutem Radlwetter, das können wir Ihnen nur wünschen.

Kartenlegende

Radrouten (cycling routes)

Hauptroute, wenig KFZ-Verkehr (main cycle route, low motor traffic)
- asphaltiert (main cycle route, paved surface)
- nicht asphaltiert (main cycle route, unpaved surface)
- schlecht befahrbar (main cycle route, bad surface)

Hauptroute, autofrei / Radweg (main cycle route, without motor traffic / cycle path)
- asphaltiert (cycle path, paved surface)
- nicht asphaltiert (cycle path, unpaved surface)
- schlecht befahrbar (cycle path, bad surface)

Ausflug od. Variante, wenig KFZ-Verkehr (excursion or alternative cycle route, low motor traffic)
- asphaltiert (excursion or alternative route, paved surface)
- nicht asphaltiert (excursion, unpaved surface)
- schlecht befahrbar (excursion, bad surface)

Ausflug od. Variante, autofrei / Radweg (excursion or alternative route, without motor traffic / cycle path)
- asphaltiert (excursion or alternative route, paved surface)
- nicht asphaltiert (excursion, unpaved surface)
- schlecht befahrbar (excursion, bad surface)

Sonstiges (other cycle routes)
- sonstige Radroute (other cycle route)

- verkehrsreiche Radroute (cycle route with significant motor traffic)
- Kopfsteinpflaster (cobbled street)
- Einbahnführung (one-way connection)
- Fährverbindung (ferry connection)
- unbekannter Belag (road surface unknown)
- Tunnel (tunnel)
- Schiebestrecke (dismounting recommended)
- Zugverbindung (train connection)
- Radweg in Planung (planned cycle path)
- Radweg gesperrt (closed cycle path)
- Radstreifen mit Verkehr (cycle lane)
- Radstreifen, straßenbegleitender Radweg (cycle path along road)
- Straße für Radfahrer gesperrt (road closed to cyclists)
- Beschriebene Fahrtrichtung (described direction)
- 5 Wegpunkt (waypoint)

Steigungen / Entfernungen (gradient / distance)

- starke Steigung (steep gradient, uphill)
- leichte bis mittlere Steigung (light gradient, uphill)
- 2,4 Entfernung in Kilometern, gerundet (distance in km, rounded)

Maßstab 1 : 75.000

1 cm ≙ 750 m 1 km ≙ 13,3 mm

0 1 2 3 4 5 6 7 8 9 10 11 12 13 14 15 km

Radinformationen (important cycling information)

- Fahrradwerkstatt* (bike workshop*)
- Fahrradvermietung* (bike rental*)
- überdachter Abstellplatz* (covered bike stands*)
- abschließbarer Abstellplatz* (lockable bike stands*)
- E-Bike Ladestation (E-bike charging station)
- Infotafel* (information board*)
- Gefahrenstelle (dangerous section)
- Text beachten (read text carefully)
- Treppe (stairs)
- Tragestrecke (bicycle must be carried!)
- Engstelle* (constriction, bottleneck*)
- 17 42 Knotenpunktnummer der Wegweisung* (nodal point)
- Stadt-, Ortsplan (city map)

Nur in Ortsplänen (symbols only in the city maps)

- Parkhaus* (garage*)
- Theater* (theatre*)
- Post* (post office*)
- Apotheke* (pharmacy*)
- Krankenhaus* (hospital*)
- Feuerwehr* (fire-brigade*)
- Polizei* (police*)

* Auswahl (* selection)

Sehenswertes / Einrichtungen (sights of interest / facilities)

- Kirche; Kapelle (church; chapel)
- Kloster (monastery/convent)
- Synagoge; Moschee (synagogue; mosque)
- Schloss, Burg; Ruine (palace, castle; ruin)
- Turm; Leuchtturm (tower; lighthouse)
- Wassermühle; Windmühle (watermill; windmill)
- Kraftwerk (power station)
- Bergwerk; Höhle (mine; cave)
- Flughafen; Denkmal (airport; monument)
- sonstige Sehenswürdigkeit (other sight of interest)
- Museum (museum)
- Ausgrabungen; röm. Objekte (excavations; roman site)
- Tierpark; Natur-Information (zoo; nature info)
- Naturschutzgebiet, -denkmal (nature reserve, monument)
- sonstige Natursehenswürdigkeit (natural sight of interest)
- Aussichtspunkt* (panoramic view*)
- Tourist-Information; Gasthaus* (tourist information; restaurant)
- Unterkunft; Jugendherberge (hotel, guesthouse; youth hostel)
- Camping-; Naturlagerplatz* (camping site; simple tent site*)
- Einkaufsmöglichkeit*; Kiosk* (shopping facility*; kiosk*)
- Rastplatz*; Unterstand* (picnic tables*; covered stand*)
- Freibad; Hallenbad (outdoor pool; indoor pool)
- Naturbad; Thermal-; Erlebnisbad (natural pool; thermal baths; waterpark)
- Brunnen*; Parkplatz* (drinking fountain*; parking lot*)
- Schönern sehenswertes Ortsbild (picturesque town)
- Einrichtung im Ort vorhanden (facilities available)

Topographische Informationen (topographic information)

- Kirche; Kapelle (church; chapel)
- Kloster (monastery)
- Synagoge; Moschee (synagogue; mosque)
- Schloss, Burg; Ruine (palace, castle; ruins)
- Turm; Leuchtturm (tower; lighthouse)
- Wassermühle; Windmühle (windmill; water mill)
- Kraftwerk; Solaranlage (power station; solar power station)
- Bergwerk; Höhle (mine; cave)
- Denkmal; Hügelgrab (monument; burial mound)
- Flughafen; Flugplatz (airport; airfield)
- Windkraftanlage (windturbine)
- Funk- und Fernsehanlage (TV/radio tower)
- Umspannwerk, Trafostation (transformer station)
- Wegkreuz; hist. Grenzstein (wayside cross; boundary stone)
- Sportplatz, Stadion (playing field, stadium)
- Golfplatz; Tennisplatz (golf course; tennis courts)
- Schiffsanleger; Schleuse (boat landing; sluice/lock)
- Quelle; Kläranlage (natural spring; wastewater treatment plant)
- Staatsgrenze mit Übergang (international border crossing)
- Landesgrenze (country border)
- Kreis-, Bezirksgrenze (district border)
- Naturschutzgebiet, Naturpark, Nationalpark (nature reserve, national park)
- Truppenübungsplatz, Sperrgebiet (prohibited zone)
- Höhenlinie 100m/50m (contour line)

- A13 B12 Autobahn; Schnellstraße (motorway/freeway; expressway)
- B236 Fernverkehrsstraße (highway)
- Hauptstraße (main roads)
- untergeordnete Hauptstraße (secondary main road)
- Nebenstraße; Fahrweg (secondary road; side street/access road)
- Weg; Fähre (track; ferry)
- Straße geplant/in Bau (road planned/under construction)
- Eisenbahn/Bahnhof; S-Bahnhof (railway/station; suburban station)
- Eisenbahn stillgelegt; geplant (railway disused; planned)
- Schmalspurbahn (narrow gauge railway)
- Bergbahn; Seilbahn (mountain railway; cable car)
- Wald; Parkanlage (forest; park)
- Sumpf; Heide (marsh/bog; heath)
- Weinbau; Gartensiedlung* (vineyards; allotment gardens*)
- Steinbruch, Tagebau* (quarry, open cast mine*)
- Friedhof; Düne, Strand (cemetery; dunes, beach)
- Watt; Gletscher (tidal flats; glacier)
- Felsen; Geröll (rock, cliff; scree)
- Gewächshäuser*, Plantage* (greenhouses*, plantation*)
- Gewerbe-, Industriegebiet (commercial/industrial area)
- Siedlungsfläche; öffentl. Gebäude (built-up area)
- Stadtmauer, Mauer (defensive wall, wall)
- Damm, Deich (embankment, dike)
- Kanal (canal)
- Fluss/Staumauer/See (river/dam/lake)

Inhalt

Stadtpläne

Der Donau-Radweg von Wien nach Budapest

Ruhig und idyllisch ist der Donau-Radweg von Wien nach Budapest, denn in der österreichischen Hauptstadt beenden viele Radfahrer ihre Reise entlang des Flusses. Dabei ist der Abschnitt entlang der slowakischen Dunaj und der ungarischen Duna, wie die Donau in den jeweiligen Landessprachen genannt wird, nicht weniger spannend und abwechslungsreich. Dafür sorgt die wechselvolle Geschichte der Länder entlang der Route: Hier teilte einst der Eiserne Vorhang Europa in zwei Teile, heute muss man nicht einmal mehr den Reisepass vorzeigen und kann eine interessante Radreise durch Auwälder, verträumte Dörfer und sehenswerte Städte unternehmen.

Stromabwärts von Wien säumen urwüchsige, wildreiche Auwälder die Donau, an deren Rand viele Monarchen Wiens ihre Sommerresidenzen errichteten. Nach dem Krieg sprach man von „sterbenden Schlössern". Doch Österreich besann sich im letzten Augenblick und renovierte diese Stätten fürstlicher Jagdlust.

Ein gänzlich untergegangenes Reich hat am rechten Donauufer seine Spuren hinterlassen: Carnuntum. Rekonstruierte römische Gebäude zeigen, wie man im vierten Jahrhundert nach

Bratislava, Ruine Devin

LiveUpdate

Als Online-Angebot finden Sie auf unserer Webseite eine Sammlung aktueller Änderungen und Korrekturen zu diesem Radtourenbuch. Diese Informationen sind immer auf dem neuesten Stand und ermöglichen Ihnen in Kombination mit der bestehenden Auflage dieses Buches die beste Reiseplanung. Das LiveUpdate zu diesem Titel ist frei verfügbar und auf unserer Webseite beim jeweiligen Buch oder unter folgendem Link zu finden:

https://www.esterbauer.com/donau-radweg-3

Sind Ihnen auf Ihrer Radreise Fehler und Änderungen zur Route, zum Übernachtungsverzeichnis oder den touristischen Daten aufgefallen? Über die Updateseite können Sie diese brandneuen Infos direkt an das *bikeline*-LiveUpdate-Team übermitteln. Wir freuen uns auf Ihr Update und bedanken uns im Namen aller Radler!

GPS-Tracks

Den aktuellen *bikeline*-Track zu diesem Titel finden Sie, wenn Sie folgende Adresse in die Adresszeile Ihres Browsers eingeben:

https://www.tracks.world/?dir=hu/trk-15qq109

Esztergom, Basilika

Christus gelebt hat. Die letzte große Siedlung am Donauufer auf österreichischer Seite ist das Städtchen Hainburg. Schwer befestigt mit dicken Stadtmauern und Türmen war die Stadt Schauplatz mehrerer Kriege, weswegen die Befestigungsanlagen weiter ausgebaut wurden – finanziert mit dem Lösegeld für Richard Löwenherz.
Über der Mündung der March in die Donau thront die Ruine der uralten Festung Theben. In der Ferne taucht schon die Burg von Bratislava auf. Der Abschnitt der Donau zwischen Hainburg und Bratislava wird „Hainburger Pforte" genannt. Hier trennt der Fluss die Hainburger Berge von den Kleinen Karpaten. Nachdem er Österreich verlassen hat, bildet er auf einem langen, durch Flachland führenden Abschnitt die Grenze zwischen Ungarn und der Slowakei. Da die slowakische Republik relativ klein ist, erscheint der Übergang von den Ebenen zu den Gebirgsketten sehr überraschend. Fast die Hälfte des Landes wird durch die im Norden liegenden Karpaten dominiert.
Kurz nach Bratislava wurde die Donau kanalisiert, die Fließgeschwindigkeit der Donau wird langsamer und der Fluss bildet einen der größten Staudämme Mitteleuropas. Natürlich war die Errichtung dieser Staustufen ein großer Eingriff in die Naturlandschaft zwischen Bratislava und Komárno, aber entlang dieses Stausees ist ein bei der Bevölkerung von Bratislava beliebtes Naherholungsgebiet entstanden. Auf dem Staudamm bei Čunovo ist sogar genug Platz für ein Wassersportzentrum und ein Museum.
Nachdem sich die Donau bei Medveď'ov wieder ihre Ursprünglichkeit zurückerobert hat, fließt sie gemächlich an den Städten Komárno und Komárom vorbei, wo sich Freunde von Burgen, Festungsanlagen und Kultur unbedingt Zeit nehmen sollten.
Plötzlich scheint die Donau auf einen Felsen aufzulaufen. Eine Kuppel, so groß, dass man sie zuerst für eine Luftspiegelung am Horizont hält, blockiert Sicht und Strom. Dann zeichnen sich langsam die Konturen im grauen Dunst ab, und vor geblendeten Augen erscheint die ungarische Peterskirche. Esztergom ist der Sitz des ungarischen Primas.
Flussabwärts thront die Obere Burg auf einem Felsen über Visegrád. Wortreich beschrieben hat ein Erzbischof von Esztergom allerdings den Königspalast unterhalb der Burg. In seinem 1536 erschienenen Buch „Hungaria" schrieb er über das Königliche Schloss, dass es schöner und strahlender sei, als es sich mit Worten beschreiben ließe. Im 19. Jahrhundert fehlte vom Palast schon jede Spur. Kein Stein und keine Mauer bestätigten den Bericht des Bischofs. Später wurden jedoch die sehr sehenswerten Ruinen des Palastes freigelegt. Nach Visegrád macht der Strom einen Bogen um steile Felsen, befreit sich aus der Umklammerung der Berge und zieht gemächlich an

der alten Bischofsstadt Vác vorüber. Dieser „Donauknie“ genannte Abschnitt zählt zu den Höhepunkten einer Reise entlang der Donau. Am anderen Donauufer, hinter der Insel, versteckt sich das altertümliche Städtchen Szentendre. Es ist heute noch so, wie es seine Bewohner im 18. Jahrhundert errichtet haben. Wenn ungarische Regisseure einen Barockhintergrund benötigen, schicken sie ihre Kameraleute immer hierhin. Mit ihren zahlreichen Kirchtürmen, verwinkelten, steilen Gässchen und Stiegen, den überbrückten Durchgängen und fliederduftenden Gärten lädt die Stadt zu einem romantischen Spaziergang ein. Man atmet die Kleinstadtluft und den Knoblauchduft der heißen Lángos. Viele Bewohner von Szentendre sind serbischer Abstammung und verleihen dem Städtchen südländisches Flair. Nirgendwo ist die Donau von Menschenhand großzügiger, prächtiger und würdiger eingefasst worden als in Budapest. Die ungarische Hauptstadt bildet den würdigen Abschluss einer Radreise entlang der Donau – oder einen wichtigen Zwischenort auf der langen Radtour Richtung Schwarzes Meer!

Streckencharakteristik

Länge

Die Länge des Donau-Radweges mit Start in Wien und Endziel Budapest beträgt für die slowakische Variante rund 308 Kilometer, die Tour auf ungarischer Seite ist rund 324 Kilometer lang. Ausflüge und alternative Routen sind dabei nicht berücksichtigt.

Streckenstatistik

Länge der Hauptstrecke: 308 km

HM/km: ⬀ 0,5 m (153 m) ⬂ 0,7 m (213 m)

Radweg: 80 % Unbefestigt: 3 % Verkehr: 5 %

Summe aller Strecken: 822 km

Wegequalität und Verkehr

In **Österreich** ist der Donau-Radweg bis auf ein kurzes Stück sehr gut ausgebaut und verläuft zum Großteil auf dem verkehrsfreien und asphaltierten Hubertusdamm.

In der **Slowakei** ist der Donau-Radweg seit Beendigung des Kraftwerkbaus bis nach Medved'ov hervorragend ausgebaut. Beiderseits des riesigen Stausees wurde ein asphaltierter Dammweg angelegt, teilweise fahren Sie auch auf asphaltierten Wegen parallel zum Damm. Der Radweg ist nur auf der rechten Do-

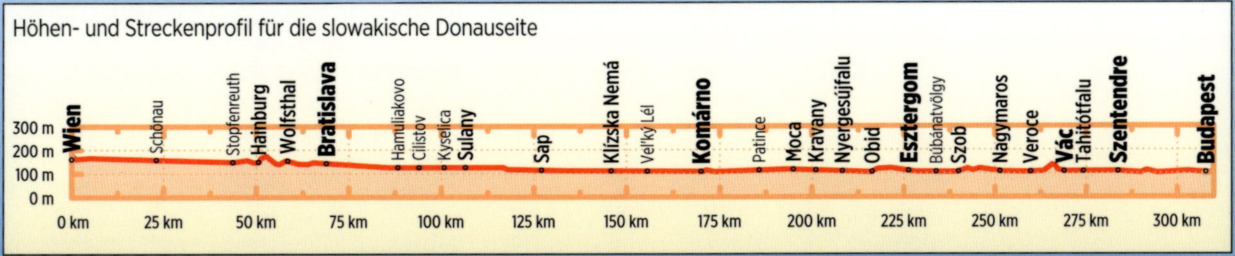

Höhen- und Streckenprofil für die slowakische Donauseite

nauseite bis nach Medved'ov ausgebaut, deshalb haben wir in unserem Buch nur diesen beschrieben. Zwischen Medved'ov und Štúrovo fahren Sie abwechselnd auf Straßen und auf Dammwegen, welche teils unbefestigt und schwer befahrbar sind.

gelbes Radwegschild in Ungarn

In **Ungarn** wurde und wird der Donauradweg kontinuierlich ausgebaut. Sie fahren größtenteils auf verkehrsarmen Straßen und neu angelegten Radwegen. Nur auf drei kurzen Abschnitten werden Sie über unbefestigte Wege geführt, die nach Regenfällen teilweise schwer passierbar sein können.

grünes Radwegschild in Ungarn

Verkehrsreiche Abschnitte sind selten und meist – etwa in Wolfsthal oder zwischen Esztergom und Szob – von kurzer Dauer. Selbst der anstrengende Stadtverkehr in Budapest lässt sich auf einem Radweg am Donauufer größtenteils umgehen.

Beschilderung

Die Beschilderung fällt je nach Land sehr unterschiedlich aus. In **Österreich** ist der Donau-Radweg durchgehend bis zur Grenze mit großen, grünen, rechteckig-hochgestellten Schildern markiert. Die **Slowakei** hat diese Beschilderung bis Medved'ov in gleicher Form weitergeführt. Der Radweg ist in der Slowakei durchgängig beschildert.

In **Ungarn** ist der Donauradweg mittlerweile – als Teil der Euro-Velo-Route 6 – vorbildlich und lückenlos beschildert. Es gibt zwei Varianten: Grüne Hinweisschilder auf endgültig ausgebauten Fahrradwegen und gelbe Hinweisschilder auf den Abschnitten, wo Sie (noch) auf Straßen oder schlechtere Wege ausweichen müssen.

Tourenplanung

Wichtige Telefonnummern

Internationale Vorwahlen:

Ungarn:	0036
Slowakei:	00421
Österreich:	0043

Zentrale Infostellen

WienTourismus, Albertinaplatz/Maysedergasse, A-1010 Wien ✆ 01/24555, info@wien.info, www.wien.info

Slowakische Zentrale für Tourismus Österreich, Opernring 1, A-1010 Wien, ✆ 0650/9114090, office.at@slovakia.travel, https://slovakia.travel/de

Slowakische Zentrale für Tourismus Deutschland, Hildebrandstr. 25, D-10785 Berlin, ✆ 030/25942640, office.de@slovakia.travel, https://slovakia.travel/de

Slowakische Zentrale für Tourismus, Lamačská cesta 4256/8, SK-83304 Bratislava, ✆ (0)2/50700801, https://slovakia.travel/de, info@slovakia.travel

Bratislava Tourist Board, Klobčnicka 2, SK-81101 Bratislava, ✆ 02/16186 od. 02/54419410, touristinfo@visitbratislava.com, www.visitbratislava.com

Ungarisches Tourismusamt, Kacsa u. 15-23, H-1525 Budapest, ✆ +36/1/4888700, info@mtu.gov.hu, https://visithungary.com/

de

Verband der ungarischen Tourenradfahrer (MKTSZ), H-1065 Budapest, Pf. 483, ✆ 1/311-2467, www.facebook.com/pages/MKTSZ/553072134728576

An- und Abreise mit der Bahn

Eine gute Fernverkehrsverbindung von Budapest Keleti pu (Hauptbahnhof) zum Wiener Hauptbahnhof gibt es mit dem Railjet (RJ) oder dem Eurocity (EC). Beachten Sie, dass Sie hierfür einen Platz für Ihr Fahrrad buchen müssen (€ 3,– online oder € 3,50 via Ticketschalter).

Aufgrund der sich ständig ändernden Preise und Bedingungen für Fahrradtransport empfehlen wir Ihnen, sich bei nachfolgenden Infostellen über Ihre ganz persönliche An- und Abreise mit der Bahn zu informieren.

Informationsstellen

Deutsche Bahn AG, Service-Hotline: ✆ 030/2970, Mo-So 0-24 Uhr, Auskünfte über Fahrpreise und Fahrpläne, Informationen über die Serviceleistungen der Deutschen Bahn, www.bahn.de, www.bahn.de/bahnundbike

Österreichische Bundesbahnen:

ÖBB Kundenservice ✆ 05/1717 (österreichweit zum Ortstarif), Mo-So 6-21 Uhr, www.oebb.at, www.oebb.at/de/reiseplanung-services/im-zug/fahrradmitnahme

Schweizer Bundesbahnen:

Rail-Service ✆ 0041/848/446688, (CHF 0,08/min.), Mo-So 0-24 Uhr, www.sbb.ch, www.sbb.ch/de/fahrplan/reisehinweise/velos/so-reist-ihr-velo-mit-ihnen.html

MÁV, Ungarische Staatsbahn AG, Kundendienstservice ✆ +36/(1)3/494949, Mo-So 0-24 Uhr, www.mavcsoport.hu/de

BKK, Budapest Verkehrszentrum, Rumbach Sebestyén u. 19-21, H-1075 Budapest, ✆ +36/13/255255, bkk@bkk.hu , https://bkk.hu

ZSSK, Železničná spoločnosť Slovensko (Slowakische Staatsbahnen), Rožňavská 1, SK-83272 Bratislava, ✆ +42/124/4858188, info@slovakrail.sk, www.zssk.sk

Fahrradtransport

Deutsche Bahn AG (innerhalb Deutschlands sowie zwischen Deutschland und Österreich) Wenn Sie mit der Deutschen Bahn an- und abreisen, können Sie den

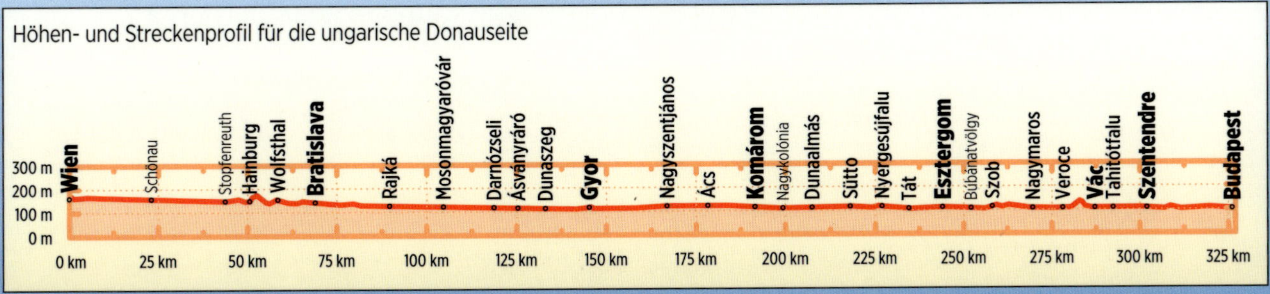

Gepäckservice der DB nutzen. Ihr Rad oder E-Bike wird im Haus-zu-Haus-Versand an den vereinbarten Zielort gebracht, wenn Sie im Besitz einer entsprechenden Bahnfahrkarte sind. Fahrrad oder E-Bike müssen verpackt werden und dabei roll- und lenkbar bleiben, Gewicht max. 31,5 Kilogramm. Kostenlos kann eine Fahrradverpackung zugebucht werden, bei E-Bikes muss der Akku ausgebaut sein. Informationen und aktuelle Preise finden Sie unter www.gepaeckservice-bahn.de.

Logistik-Unternehmen wie DHL oder Cargo International bieten normalerweise keinen internationalen Fahrradversand an. Allerdings besteht die Möglichkeit, das Fahrrad als Paket zu versenden. Dazu muss das Rad in ein zulässiges Format zerlegt werden, in der Regel müssen Sie Räder und Pedale abschrauben und den Lenker quer stellen. Die Zustellung kann einige Tage dauern.

An- und Abreise mit dem Schiff

Mit dem **Twin City Liner** gelangen Sie in 75 min von Wien nach Bratislava. Für die Fahrradmitnahme ist eine Anmeldung erforderlich und kostet € 5. Nähere Infos unter ✆ 01/9048880, booking@twincityliner.com, www.twincityliner.com.

Rad & Öffentlicher Verkehr

In Wien ist in Zügen, die im Fahrplan mit einem Fahrradsymbol gekennzeichnet sind, ist die Mitnahme jederzeit möglich. In der Kernzone Wien (Zone 100) muss dafür ein Halbpreis-Fahrschein, auf allen anderen Strecken eine Fahrrad-Karte gelöst werden.

In der U-Bahn ist der Transport gratis, Einstieg nur an Türen mit Fahrradsymbol.

Vienna City Card: 24, 48 od. 72 Stunden-Ticket für die öffentlichen Verkehrsmittel inkl. Ermäßigungen bei vielen Museen und Sehenswürdigkeiten in Wien. Erhältlich u. a. bei der Tourist-Info, in Hotels und an den Verkaufsstellen der größeren U-Bahnhöfe. (www.wien.info/de/reiseinfos/vienna-city-card-und-ivie)

Übernachtung

In **Österreich** finden Sie viele unterschiedliche Übernachtungsmöglichkeiten – von edlen Hotels bis hin zu gemütlichen Pensionen und Privatzimmern. Vor allem in der Hauptsaison können die Unterkünfte schnell ausgebucht sein, weswegen es sich empfiehlt, diese schon im Voraus zu buchen.

Entlang der Route in **Ungarn** gibt es in sehr vielen Orten Privatzimmer, in denen man zu erschwinglichen Preisen angenehm übernachten kann. Meist wird auch ein gutes Frühstück angeboten, welches aber oftmals extra zu bezahlen ist. Die Reservierung der Zimmer ist nur in der Hauptreisezeit notwendig. In Budapest ist die Reservierung von Zimmern im Voraus unbedingt zu empfehlen. In Notfällen kann man immer mit der Hilfsbereitschaft der Ungarn rechnen, die außerordentlich gastfreundlich sind. Die Hotels sind meist teuer, bieten aber jeden Komfort. Pensionen sind wesentlich günstiger, meist sehr gepflegt und deshalb sehr zu empfehlen. Während der Sommermonate besteht in Budapest auch die Möglichkeit, in Studentenwohnheimen günstig zu übernachten. Informationen dazu gibt es bei der Touristinformation und im Internet.

In der **Slowakei** sind die Übernachtungsmöglichkeiten dünn gesät, auch die einschlägigen Reisebüros halten wenige Informationen über die Region an der Donau bereit.

Mit Kindern unterwegs

Der Donauradweg zwischen Wien und Budapest ist – zumindest ab Medved'ov – nur bedingt für Kinder geeignet. Der Verkehr auf unvermeidbaren Streckenabschnitten bereitet Kindern unter zwölf Jahren zu große Schwierigkeiten, weshalb Sie die Tour mit jüngeren Kindern nicht unternehmen sollten.

Fahrradverleih

Bike & Relax Kft, Madach Imre ut 12, HU-1075 Budapest, ✆ 0036/30/3008003, info@bike-and-relax.com, https://bike-and-relax.com

Radreiseveranstalter

Eurobike Eurofun Touristik GmbH, Mühlstr. 20, A-5162 Obertrum am See, ✆ 06219/60866, Infohotline (gratis aus Deutschland, Österreich und der Schweiz) ✆ 0800/0706333, eurobike@eurobike.at, www.eurobike.at

Donau-Touristik GmbH, Ledererg. 4-12, A-4010 Linz, ✆ 0732/2080, Kostenlose Service-Telefonnummer aus Deutschland: ✆ 0800/1001147, office@donautouristik.com, www.donaureisen.at

Rad & Reisen, Schickg. 9, A-1220 Wien, ✆ 0800/0700570 (kostenlos aus A, D und CH), office@radreisen.at, www.radreisen.at

Austria Radreisen, Joseph-Haydn-Str. 8, A-4780 Schärding, ✆ 07712/55110, office@austria-radreisen.at, www.austria-radreisen.at

Velotours Touristik GmbH, Bücklestr. 13, CH-78467 Konstanz, ✆ 07531/98280, info@velotours.de, www.velotours.de

Oberösterreich Touristik GmbH, Freistädter Str. 119, A-4041 Linz, ✆ 0732/7277-260, info@touristik.at, www.touristik.at

Pedalo, Kickendorf 1a, A-4710 Grieskirchen, ✆ 0800/2400999 (kostenlos aus A, D und CH) od. ✆ 07248/635840, info@pedalo.com, www.pedalo.com
Velociped Fahrradreisen, Alte Kasseler Str. 43, D-35039 Marburg, ✆ 06421/886890, info@velociped.de, www.velociped.de
Velo-Touring, Elöpatak u. 1, H-1118 Budapest, ✆ 01/3190571; pedal@velo-touring.hu, www.velo-touring.hu
Reisen & Radeln, Carl-Benz-Str. 49, D-73235 Weilheim Teck, ✆ 07023/9570840, info@reisen-radeln.de, www.reisen-radeln.de
Rückenwind Reisen, Am Patentbusch 14, D-26125 Oldenburg, ✆ 0800/5889717 (kostenlos aus D) od. ✆ 0441/485970, info@rueckenwind.de, www.rueckenwind.de
Radreiseprofi, Bücklestraße 13, D-78467 Konstanz, ✆ 07531/98280, officeradreiseprofi.com, www.radreiseprofi.com
Kunath Reisen, Robert-Blum Str. 9, D-08523 Plauen, ✆ 03741/4060780, mail@kunathreisen.de, www.kunathreisen.de

Zu diesem Buch

Dieser Radreiseführer enthält alle Informationen, die Sie für den Radurlaub entlang der Donau benötigen: Exakte Karten, eine detaillierte Streckenbeschreibung, ein ausführliches Übernachtungsverzeichnis, Stadt- und Ortspläne und die wichtigsten Informationen zu touristischen Attraktionen und Sehenswürdigkeiten.

Und das alles mit der ***bikeline*-Garantie**: die Routen in unseren Büchern sind von unserem professionellen Redaktionsteam auf ihre Fahrradtauglichkeit geprüft worden. Um höchste Aktualität zu gewährleisten, nehmen wir nach der Befahrung Korrekturen von Lesern bzw. offiziellen Stellen bis Redaktionsschluss entgegen, die dann jedoch teilweise nicht mehr an Ort und Stelle verifiziert werden können.

Die Radtour ist nicht in Tagesetappen sondern in logische Abschnitte aufgeteilt, weil die Tagesleistung zu sehr davon abhängt, wie sportlich oder genussvoll Sie die Strecke in Angriff nehmen möchten.

Die Karten

Die Detailkarten sind im Maßstab 1 : 75.000 erstellt. Dies bedeutet, dass 1 Zentimeter auf der Karte einer Strecke von 750 Metern in der Natur entspricht. Zusätzlich zum genauen Routenverlauf informieren die Karten auch über die Beschaffenheit des Bodenbelages (befestigt oder unbefestigt), Steigungen (leicht oder stark), Entfernungen sowie über kulturelle, touristische und gastronomische Einrichtungen entlang der Strecke.

Allerdings können selbst die genauesten Karten den Blick auf die Wegbeschreibung nicht ersetzen. Komplizierte Stellen werden in der Karte mit diesem Symbol gekennzeichnet, im Text finden Sie das gleiche Zeichen zur Markierung der betreffenden Stelle wieder. Beachten Sie, dass die empfohlene Hauptroute immer in Rot und Violett, Varianten und Ausflüge hingegen in Orange dargestellt sind. Die genaue Bedeutung der einzelnen Symbole wird in der Legende auf den Seiten 4 und 5 erläutert.

Höhen- und Streckenprofil

Das in der Einleitung dargestellte Höhen- und Streckenprofil gibt Ihnen einen grafischen Überblick über die Steigungsverhältnisse, die Länge und die wichtigsten Orte entlang der Radroute. Zusätzlich wird am Beginn jedes Streckenabschnitts ein detaillierteres Höhen- und Streckenprofil gezeigt, in dem über die Wegpunkte eine Zuordnung zu Karte und Text möglich ist. Es können in diesem Überblick nur die markantesten Höhenunterschiede dargestellt werden, jede einzelne kleinere Steigung wird in dieser grafischen Darstellung nicht berücksichtigt. Die Steigungs- und Gefälleverhältnisse entlang der Route finden Sie im Detail mit Hilfe der Steigungspfeile in den genauen Karten.

Der Text

Der Textteil besteht im Wesentlichen aus der genauen Streckenbeschreibung, welche die empfohlene Hauptroute enthält. Stichwortartige Streckeninformationen werden von dem Zeichen

~ begleitet. Manche besonders markante oder wichtige Punkte auf der Strecke sind als Wegpunkte **1**, **2**, **3**,... durchnummeriert und – zur besseren Orientierung – mit dem selben Symbol in den Karten wieder zu finden.

Unterbrochen wird dieser Text gegebenenfalls durch orangefarbige Absätze, die Varianten und Ausflüge beschreiben.

TIPP Textabschnitte in Violett heben Stellen hervor, an denen Sie Entscheidungen über Ihre weitere Fahrstrecke treffen müssen, z. B. wenn die Streckenführung von der Wegweisung abweicht oder mehrere Varianten zur Auswahl stehen u. ä.

AUSFLUG Sie weisen auch auf Ausflugstipps, interessante Sehenswürdigkeiten oder Freizeitaktivitäten etwas abseits der Route hin.

Ferner sind alle wichtigen **Orte** zur besseren Orientierung aus dem Text hervorgehoben. Gibt es interessante Sehenswürdigkeiten in einem Ort, so finden Sie unter dem Ortsbalken die jeweiligen Adressen, Telefonnummern, Öffnungszeiten-Kategorien und Weblinks.

Die Beschreibung der einzelnen Orte sowie historisch, kulturell oder naturkundlich interessanter Gegebenheiten entlang der Route trägt zu einem abgerundeten Reiseerlebnis bei. Diese Textblöcke

sind kursiv gesetzt und unterscheiden sich dadurch auch optisch von der Streckenbeschreibung.

Öffnungszeiten – Kategorien

- Öffnungszeiten
- frei zugänglich
- täglich
- häufig (5-6 Tage/Wo.)
- durchschnittlich (3-4 Tage/Wo.)
- selten (bis 2 Tage/Wo.)
- nach tel. Anfrage

Diese Angaben gelten während der Radsaison und dienen als Orientierungshilfe. Die tagesaktuellen Öffnungszeiten finden Sie über den Weblink.

Weblink

Im Ortsdatenblock bei dem jeweiligen touristischen Eintrag befindet sich nach dem @ Symbol eine sechsstellige Zahlen- und Buchstabenkombination ***(z. B. @ abc123)***. Die Eingabe dieser Weblink-ID auf unserer Internetseite www.esterbauer.com leitet Sie direkt auf die entsprechende Webseite weiter und ersetzt somit die mühsame Eingabe ellenlanger Webadressen.

Übernachtungs- und Serviceverzeichnis

Auf den letzten Seiten dieses Radtourenbuches sind zu fast allen Orten entlang der Strecke eine Vielzahl von Übernachtungsmöglichkeiten aufgelistet, vom einfachen Zeltplatz bis zum 5-Sterne-Hotel. Zusätzlich finden Sie umfangreiche Informationen zu Radwerkstätten und Radverleihstationen.

Mit dem E-Bike

Mittlerweile sind immer mehr Radler mit einem E-Bike unterwegs. Im Grunde sind dabei die Anforderungen dieselben, auch wenn damit längere Etappen und mehr Steigungen zurückgelegt werden können. Da auch die Leistungsfähigkeit bei unmotorisierten Radlern sehr unterschiedlich ist, haben wir schon bisher keine Etappenlängen vorgegeben.
Engstellen, Treppen oder Tragestellen, die wegen des Gewichts des E-Bikes schwer zu überwinden sind, sind in den Karten verzeichnet und wo möglich Alternativen angegeben. Wir verzichten bewusst auf das systematische Erfassen offizieller Ladestationen, da die „inoffiziellen" Ladestationen (Steckdosen) ungleich häufiger sind. Vergessen Sie das Ladekabel nicht.

Von Wien nach Bratislava

69,1 km

HM/km: ↗1,0 (68m) ↘1,3 (87m) Radweg: 84 % Unbefestigt: 4 % Verkehr: 0 %

Der erste Abschnitt Ihrer Radtour führt Sie auf beschilderten Radwegen durch ausgedehnte Aulandschaften. Die urwaldartigen Wälder sind von Altarmen der Donau und Tümpeln durchzogen. Doch zuvor durchstreifen Sie im Stadtgebiet von Wien den Prater und die Lobau. Zwischen Wien und Hainburg radeln Sie dann auf dem Hubertusdamm durch die Stopfenreuther und Hainburger Au. Von Hainburg aus lässt sich die einstige römische Lagerstadt Carnuntum mit dem Fahrrad bequem erkunden. Hinter der Hainburger Pforte verlassen Sie schließlich das österreichische Staatsgebiet und erreichen die aufstrebende slowakische Hauptstadt Bratislava.

In diesem Abschnitt radeln Sie auf beschilderten Rad- und Dammwegen von guter Beschaffenheit. Lediglich im Stadtzentrum von Wien und auf der B 9 bei Wolfsthal ist wegen erhöhtem Verkehrsaufkommen Vorsicht geboten.

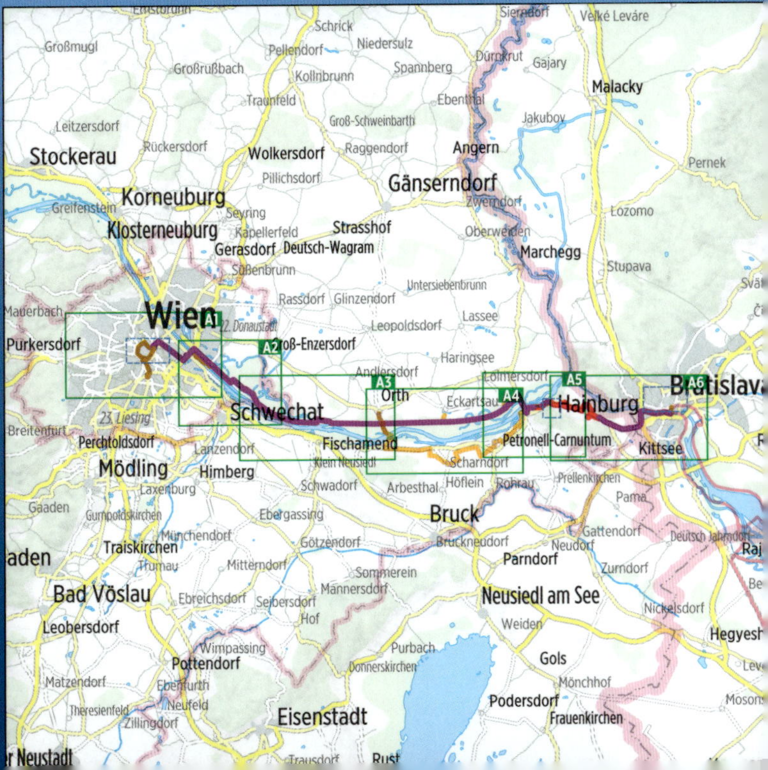

Vom Hauptbahnhof in die Innenstadt 2,4 km

Falls Sie nicht bereits mit dem Fahrrad nach Wien angereist sind, sondern nach einer längeren Bahnfahrt den Ausgangspunkt Ihrer Tour erreicht haben, so befinden Sie sich am **Hauptbahnhof.** Von hier können Sie eine Erkundungstour der Wiener Innenstadt starten. Direkt zum Stephansplatz gelangen Sie mit der **U 1**, aber natürlich können Sie auch mit dem Rad fahren.

TIPP Am 2014 eröffneten Hauptbahnhof werden täglich 1.100 Züge mit rund 145.000 Fahrgästen abgefertigt. Um sich hier zurechtzufinden, besorgen Sie sich am besten einen Stations- und einen Umgebungsplan.

Mit dem Rad starten Sie Ihre Sightseeing Tour am besten am Haupteingang des Bahnhofs beim **Wiedner Gürtel/Südtiroler Platz** ⇝ überqueren Sie den Gürtel und radeln Sie ein kurzes Stück die **Favoritenstraße** entlang ⇝ bei der ersten Gelegenheit rechts in die **Schelleingasse** abbiegen ⇝ am Ende der Gasse links in die **Argentinierstraße** ⇝ Sie umrunden eine Kirche und stoßen schließlich auf den **Karlsplatz**. Namensgeber dieses Platzes ist die barocke Karlskirche mit ihrer imposanten Kuppel ⇝ von hier aus sind es nur mehr wenige Meter bis zum Ring, radeln Sie links am Park entlang ⇝ an dessen Ende schräg rechts in die **Operngasse** ⇝ nach wenigen Minuten stoßen Sie auf die Straßenbahnlinien am Ring. Schräg gegenüber ist schon das namensgebende Gebäude – die **Wiener Staatsoper** – zu sehen.

TIPP An der Ringstraße reihen sich eine Vielzahl von Sehenswürdigkeiten aneinander: Die Staatsoper, das Natur- und das Kunsthistorische Museum, die Hofburg, das Parlament, das Rathaus, das Burgtheater, die Universität und vieles mehr. Wie zu Kaisers Zeiten können Sie eine Sightseeing Tour mit dem Fiaker unternehmen. Die Prunkbauten entlang des Ringes kann man aber – dank des Ringradweges – auch per Fahrrad besuchen. Ob Sie nun im oder gegen den Uhrzeigersinn radeln, bleibt Ihnen überlassen, auf den Donauradweg treffen Sie in jedem Fall bei der Urania am Donaukanal.

Wien, Donaukanal bei der Urania

Wenn Sie auf der Suche nach dem **Wiener Stephansdom** sind, sollten Sie quer durch die City radeln. Wenn Sie vor der Oper stehen, befindet sich rechts davon der – nach dem Dirigenten benannte – **Herbert-von-Karajan-Platz**. Direkt dahinter beginnt die **Kärntner Straße**, die Sie zum **Stephansplatz** führt. In dieser belebten Einkaufsmeile müssen Sie Ihr Fahrrad aber bis zum Stephansplatz schieben. Danach fahren Sie über die **Rotenturmstraße** hinunter zum **Schwedenplatz**. Entlang des **Donaukanals** können Sie dann bequem zur Urania radeln, von dort führt der Donauradweg nach Budapest.

TIPP Bevor Sie sich auf den Weg nach Budapest machen stärken Sie sich am besten bei einem Heurigen in Grinzing, Stammersdorf oder Nussdorf bei einem „Glaserl" Wein und einer „Brettljause" oder Sie genießen noch eine Melange (Milchkaffee) in einem der gemütlichen Kaffeehäuser.

Wien
Sigmund Freud Museum
Narrenturm
Votivkirche
Schottenstift
MUSA - Wien Museum
Rathaus
Rathausplatz
Burgtheater
Jüd. Museum II
St. Ruprecht
1 Innere Stadt
Uhrenmuseum
Römermuseum
Museum der Illusionen
Stephansdom
Mozarthaus
Parlament
Volksgarten
Sisi Museum
Spanische Hofreitschule
Alte Hofburg
Jüd. Museum
Kaiserliche Schatzkammer
Neue Hofburg
Nationalbibliothek
Naturhistor. Museum
Albertina
Weltmuseum
Burggarten
mumok
Spittelberg
MuseumsQuartier
Kunsthistor. Museum
Leopoldmuseum
Staatsoper
Haus der Musik
Stadtpark
MAK
Urania
KunstHausWien
Hundertwasserhaus
Riesenrad
Wiener Prater
Secession
Naschmarkt
Albertina Modern
Kunsthalle Wien
Resselpark
Wien Museum
Arenbergpark
Lazarettgasse
Spitalgasse
Alserstraße
Universitätsstraße
Schottentor
Währinger Str.
Maria-Theresien-Straße
Schottenring
Franz-Josefs-Kai
Obere Donaustraße
Untere Donaustraße
Taborstraße
Praterstraße
Praterstern
Franzensbrückenstr.
Hauptallee
Radetzkystr.
Dampfschiffstraße
Weißgerberlände
Schüttelstr.
Rotundenallee
Erdberger Lände
Universitätsring
Landesgerichtsstr.
Auerspergstr.
Lerchenfelder Straße
Neustiftgasse
Burggasse
Museumsstr.
Museumsplatz
Burgring
Opernring
Kärntner Ring
Schubertring
Parkring
Stubenring
Vordere Zollamtsstraße
Am Stadtpark
Am Heumarkt
Lothringerstr.
Karlsplatz
Getreidemarkt
Linke Wienzeile
Rechte Wienzeile
Landstraßer Hauptstr.
Ungargasse
Invalidenstr.
Rasumofskyg.
Löwengasse
Vivariumstr.
Sportclubstr.
Rustenschacher Allee
Siebensterng.
Neubaug.
Josefstädter Str.
Kärntner Str.
Graben
Kohlmarkt
Wollzeile
Rotenturmstr.
Neulingg.
Rennweg
Gumpendorfer Str.
Mariahilfer Str.

Wien (A)

Vorwahl: 01

Tourist-Information, Albertinapl./Maysederg., 1. Bezirk (Wien), ✆ 24555, @ yjw785

Tourist-Information Hauptbahnhof, Am Hauptbahnhof 1, im Infopoint der ÖBB, ✆ 24555, @ vnr853

DDSG Blue Danube, Handelskai 265, ✆ 58880 Standorte: Schwedenplatz, Marina Wien, Reichsbrücke, @ qyb267

Albertina, Albertinapl. 1, ✆ 53483540 Eines der bedeutendsten Kunst Museen der Welt: von Michelangelo bis Rubens, von Dürer bis Picasso reichen die Sammlungen. Immer wieder finden auch bedeutende Ausstellungen über verschiedene Künstler oder Fotografie statt. Hier werden mehr als 60.000 Zeichnungen und ca. 1 Million druckgraphische Blätter von der Spätgotik bis zur zeitgenössischen Moderne aufbewahrt. @ wpa636

Heeresgeschichtliches Museum, Ghegastr., Arsenal, Objekt 1, ✆ 05020/11060301 Im orientalisch-klassizistischen Bau von 1857, dem ersten geplanten Museum Wiens, befinden sich wertvolle Sammlungen zur Militärgeschichte Österreichs vom Dreißigjährigen Krieg bis zum Ersten Weltkrieg. Unter anderem ist der Wagen ausgestellt in dem Erzherzog Franz Ferdinand, und seine Gemahlin Sophie Chotek am 28. Juni 1914 in Sarajewo von Gavrilo Princip erschossen wurden. Das Attentat löste eine europäische Krise aus, die zum Ersten Weltkrieg führte. @ ksl841

Kunsthistorisches Museum, Burgring 5, Maria-Theresien-Pl., ✆ 525240 Zählt zu den bedeutendsten Kunstsammlungen der Welt. Den Kern der Gemäldegalerie bilden Werke von Dürer, Rubens, Tizian und Bruegel d. Ä. (größte Bruegel-Sammlung der Welt). Weiters besonders sehenswert: Ägyptisch-Orientalische Sammlung, Antikensammlung, Münzkabinett, die Kunstkammer mit den berühmten Goldschmiedearbeiten, meisterhaften Bronzestatuen, filigranen Elfenbeinarbeiten u. v. m. @ jbg576

MAK - Museum für angewandte Kunst, Stubenring 5, ✆ 711360 Möbel, Textilien oder Glas und Keramik - wie Kunst den Alltag und der Alltag die Kunst beeinflusst, kann im MAK erkundet werden. Ausgestellt sind ostasiatische und islamische Kunst, Kunstblätter, Metallarbeiten und Werke der Wiener Werkstätte bis hin zu einer Sammlung von Teppichen und den Arbeiten moderner Künstlerinnen und Künstler. @ mlt288

Mozarthaus Vienna, Domg. 5, ✆ 5121791 Drei Jahre, von 1784 bis 1787, lebte Wolfgang Amadeus Mozart in diesem Haus. Die Ausstellung behandelt sein Werk und Leben. @ ewy774

Naturhistorisches Museum, Burgring 7, Maria-Theresien-Pl., ✆ 521770 Das Museum beherbergt seltene Rohdiamanten und Meteoriten, eine Fossiliensammlung mit 15.000 Skeletten (darunter Dinosaurier) und eine anthropologische Sammlung vom Jungpaläolithikum bis zur Gegenwart. Auch das Original der „Venus von Willendorf" ist hier ausgestellt. @ umu572

Oberes Belvedere, Prinz-Eugen-Str. 27, ✆ 795570 Die Schau bietet einen Überblick über die österreichische Malerei vom Biedermeier über die Ringstraßenzeit bis zum Jugendstil. Neben der größten Sammlung der Werke von Klimt, Schiele und Kokoschka, sind auch Waldmüller, Romako, Makart und Wotruba zu sehen. @ cpu853

Österreichische Nationalbibliothek, Josefspl. 1, ✆ 53410 Vater und Sohn Fischer von Erlach schufen 1723-37 im Prunksaal einen der glanzvollsten Räume des Barock. Die Deckengemälde stammen von Daniel Gran. Im Mittelpunkt stehen jedoch die 15.000 goldgepressten Bände des librophilen Prinzen Eugen von Savoyen. Außerdem sehenswert: Prunksaal, Literaturmuseum, Globenmuseum, Papyrusmuseum und Esperantomuseum. @ xhe814

Kaiserliche Schatzkammer, Hofburg-Schweizerhof, ✆ 525240 Eine der bedeutendsten Schatzkammern der Welt verwahrt die Kaiserkrone des Heiligen Römischen Reiches (um 962), die österreichische Kaiserkrone, den Burgunderschatz und den Schatz des Ordens vom Goldenen Vließ. @ ytp216

Albertina Modern, Karlspl. 5, ✆ 53483540 Das Museum für moderne und zeitgenössische Kunst zeigt die österreichische Kunstgeschichte der letzten 80 Jahre, einen Schwerpunkt bildet die Sammlung Essl. Zusätzlich wird ein Einblick in Sammlungen an internationaler Kunst gegeben. @ kbl828

Belvedere 21, Arsenalstr. 1, Quartier Belvedere, ✆ 795570 Das Museum zeigt österreichische und internationale Kunst der Gegenwart, sowie Film und Musik. Es ist in einem sehenswerten Gebäude, das von Stararchitekt Karl Schwanzer als Österreich-Pavillon für die damalige Weltausstellung im Jahr 1958 entworfen wurde, untergebracht. @ eje228

Dritte Mann Museum, Pressg. 25, ✆ 5864872 Hier dreht sich alles rund um den Filmklassiker „Der dritte Mann" und um das Wien der Nachkriegszeit. @ isf382

Haus der Musik, Seilerstätte 30, ✆ 5134850 Im modernen, interaktiven Erlebnismuseum wird die Welt der Musik sicht- und hörbar. @ gtx815

Haydnhaus, Haydng. 19, ✆ 5961307 Informatives über die letzten Lebensjahre des Komponisten. @ okk657

Jüdisches Museum, Dorotheerg. 11, ✆ 5350431 Rund 50 Jahre nach Kriegsende öffnete wieder ein jüdisches Museum seine Tore in Wien. Die Wechselausstellungen zeigen jüdische Kulturgeschichte, bildende Kunst, Literaturgeschichte und Fotografie. Weiterer Standort: 1., Judenpl. 8, @ erc481

Wien, Karlskirche

Kaffeemuseum, Vogelsangg. 36, 5. Bezirk (Wien), ✆ 0664/1441406 od. 0676/4068728 Die Sammlung beleuchtet alles zum Thema Kaffee, von der Kaffeebohne über antike Kaffeemaschinen bis zur Wiener Kaffeehauskultur. @ xvr684

Klimt Villa, Feldmühlg. 11, 13. Bezirk (Wien), ✆ 8761125 In der großteils neobarock ausgeführten Villa schuf Gustav Klimt von 1911 bis zu seinem Ableben 1918 viele einflussreiche Werke. Die Ausstellung zeigt Exponate rund um Klimts Atelier. @ ghf743

Kunst Haus Wien, Untere Weißgerberstr. 13, ✆ 7120491 Zu sehen sind vor allem die Werke von Friedensreich Hundertwasser (Malerei, Architektur, Skulpturen) und wechselnde Ausstellungen von Künstlern des 20. Jhs. @ puh754

Kunsthalle Wien, Treitlstr. 2, ✆ 521890 Wechselausstellungen zeitgenössischer Kunst sowie Meisterwerke der klassischen Moderne. Zweiter Standort: 7., Museumsquartier, Museumspl. 1, @ jxq341

Leopoldmuseum, Museumspl. 1, im MuseumsQuartier, 525701584 Eine beträchtliche Sammlung, die über 5.000 Exponate umfasst, gewährt Einblick in die moderne österreichische Kunst. Neben spannenden Wechselausstellungen beherbergt es die umfangreichste und bedeutendste Egon-Schiele-Sammlung der Welt sowie berühmte Werke von Gustav Klimt, Oskar Kokoschka, Richard Gerstl, Koloman Moser und vielen anderen Künstlern. @ njb763

Madame Tussauds, Riesenradpl. 5-6, 8903366 Das weltberühmte Wachsfigurenkabinett zeigt im Wiener Prater mehr als 80 Wachsfiguren und eine interaktive Sisi-Erlebniswelt. @ dgv245

mumok - Museum moderner Kunst, Museumspl. 1, Museumsquartier, 525000 Moderne und zeitgenössische Kunst. Außergewöhnliche Sammlung mit Werken der Klassischen Moderne, der Pop Art, Wiener Aktionismus, aktuelle Film- und Medienkunst. @ tel748

Museum der Illusionen, Wallnerstr. 4, 5322255 Das kleine Museum zeigt eine beachtliche Sammlung optischer Illusionen, Hologramme und Stereogramme. @ wyb146

MuseumsQuartier, Museumspl. 1, 5235881 Spektakuläres Kulturareal am Rand der Wiener Altstadt und achtgrößter Museumsbezirk der Welt. @ xfd527

Narrenturm, Spitalg. 2, 52177606 Im „Guglhupf", vor 250 Jahren als erste psychiatrische Klinik unter Kaiser Joseph II. errichtet, ist die weltweit größte pathologisch-anatomische Sammlung untergebracht. @ rrq563

Römermuseum, Hoher Markt 3, 5355606 Interaktive Ausstellung zur Geschichte des Legionärslagers Vindobona. @ pka174

Sigmund-Freud-Museum, Bergg. 19, 3191596 Von 1891 bis 1938 wohnte hier der Begründer der Psychoanalyse, bevor er Österreich verlassen musste. Freuds einstige Ordination ist heute als Museum eingerichtet. @ eua627

Sisi Museum, Michaelerkuppel, Hofburg-Kaiserappartements, 5337570 Zentrale Themen im eindrucksvoll wie einfühlsam gestalteten Sisi Museum sind die unbeschwerte Mädchenzeit in Bayern, die überraschende Verlobung mit dem Kaiser sowie ihre offizielle Rolle als österreichische Kaiserin. @ sxb461

Theatermuseum, Lobkowitzpl. 2, 525242729 Das Museum beinhaltet vor allem Bühnenmodelle, Kostüme und Requisiten sowie Fotos und Zeichnungen. @ kea186

Time Travel, Habsburgerg. 10A, 5321514 In den Gewölben des Klosters St. Michael kann man sich auf eine virtuelle Zeitreise durch die Geschichte Wiens machen. @ oxl671

Uhrenmuseum, Schulhof 2, 5332265 Ausstellung von 3.000 Uhren, mit allen möglichen Kuriositäten wie etwa die „Zappler", deren kleinstes Exemplar unter einen Fingerhut passt. @ cse558

Verkehrsmuseum Remise, Ludwig-Koeßler-Pl. 109, 790946803 Mehr als 80 historische Fahrzeuge seit 1871 sowie Autobusse und Wagen der ehemaligen Wiener Stadtbahn. @ ysc885

Waschsalon Nr. 2, Halteraug. 7, 0664/6587745 Im denkmalgeschützten Karl-Marx-Hof, dem wahrscheinlich repräsentativsten Wiener Gemeindebau, zeigen vier Themenbereiche die Geschichte des Roten Wien der Ersten Republik. @ tsr184

Weltmuseum Wien, Heldenpl., 534305052 Ethnologisches Museum mit einzigartigen Kulturschätzen aus aller Welt und spannenden Geschichten dazu. @ bkd354

Wien Museum MUSA, Felderstr. 6-8, 400085169 Historisches Museum der Stadt Wien. Eine faszinierende Mischung aus Kunst und Geschichte von der Jungsteinzeit bis zur Mitte des 20. Jhs. Bis etwa 2022 ist das Wien Museum im MUSA zu erleben. @ uam287

Wiener Secession, Friedrichstr. 12, 5875307 Nach Plänen von Joseph Olbrich wurde das Haus 1897-98 für die progressive Künstlergruppe der „Wiener Secession" errichtet. Neben Wechselausstellungen moderner Kunst ist hier heute der 34 m lange Beethoven-Fries von Gustav Klimt zu besichtigen. @ tyg288

Pfadfindermuseum, Löschenkohlg. 25, 0664/4777117 Das Museum gewährt Einblicke in die Geschichte der Pfadfinderbewegung von den Knabenhorten des beginnenden 20. Jhs. bis heute. @ fnl218

Stephansdom, Stephanspl. 3, 5137648 Österreichs bedeutendstes gotisches Bauwerk. Neben dem Riesenrad Wahrzeichen Wiens, gilt er auch als Wahrzeichen Österreichs. Er repräsentiert die (Bau-)Geschichte von 800 Jahren. Sehenswertes: das Grabmal Kaiser Friedrichs III. aus rotem Marmor, die Kanzel Anton Pilgrams von 1514/15, der „Wiener Neustädter Altar" von 1447. Unter dem Dom weit verzweigtes Katakombensystem mit wertvollen historischen Zeugnissen. @ usi533

Votivkirche, Rooseveltpl., 4061192 Die Votivkirche ist eines der bedeutendsten neugotischen Sakralbauwerke der Welt. Sie wurde 1856-79 vom Architekten Heinrich Ferstel errichtet und ist mit einer Höhe von 99 m die zweithöchste Kirche Wiens. @ lwi661

Schottenstift, Freyung 6, 53498600 Als Herzog Heinrich II. Jasomirgott seine Residenz von Klosterneuburg nach Wien verlegte, berief er im Jahr 1155 irische Mönche zur Klostergründung nach Wien. Im selben

Jahr wurde mit dem Bau der Schottenkirche begonnen. Herzog Albrecht V. entzog den Iren im Zug der Melker Reform im Jahr 1418 das Kloster und übergab es deutschsprachigen Benediktinern, der Name „Schotten“ wurde aber beibehalten. In der ehemaligen Abtwohnung des Schottenstiftes befindet sich heute ein Museum. @ wqf356

Hofburg, Michaelerkuppel, Eingang Heldenplatz, ✆ 5337570 Bis 1918 war die prächtige Burganlage in der Mitte von Wien das Zentrum der ehemaligen Monarchie, heute erfüllt sie dieselbe Funktion für die Republik Österreich. Außerdem beherbergt die Hofburg heute die Spanische Hofreitschule, die Österreichische Nationalbibliothek, das Sisi Museum, die Silberkammer sowie die Kaiserappartements. @ cai462

Schloss Belvedere, Prinz-Eugen-Str. 27, ✆ 79557134 Das Schloss, das als eines der schönsten barocken Bauwerke gilt, wurde als Sommerresidenz für Prinz Eugen von Savoyen ab 1700 unter der Bauleitung von Lukas von Hildebrandt errichtet. Das Gebäude wird von einem eleganten Terrassengarten mit Kaskaden und Plastiken ergänzt. @ jeh616

Schloss Schönbrunn, Schönbrunner Schlossstr. 47, ✆ 811130 Das ursprünglich von Fischer von Erlach größer und prächtiger als Versailles geplante Barockschloss entstand mit 1.441 Zimmern und Sälen in den Jahren 1696-1730. Es diente als Sommerresidenz der Habsburger und hier fand auch der Wiener Kongress statt. @ spo121

Hermesvilla, Hermesvillaweg, im Lainzer Tiergarten, 13. Bezirk (Wien), ✆ 505/874785173 Kaiser Franz Joseph machte seiner Gattin Elisabeth das „Schloss der Träume“ (1882-1886) inmitten des damals kaiserlichen Jagdgebietes zum Geschenk, um sie öfter in Wien zu halten. Eine Ausstellung im ersten Stock zeigt die Geschichte des Hauses. @ yyj734

Palais Liechtenstein, Fürsteng. 1, ✆ 31957670 Im Garten- und Stadtpalais werden Werke und Möbel aus fünf Jh. aus der Sammlung der Fürsten von und zu Liechtenstein gezeigt. @ odi284

Burgtheater, Universitätsring 2, ✆ 514444545. Das österreichische Nationaltheater mit exzellenten Theatervorführungen ist auch Europas größtes Sprechtheater. @ lie188

Wiener Staatsoper, Opernring 2, ✆ 514442250. Die heutige Wiener Staatsoper entwickelte sich aus der von den Habsburgern gegründeten Wiener Hofoper. Sie wurde im Jahr 1869 im Beisein von Kaiser Franz

Joseph und Kaiserin Elisabeth feierlich eröffnet. Heute gehört die Wiener Staatsoper zu den bedeutendsten Opernhäusern weltweit. @ kgq385

Marionettentheater, Schloss Schönbrunn, Hofratstrakt, ✆ 8173247, Vorstellungen ganzjährig. Das preisgekrönte Marionettentheater pflegt die Tradition des kunstvollen Spiels mit kostbaren Marionetten und sorgt zusammen mit Mozarts Musik für fürstliche Unterhaltung. @ wry273

Naschmarkt, Wienzeile, Wienzeile zwischen Getreidemarkt und Kettenbrückengasse, ✆ 400005430 Der größte Obst- und Gemüsemarkt Wiens zeigt voller Individualität und Atmosphäre die lebendige Antithese zu Supermärkten, und die Begegnung vieler Kulturen. Samstags großer Flohmarkt. @ lnh758

Hundertwasserhaus, Kegelg. 37-39 Das Gebäude zieht Besucher aus aller Welt an, denn es trägt die unverkennbare Handschrift des österreichischen Künstlers Friedensreich Hundertwasser, der bekannt für seine fantasievolle Lebendigkeit sowie Individualität war. @ gfn835

Margaretenhof, Margaretenpl., 5. Bezirk (Wien). Die Architekten Ferdinand Fellner und Hermann Helmer bauten von 1884-1885 diesen schlossähnlichen Komplex, der ein frühes Beispiel für städtische Wohnbauten darstellt. @ dwk782

Parlament, Dr.-Karl-Renner-Ring 3, ✆ 401102400. Im Jahr 1883 wurde das österreichische Parlament an der Wiener Ringstraße eröffnet. Der Bau unter der Leitung von Theophil Hansen dauerte 10 Jahre lang und ist im Stil der griechischen Klassik gehalten. Bis zum Ausbruch des Ersten Weltkriegs tagten hier die Abgeordneten aller Länder und Königreiche der österreichischen Hälfte der Doppelmonarchie Österreich-Ungarn. Heute halten hier der Nationalrat und der Bundesrat ihre Sitzungen ab. @ oyn148

Prater Wien, Riesenradpl. 2, ✆ 7292000 Freizeitpark mit nostalgischen Fahrgeschäften, Achterbahnen, Geisterbahnen, dem Pratermuseum sowie dem berühmten Riesenrad von 1897. Erholung bietet der Grüne Prater mit seinen ausgedehnten Wiesen und Wäldern sowie Wasserflächen. @ duk863

Spanische Hofreitschule, Michaelerpl. 1, ✆ 53390310 Bei verschiedensten Veranstaltungen erhalten Sie Einblick in die bezaubernde Welt der Lipizzaner. Regelmäßig können Sie bei der Morgenarbeit zusehen, an geführten Rundgängen durch die Anlage teilnehmen oder die offiziellen Vorführungen genießen. @ ack331

Spittelberg, im 7. Bezirk. Der Stadtteil zwischen Breite Gasse und Stiftgasse besitzt Modellcharakter für eine Revitalisierung mit Erhaltung der historischen (in dem Fall biedermeierzeitlichen) Bausubstanz und präsentiert sich heute als ein „Beisl"- und Kunstviertel mit Flair. @ kni465

Urania, Uraniastr. 1, ✆ 89174150000 Die Urania wurde 1910 als Volksbildungshaus im neobarockem Stil erbaut. Heute befindet sich die Volkshochschule, eine Sternwarte, ein Kino, ein Puppentheater und ein Café-Bar-Restaurant darin. @ fnn776

Wiener Ringstraße. Nach Schleifung der früheren Stadtbefestigung 1857-58 entstand an der Stelle des Glacis einer der schönsten Boulevards mit Bauten wie Burgtheater, Kunsthistorisches Museum und Parlament. Ebenso setzte sich hier das liberale Großbürgertum mit ihren Palais ein Denkmal. @ mtu365

Tiergarten Schönbrunn, Maxingstr. 13b, Schlosspark, ✆ 87792940 In barocker Parkumgebung befindet sich einer der ältesten Tiergärten der Welt mit neuen Ideen für die Tierhaltung. @ fqv153

Haus des Meeres, Fritz-Grünbaum-Pl. 1, ✆ 5871417 Im Inneren des Flakturms aus dem 2. Weltkrieg sind heute Haie, Schildkröten, Krokodile, Schlangen und auch Äffchen untergebracht. @ rtt675

Lainzer Tiergarten, Hermesstr., 13. Bezirk (Wien), ✆ 400049200 In dem weitläufigen Wald- und Naturschutzgebiet leben zahlreiche frei laufende Wildtiere wie Hirsche, Mufflons und vor allem Wildschweine. @ fhu454

Wüstenhaus Schönbrunn, außerhalb des Tiergartens Schönbrunn Hier wurde für verschiedenste Tier- und Pflanzenarten ein Wüstenlebensraum geschaffen. @ wmr514

Waldseilpark Kahlenberg, Josefsdorf 47, ✆ 3200476 Mit Hindernissen von Seilbrücke über wacklige Netze bis hin zu Flying Foxes, Wichtelparcours und 150 Übungen bietet der Waldseilpark für jedes Alter und jede Größe die passende Herausforderung. @ nar681

Wien. Wie lässt sich eine Donau-Metropole kurz beschreiben, die über sieben Jahrhunderte Residenzstadt war, einst den Mittelpunkt eines Weltreiches bildete und traditionell zu den kulturellen Zentren Europas gehört, ohne dass bekannte Klischees wiederholt oder Wesentliches ausgelassen werden? Vielleicht, indem über das Verhältnis dieser Stadt zu „ihrem" Strom erzählt wird.

Wien liegt ja bekanntlich an der Donau, die einmal sogar blau gewesen sein soll. Und trotzdem suchen

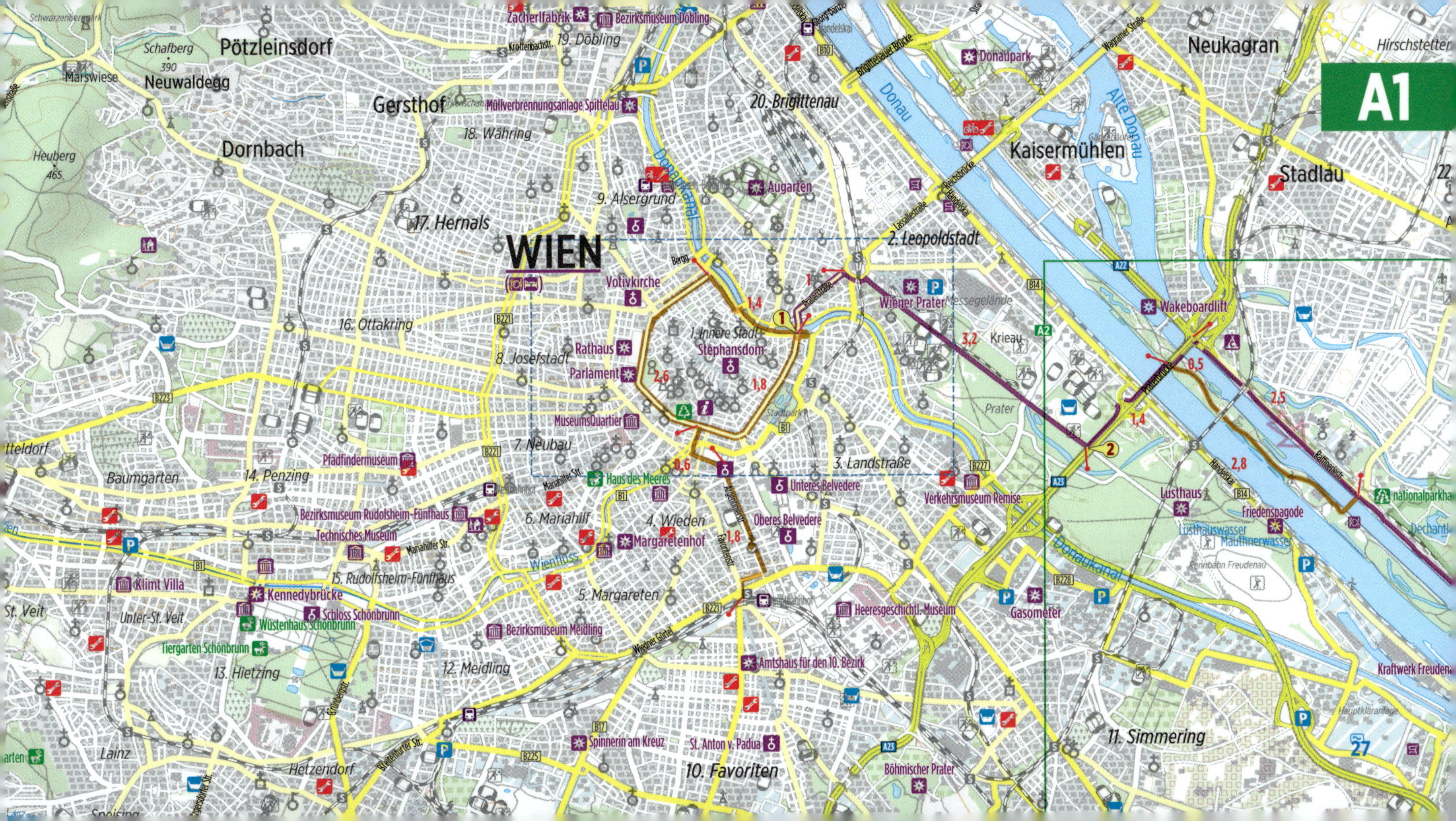
A1
WIEN
Pötzleinsdorf
Neuwaldegg
Gersthof
Dornbach
Schafberg
390
Heuberg
465
Marswiese
19. Döbling
Zacherlfabrik
Bezirksmuseum Döbling
20. Brigittenau
Müllverbrennungsanlage Spittelau
18. Währing
9. Alsergrund
Augarten
17. Hernals
2. Leopoldstadt
Votivkirche
16. Ottakring
8. Josefstadt
Rathaus
Parlament
1. Innere Stadt
Stephansdom
MuseumsQuartier
7. Neubau
Wiener Prater
Messegelände
Krieau
Prater
Donaupark
Neukagran
Hirschstetten
Kaisermühlen
Stadlau
Donau
Alte Donau
Donaukanal
Wakeboardlift
Pfadfindermuseum
Baumgarten
14. Penzing
Haus des Meeres
3. Landstraße
Unteres Belvedere
Verkehrsmuseum Remise
Bezirksmuseum Rudolfsheim-Fünfhaus
Technisches Museum
6. Mariahilf
4. Wieden
Margaretenhof
Oberes Belvedere
Lusthaus
Friedenspagode
Lusthauswasser
Mauthnerwasser
nationalpark
Dechantl
Klimt Villa
Kennedybrücke
15. Rudolfsheim-Fünfhaus
Wienfluss
5. Margareten
St. Veit
Unter-St. Veit
Schloss Schönbrunn
Wüstenhaus Schönbrunn
Tiergarten Schönbrunn
Bezirksmuseum Meidling
Heeresgeschichtl. Museum
Gasometer
13. Hietzing
12. Meidling
Amtshaus für den 10. Bezirk
Kraftwerk Freudenau
11. Simmering
Lainz
Hetzendorf
Spinnerin am Kreuz
St. Anton v. Padua
10. Favoriten
Böhmischer Prater
27
1,4
1,8
2,6
0,6
3,2
0,5
2,5
2,8

Besucher vergeblich nach historischen Uferzeilen, beschaulichen Flusspromenaden, nach einer „gewachsenen" Stadt am Strom. Lediglich die Kleine Donau, eigentlich ein Kanal, durchfließt die Innenstadt der Donau-Metropole. Wien büßte das Wesen einer Donaustadt im 19. Jahrhundert ein, als mit der ersten Flussregulierung die enge Bindung an den Strom verloren ging. Dabei wurde der bis dahin krause Stromverlauf der Donau durch einen schnurgeraden „Durchstich" in der Manier von Reißbrett-Ästheten zusammengefasst und in den Eröffnungsreden 1875 als Meisterleistung österreichischer Ingenieurskunst gepriesen. Auch der namensgebende kleine Wienfluss sucht seit der Jahrhundertwende seinen Weg vom Wienerwald zu seinem Vorfluter in einer kahlen Steinwanne.

Wien und die Donau, ein unversöhnlicher Gegensatz? Landschaftliche Schönheit gibt es trotz der Eingriffe und am Fluss kehrte seit den 70er und 80er Jahren des 20. Jahrhunderts wieder Leben ein. Damals wurde entlang der begradigten Donau im Zuge der Wiener Donauregulierung für den Hochwasserschutz – im bis dato städtischen Niemandsland – ein Entlastungsgerinne ausgehoben und aus dem Material die Donauinsel aufgeschüttet. Seitdem sind beide – Donauinsel und Neue Donau – der Wiener Freizeitglück.

Von Wien nach Schönau a. d. Donau 23,1 km

1 Wenn Sie genug von der Stadt gesehen haben, dann beginnt die Tour bei der Urania am Donaukanal ~ über die **Aspernbrücke** auf den Radweg neben der **Praterstraße** ~ beim **Praterstern**, einem Verkehrsknotenpunkt, biegen Sie in die **Praterhauptallee** ein, hier herrscht Fahrverbot für Autos ~ vorbei an schattigen Kastanienbäumen.

TIPP Die **Praterhauptallee** führt durch das Vergnügungsparadies der Wiener, den Prater. Seine Attraktionen wie das Riesenrad oder der ausgedehnte Gastgarten des Schweizerhauses, in dem man zur knusprigen Stelze (gebratene Schweinshaxe) ein kühles „G'mischtes" (Bierspezialität) trinken kann, sind auch weit außerhalb Wiens bekannt.

Wiener Prater

Die uralten Bäume, die friedlichen Gewässer, die Wildgehege und das Lusthaus am Ende der Hauptallee, das alles gibt es im Prater schon seit Jahrhunderten. „Der Wiener Prado" hieß einst das landesfürstliche Jagdgebiet, das sich über zehn Kilometer entlang der Donau erstreckte.

Am 7. April 1766 machte Kaiser Joseph II., ein aufgeklärter Monarch, die bis dahin dem Hof vorbehaltenen Praterauen öffentlich zugänglich und der Wurstelprater entstand. Sehr bald darauf gab es die ersten Wurstelpraterbuden. Wirtshäuser, Kegelbahnen, Schaukeln, Ringelspiele und ein Kasperltheater mit dem „Wurstel" kamen dazu. 1771 erhellten die ersten Feuerwerke den nächtlichen Himmel.

An der Hauptallee etablierten sich berühmte Kaffeehäuser, die besonders in den Friedenszeiten vor 1914 sehr beliebt waren. 1945 wurde der Wurstelprater im Kampf um Wien völlig zerstört. Eine große Feuersbrunst raffte ihn bis auf 18 Objekten zur Gänze hinweg. Von diesem Schlag hat er sich nie wieder erholt; heute ist er ein Sammelsurium von Ringelspielen, Spielhallen und Schnellbratereien. Was vom alten Prater übriggeblieben ist, wie das Calafati-Ringelspiel und der „Große Chineser", befindet sich eher im hinteren, weniger grellen Teil.

Vom Volksprater, wie er auch hieß, unterschied man den sogenannten Nobelprater, in dem es, mit Ausnahme der Pferderennbahnen in der Freudenau, keinen Rummel gab. In der ausgedehnten, teils naturbelassenen, noch an das ehemalige Jagdrevier gemahnenden, teils aber auch sorgfältig gepflegten Anlage waren die ruhigeren Spaziergänger anzutreffen, Liebespaare, Gouvernanten mit kleinen Kindern, Pensionisten. Und natürlich die gesamte vornehme Welt, fahrend oder reitend, besonders am 1. Mai, wenn sich bei der „Praterfahrt", dem traditionellen großen Frühlingsfest, alles einfand, was Rang und Namen hatte. Wer nichts davon aufzuweisen hatte, tummelte sich am Rand in der lauten bunten Schar und sah zu, kritisierte die feinen Leute und bestaunte die kommende Sommermode, die an diesem Tag Premiere hatte. Ab 1886 gab es in der Hauptallee jedes Jahr einen Blumencorso mit Pferdekutschen, elf Jahre später den Blumencorso der Radfahrer und nach dem Ersten Weltkrieg einen solchen mit Automobilen.

Wer heute den „alten" Prater sucht, wird ihn nicht mehr finden. Es gibt ihn ebenso wenig wie das Praterpublikum von einst. Aber der Prater lebt weiter; seinen Wandel schildert die Wiener Schriftstellerin Elfriede Jelinek treffend im Roman „Die Klavierspielerin". „Heute", meint sie, „unterhält sich im Wurstelprater das kleine, in den Praterauen das geile Volk, jedes auf seine Weise. Im Wurstelprater pflanzen bis an den Rand mit Schweinsbraten, Knödeln, Bier und Wein vollgefüllte Eltern ihre ebenso aufgefüllte Brut in die Töpfe oder auf die bunt lackierten Pferdchen, Elefanten, Autos, bösen Drachen hinein oder hinauf, und das in Drehung versetzte Kind speit das ihm vorher mühsam Eingeschaufelte wieder heraus. Es bekommt dafür eine Ohrfeige, weil das Essen im

Schloss Orth

Gasthaus etwas gekostet hat und man es sich nicht jeden Tag gönnt."

Aber wenn auch die Schaubuden im Prater nicht mehr das Flair von einst besitzen, die „grüne Lunge" von Wien wird für die gestressten Städter immer wichtiger. Die ausgedehnten Wiesen und kleinen Wälder laden zum Radfahren, Wandern und zu idyllischen Picknicks ein.

2 An der **Autobahn**, die den Prater durchschneidet, links entlang bis zur **Praterbrücke** ~ die Brücke ist mit einem Radweg ausgestattet.

TIPP Weiter über die **Donauinsel**, die am Wochenende das Radfahrparadies für die Wiener ist.

Donauinsel

Nicht nur zum Rad fahren, sondern auch zum Baden, Surfen, Boot fahren, Skaten, Tanzen, Essen und Trinken, Eis schlemmen und Faulenzen kommt der Städter gern in das Naherholungsgebiet, wie es die Stadtplaner so treffend bezeichnen. Entstanden ist das Freizeitparadies 1969, als die Donau neu reguliert wurde, um die Stadt ein für allemal vor Hochwasserschäden zu schützen. Zwar war die Insel zu jener Zeit noch nicht als Erholungsraum geplant, doch die gute Wasserqualität ließ die Idee vom 21 Kilometer langen Badestrand entstehen. In kürzester Zeit avancierte die Donauinsel zum beliebtesten Sommerfreizeitzentrum in der Umgebung der Stadt.

TIPP Wenn Sie Lust haben, Ihr Sportgerät zu wechseln, so probieren sie doch beim Knoten Kaisermühlen bei Wehr 1 den Wakeboardlift aus.

Entlang der **Neuen Donau** Richtung Südosten ~ **3** links halten und die Raffineriestraße queren ~ auf der **Lobgrundstraße** durch das Zentraltanklager der OMV ~ am Ende der Straße geradeaus und in den Wald der Lobau eintauchen.

TIPP Hier wimmelt es von Wasservögeln, Wild und seltenen Tierarten, die sich an dem naturbelassenen Ökosystem erfreuen. Bei Hochwasser besteht die Gefahr, dass die Route nicht befahrbar ist, Sie müssen dann einen längeren Umweg machen.

Der **Hubertus- oder Marchfelddamm** ist ungefähr 30 km lang ~ die Dammkrone ist größtenteils asphaltiert ~ vor Schönau an der Donau führt eine Brücke über einen der Seitenarme der Donau ~ in einer Links-, Rechtskurve weiter nach Schönau.

Schönau an der Donau (Groß-Enzersdorf) Ⓐ

Von Schönau a. d. Donau nach Hainburg 27,7 km

4 Geradeaus weiter dem Radweg folgen, der Sie nach Orth an der Donau bringt.

INS ZENTRUM **5** Um nach Orth hineinzufahren, biegen Sie an der Kreuzung links ab. Hier kommen Liebhaber von Fischgerichten ganz auf Ihre Kosten.

Orth an der Donau Ⓐ

Vorwahl: 02212

- **Tourismusinformation**, Schlosspl. 1, Schloss Orth, ✆ 3555, @ ixn374
- **Gemeindeamt**, Am Markt 26, ✆ 2208, @ oab841
- **Fähre Orth - Haslau**, Uferstr. 17, ✆ 0664/4210058 (7d), @ dnv633
- **museumORTH**, Schlosspl. 1, Schloss Orth, ✆ 0676/5642767 (7d) In überdimensionalen Fotoalben werden die Ortsgeschichte, das Leben mit dem Fluss und die Werke berühmter Persönlichkeiten aus Orth behandelt. @ iku528

A3
Oberhausen
Schloss Sachsengang
Probstdorf
Mühlleiten
Matzeneusiedl
Ölhafen
Donau-Oder-Kanal
Lausgrundwasser
Mittelwasser
Untere Lobau
Kühwörter Wasser
Nationalpark Donau-Auen
Mannsdorf
a.d. Donau
Orth
a.d. Donau
Mannswörth
Marchfelddamm/Hubertusdamm
7,5
Schönau
a.d. Donau
Radlerstation
Schüttlau
7
Heustadelböden
Schloss Orth
museumORTH
Nationalpark-Zentrum
Uferstr.
1,2
Donau
Schwechat
B9
B3
A2
A4
Fischamend-Dorf
Museum der Photographie
Feuerwehrmuseum
Fischaturm
Fischa
Flughafen Wien-Schwechat
Fischamend
B60
Hirschensprung
Mühlschütt
Uferhaus
Schiffmühle
nur im S
Maria Ellend
Neu Haslau
Bahnstr.
Traunberg
195
Katharinenhof
Ellender Hof
31

Schloss Eckartsau

Schloss Orth, Schlosspl. 1, ✆ 3555 Das Wasserschloss gilt als ältestes der Marchfeldschlösser, es wurde erstmals 865 urkundlich erwähnt und war einst Jagdsitz der Familie Habsburg. @ csk725

Schiffmühle und Tschaikenfahrten, Uferstr., ✆ 0664/3341422 Sie finden die Mühle in Orth direkt bei der Donau, am Uferhaus und am Abenteuerspielplatz vorbei bis zum Landesteg „Zur Schiffmühle". Das Mühlschiff beherbergt ein Schiffmühlenmuseum und ist im Rahmen von Führungen zu besichtigen. @ dqb784

schlossORTH Nationalpark-Zentrum, Sclosspl. 1, ✆ 3555 Das Schloss beherbergt das museumORTH und das Besucherzentrum des Nationalparks Donau-Auen mit multimedialer Ausstellung sowie dem Outdoor-Bereich „Schlossinsel" mit begehbarer Unterwasser-Beobachtungsstation; außerdem ist ein Café, ein Shop und ein Turnierhof mit Aussichtsturm vorhanden. @ tub466

AUSFLUG 5 Hier bietet sich ein Besuch der Donau und der Schiffmühle an – dafür einfach der **Uferstraße** folgen.

VARIANTE Nach dem Besuch der Schiffmühle können Sie mittels Fähre zum Südufer wechseln. ⚠ Die ersten Meter vom Ankerplatz nach Haslau sind etwas schwieriger zu befahren.

Südufer-Variante 24,1 km

Nach der Donauüberquerung rechts auf den schlechter befahrbaren Weg ~ links zwischen den Wasserflächen hindurch, teilweise auf grobem Kopfsteinpflaster ~ hinauf in den Ort, den Schildern der Nationalparktour Donau-Auen folgend ~ oben rechts in die **Hauptstraße**.

Haslau-Maria Ellend Ⓐ

Vorwahl: 02232

Gemeindeamt Maria Ellend, Wienerstr. 11, ✆ 80250, @ txy166

Fähre Orth - Haslau, Uferstr. 17, Orth an der Donau, ✆ 0664/4210058, @ dnv633

Themenweg Haslau. Auf einer Länge von 3,5 km erstreckt sich der Rundweg im Nationalpark-Randbereich mit interaktiven Stationen. @ xdc761

Bei der Kapelle links halten ~ geradeaus, **Bahnstraße** ~ die **B 9** und die Bahngleise überqueren und gleich links ~ an der T-Kreuzung bei **Regelsbrunn** rechts ~ an der folgenden T-Kreuzung links weiter durch die Felder ~ in Scharndorf links, **Waldweg** ~ rechts, **Hauptstraße**.

Scharndorf Ⓐ

Gemeindeamt, Bodenzeile 1b, ✆ 02163/2303, @ qdq388

Schräg links abzweigen ~ an der Viererkreuzung links und nach der Kirche erneut links ~ geradeaus in die Felder ~ beim Windrad links ~ bei der zweiten Möglichkeit rechts ~ dem Wegeverlauf folgen ~ Rechtsbogen ~ an der Fünf-Wege-Kreuzung links zum Heidentor ~ weiter geradeaus nach Petronell ~ links, **Bruckerstraße**.

Petronell-Carnuntum Ⓐ

Vorwahl: 02163

Donau Niederösterreich Tourismus, Hauptstr. 3, ✆ 355510, @ wyc452

Gemeindeamt, Kirchenpl. 1, ✆ 2228, @ smg466

Museum Auxiliarkastell, Hauptstr. 78, ✆ 0664/73674493 od. 0650/8901010 Thema: Begräbnisformen, Grabbeigaben sowie eine unterirdische Wasserleitung; Sonderausstellungen. @ tcn872

Schloss Petronell, Schlossallee 1, ✆ 0664/88337904. Ursprünglich ein Wasserschloss aus dem 11. Jh., erhielt es seine heutige Gestalt im 17. Jh. von dem bekannten Barockmeister Dominico Carlone. Das Schloss ist nur zu Veranstaltungen geöffnet. @ xdj848

Heidentor, ca. 1,5 km südl. des röm. Stadtviertels, ✆ 33770 Das Heidentor wurde vermutlich unter Kaiser Constantin als Triumphbogen errichtet. @ ooi512

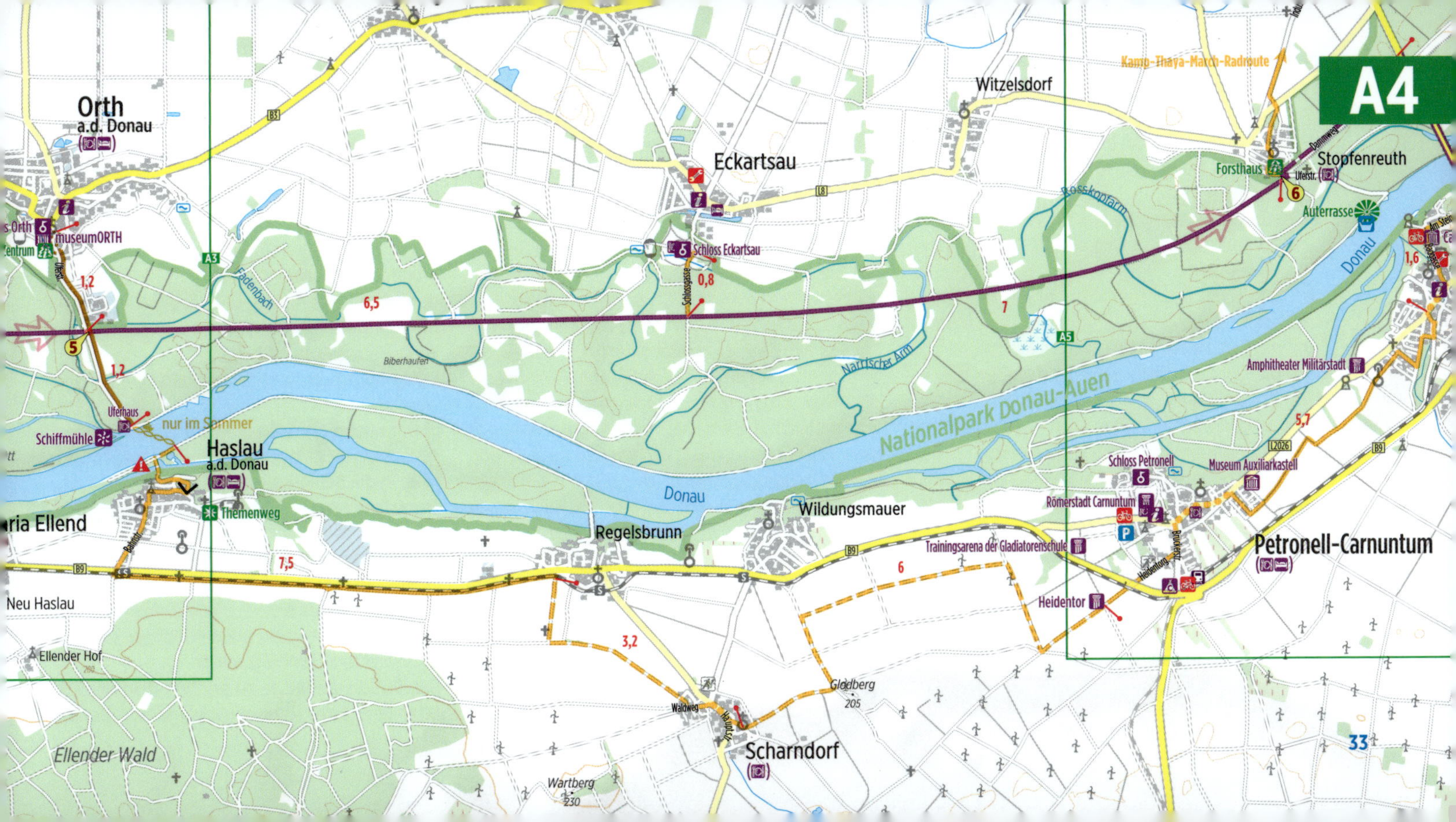
A4
Orth
a.d. Donau
museumORTH
Uferstr.
1,2
5
1,2
Uferhaus
nur im Sommer
Schiffmühle
Haslau
a.d. Donau
Themenweg
aria Ellend
Bahnstr.
B9
7,5
Neu Haslau
Ellender Hof
Ellender Wald
B3
A3
Fadenbach
6,5
Biberhaufen
Donau
Regelsbrunn
Wildungsmauer
3,2
Waldweg
Hauptstr.
Scharndorf
Wartberg
230
Eckartsau
L8
Schloss Eckartsau
Schlossgasse
0,8
Witzelsdorf
Narrischer Arm
Nationalpark Donau-Auen
7
A5
Rosskopfarm
Kamp-Thaya-March-Radroute
Dammweg
Forsthaus
Stopfenreuth
Uferstr.
6
Auterrasse
Donau
1,6
Amphitheater Militärstadt
5,7
L2026
B9
Museum Auxiliarkastell
Schloss Petronell
Römerstadt Carnuntum
Trainingsarena der Gladiatorenschule
Petronell-Carnuntum
Heidentor
Heidentorg.
Bruckerstr.
6
Goldberg
205
33

Römerstadt Carnuntum, Hauptstr. 1A, ✆ 33770 Carnuntum war vom 1. bis 4. Jh. n. Chr. eine bedeutende römische Weltstadt an der Grenze des Römischen Reichs mit rund 50.000 Einwohnern. Der Park ist die größte archäologische Landschaft Österreichs, er ist in drei Kernzonen aufgeteilt: der Museumsbezirk, das Legionslager und die Zivilstadt. @ ykb457

Trainingsarena der Gladiatorenschule, ca. 800 m von der Zivilstadt entfernt Die Baustrukturen sind vergleichbar mit der Schule Ludus Magnus von Rom. @ iui586

Als hätten die Bewohner Carnuntum gerade erst verlassen – so sehen das Bürgerhaus, die Stadtvilla und die Thermenanlage des Archäologischen Parks aus. Die Gebäude sind nachgebaut, geben aber einen erstaunlichen Einblick in den Alltag der Römer. Fußbodenheizungen verströmen wohlige Wärme und in der Küche duftet es nach Kräutern.

Obwohl die Römer die sichtbarsten Spuren in Carnuntum hinterließen, reichen die Ursprünge der römischen Provinzhauptstadt noch weiter zurück. Schon zur Zeit der Illyrer und Kelten entstand hier am Kreuzungspunkt zweier uralter Handelswege, dem Wasserweg auf der Donau von West nach Ost und der Bernsteinstraße, die die Ostsee mit dem Mittelmeer verband, eine Siedlung, die den Namen Carnuntum (Stadt am Stein) trug. Unter Kaiser Tiberius wurde Carnuntum der Provinz Pannonien eingegliedert und erlebte durch die strategische Bedeutung des Lagers einen großen Aufschwung.

Der Einfall der Markomannen im Jahr 171 n. Chr. zerstörte die blühende Stadt, die jedoch unter Marc Aurel zurückerobert und wieder aufgebaut wurde. Als Rom Carnuntum den Hunnen überließ, ging die Stadt im Dunkel der Völkerwanderungszeit unter. Den Hunnen folgten die Ostgoten, die Langobarden und die Awaren. Wie die Stadt dann endgültig zu einem Ruinenfeld wurde, hat kein Berichterstatter festgehalten. Vielleicht, weil der Feind vom anderen Ufer niemanden überleben ließ. In einem Backofen hat man noch halbfertige Brote gefunden, als ob die Römer nicht einmal Zeit gehabt hätten, das Brot vom Feuer zu nehmen.

Was die Germanen nicht zerstörten und was sich dem natürlichen Verfall widersetzte, wurde von den Menschen demontiert. Wie durch ein Wunder blieben die beiden wuchtigen Pfeiler des Heidentores erhalten. Zahlreiche Forschungen zeigen, dass das wohl bekannteste römische Baudenkmal in Österreich kein Tor und auch nicht heidnisch war. Durch Befunde wurde eindeutig belegt, dass es sich hierbei um einen Pfeilerbau mit vier Durchgängen handelt, welcher zirka 354-361 n. Chr. als Triumphalmonumet für Kaiser Constantius II. errichtet wurde. Zu dieser Zeit war das Christentum bereits seit Jahrzehnten anerkannt und erlangte zudem verstärkte Bedeutung im gesamten römischen Reich.

An der Vorfahrtsstraße rechts ⤳ nach gut 700 m rechts, **Dr. Karl-Renner-Straße** ⤳ an der T-Kreuzung links ⤳ geradeaus in die Felder ⤳ dem Wegeverlauf nach **Bad Deutsch-Altenburg** folgen ⤳ an der T-Kreuzung rechts ⤳ .links, **Roseggergasse** ⤳ vor der Einbahn rechts, **Erbstadtgasse** ⤳ links, **Steinabrunngasse** ⤳ an der Vorfahrtsstraße rechts ⤳ nach dem Uhrtürmchen links, **Badgasse** ⤳ beim **Museum Carnuntium** rechts ⤳ vor der Donaubrücke links, wieder auf die Hauptroute.

5 Die Hauptroute führt geradeaus weiter am Dammweg.

INS ZENTRUM Um nach Eckartsau hineinzufahren und das sehenswerte Schloss zu besichtigen, biegen Sie links ab in die **Schlossgasse**.

Eckartsau Ⓐ

Vorwahl: 02214

Gemeindeamt, Obere Hauptstr. 1, ✆ 22020, @ ldm774

Schloss Eckartsau, Schloss 1, ✆ 2240 Erfahren Sie im Barockschloss mehr über die Geschichte vom Ende der Donaumonarchie und schlendern Sie durch den 27 ha großen idyllischen Schlosspark. Besichtigung des Schlosses nur mit Führung. @ waw248

Das Schloss Eckartsau ist eng mit dem letzten Kapitel der Österreichisch-Ungarischen Monarchie verbunden: Nachdem Kaiser Karl im November 1918 abdankte, verbrachte er kurze Zeit mit seiner Familie in Eckartsau und trat von dort seine Reise ins Schweizer Exil an. Auszüge aus Kaiserin Zitas Tagebüchern geben Einblicke in berührende und private Momente der kaiserlichen Familien in deren letzten Tagen in Österreich. Der Schlosspark lädt zu einem Spaziergang ein. In der interaktiven Nationalparkausstellung erfahren Sie außerdem Interessantes über die Auwälder.

Der Radweg führt geradeaus weiter nach Stopfenreuth **6**.

ANSCHLUSS **6** Bei Stopfenreuth ist der Anschluss zur Kamp-Thaya-March-Radroute gegeben. Näheres dazu finden Sie in unserem ***bikeline***-**Radtourenbuch Fluss-Radwege Niederösterreich**.

Stopfenreuth (Engelhartstetten) Ⓐ

Vorwahl: 02214

- **Pranger**. Am Dorfanger mit Kugel und Schließeisen aus dem 16. Jh.
- **Forsthaus Stopfenreuth**, Uferstr. 1, ✆ 2232, ✆ 0650/2600000 (7d) Auen-Informations-Zentrum mit Heurigen, Kanuverleih und Radinfostelle. @ mwd623
- **Auterrasse**, Uferstr., ✆ 02212/3555 (24) Die zweigeschossige Plattform an der Donau ermöglicht einen Fernblick auf die umliegende Flusslandschaft. @ sgm172
- **Naturbadeplatz**, bei der Auterrasse

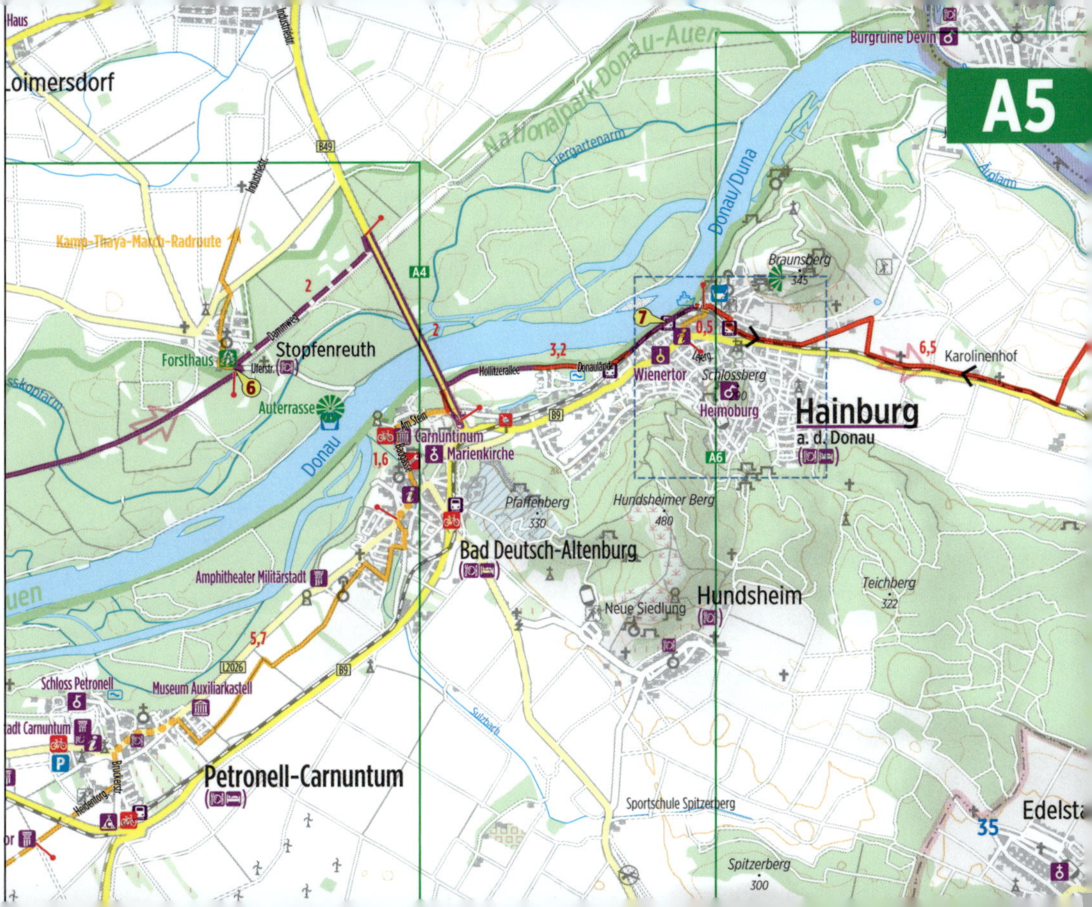

Stopfenreuth und Bad Deutsch-Altenburg sind durch eine mächtige Schrägseilbrücke verbunden. Von dieser Donaubrücke kann man den Schauplatz der Besetzung der Au durch Umweltschützer 1984 sehen. Der Protest verhinderte schließlich doch den Bau des Donaukraftwerkes Hainburg. Die Spuren der begonnenen Schlägerungsarbeiten sind noch deutlich zu erkennen.

Geradeaus weiter am **Dammweg** ⇝ vor der Donaubrücke nach links ⇝ im Rechtsbogen auf die Schrägseilbrücke ⇝ auf einem schmalen Begleitweg über die Donau ⇝ im Rechtsbogen die Brücke verlassen.

INS ZENTRUM Ins Zentrum von Bad Deutsch-Altenburg kommen Sie, wenn Sie links der Straße **Am Stein** folgen.

Bad Deutsch-Altenburg Ⓐ

Vorwahl: 02165

Marktgemeinde, Erhardg. 2, ✆ 62900, @ vig212

Carnuntinum, Badg. 40-46, ✆ 33770 ⑦ Das Museum wurde 1904 von Kaiser Franz Joseph I. eröffnet. Es zeigt einen großen Teil der Landessammlungen Niederösterreich zum antiken Carnuntum. @ kcu415

Marienkirche, Kirchenberg 3, ✆ 62243. Einer der ältesten Sakralbauten Niederösterreichs liegt auf einer Anhöhe im Ort. Der Baukern ist frühromanisch, die Pfeilerbasilika stammt vermutlich aus 1.000 n. Chr. Später wurde die Kirche romanisch erweitert. Im 14. Jh. wurden ein eigenwilliger Turm und ein gotischer Chor zugebaut. Sehenswert sind die reichverzierten Maßwerkfenster und der Karner. @ ytc166

Hainburg, Wienertor

Amphitheater, Wienerstr. 52, ✆ 02163/33770 ⑦ Das Amphitheater der Militärstadt wurde im 2. Jh. n. Chr., auf den Zuschauerrängen fanden insgesamt rund 8.000 Menschen Platz. @ bof238

Bad Deutsch-Altenburg ist ein modernst ausgestatteter Kurort mit der stärksten Jod-Schwefelquelle Österreichs. Der Ort liegt im pannonischen Raum und zählt zu den sonnenreichsten Gebieten Österreichs. An derselben Stelle hatten schon vor 2.000 Jahren die Römer Carnuntums ihre Thermenanlagen erbaut.

AUSFLUG Von Bad Deutsch-Altenburg können Sie einen Ausflug in die sehenswerte Römerstadt Carnuntum machen. Dazu folgen sie der orangen Alternativroute bis nach Petronell-Carnuntum (s. S. 32).

Für die Weiterfahrt folgen Sie der Beschilderung Richtung Donau ⇝ rechts unter der Brücke hindurch ⇝ auf der **Hollitzerallee** geradeaus weiter ⇝ auf der für PKW gesperrten Straße gelangen Sie zum Bahnhof von **Hainburg 7** ⇝ nach dem Bahnhof rund um den Wasserturm ⇝ rechts unter der Bahn hindurch ⇝ bei der Kreuzung links wieder unter den Bahngleisen hindurch.

INS ZENTRUM Rechts gelangen Sie über die **Oppitzstraße** und den **Klosterplatz** ins Zentrum von Hainburg.

Hainburg a.d. Donau Ⓐ

Vorwahl: 02165

Gästeinformation, Ungarstr. 3, ✆ 62111400, @ oxu624

Gemeindeamt, Hauptpl. 23, ✆ 621110, @ tcc614

Stadtmuseum Wienertor, Hauptpl. 23, ✆ 0664/2261630 Themen sind die Stadt- und Urgeschichte, sowie die Tabakgeschichte von Hainburg. @ jwd476

Heimoburg, Schlossbergstr., ✆ 62111400 ㉔ Hier finden alljährlich die Burgspiele statt. Drei Fußwege führen zur Festung hinauf, Ausgangspunkt ist der Parkplatz beim Sportplatz. Der schweißtreibende Aufstieg lohnt mit einer atemberaubenden Aussicht! @ dca114

Wienertor, Wienerstr. Das Tor ist ein Teil der Stadtbefestigung und wurde im 13. Jh. erbaut und wird als eines der künstlerisch bedeutendsten Stadttore Mitteleuropas erwähnt.

Altstadt. Mit zahlreichen historischen Bürgerhäusern, Stadtmauern und Befestigungsanlagen aus dem 13. Jh. ist ein Rundgang durch die Altstadt empfehlenswert. Die Festungsanlage stammt aus dem 11. Jh.

Bergbad, Braunsberger Str., ✆ 62111577, @ mfm775

Umgeben von waldigen Kuppen inmitten des Nationalparks Donauauen liegt die Mittelalterstadt Hainburg an der Donau. Die drei Stadttore und 15 Stadttürme aus dem 13. Jahrhundert lassen erkennen, dass die Stadt einst der wichtigste östliche Vorposten des „Heiligen Römischen Reiches Deutscher Nation“ war. Davon zeugt auch die erste urkundliche Erwähnung aus dem Jahre 1042.

Hier windet sich die Donau zwischen dem Braunsberg am österreichischen Ufer, wo bei Ausgrabungen eine Keltensiedlung aus dem 2. Jahrhundert v. Chr. mit Wall, Palisade und Wachtürmen gefunden wurde, und dem Thebener Kogel über der Marchmündung am slowakischen Ufer hindurch. Bis 1918 hätte man Oberungarn schreiben müssen. Erst mit dem Ende des Ersten Weltkriegs verschoben sich die Grenzen und Bratislava wurde von der ungarischen Krönungsstadt zur slowakischen Hauptstadt. Aber Hainburg verlässt man gegen Osten noch immer durch das im Jahr 1260 erbaute Ungartor.

Dass früher Tore errichtet wurden, damit niemand sie durchbreche und durchschreite, wird beim Anblick des über 31 Meter hohen Wienertores deutlich. Es wurde 1270 mit einem Teil des Lösegeldes für König Richard Löwenherz, das insgesamt 100.000 Kölner Mark (ca. 23.000 kg Silber) betrug, finanziert und gilt als eines der schönsten aus dieser Zeit.

Oben auf dem Schlossberg sind die Ruinen der weitläufigen Burganlage zu sehen, die so betagt ist, dass sie

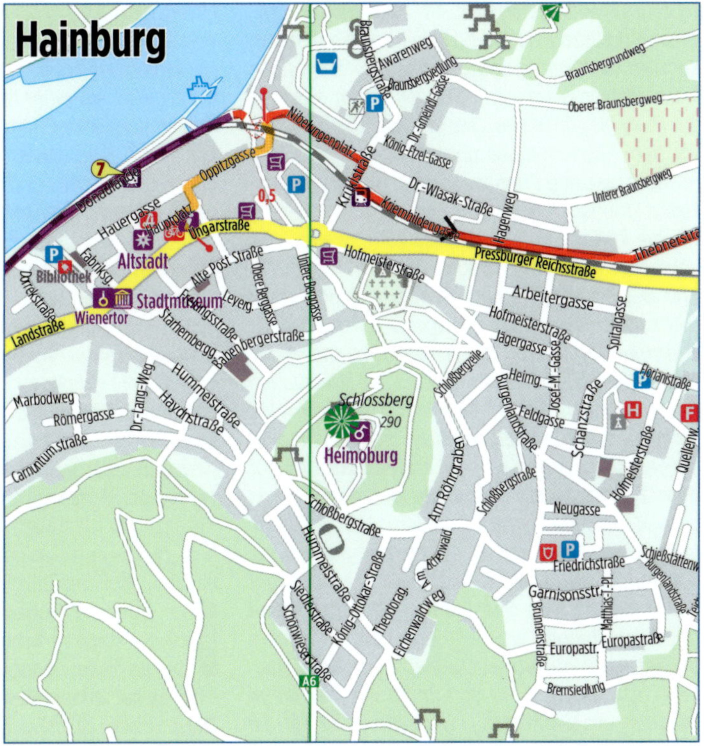

schon im Nibelungenlied als „alt" bezeichnet wurde. Obwohl die Stadtmauern von Hainburg mehrmals von Feinden bestürmt wurden, sind die Befestigungen fast vollständig erhalten. Sie erstrecken sich von der Burg bis zur Donau. Das schmale Blutgässchen vor dem Fischertor, das sich zur Donau hin öffnet, erweckt grausige Erinnerungen an Hainburgs dunkelste Stunden.

Als die Türken am 12. Juli 1683 zum zweiten Mal versuchten bis Wien vorzustoßen, hielt die mächtige Befestigung Hainburgs dem Ansturm nicht mehr stand. Nach kurzer Belagerung war die Stadt sturmreif geschossen, die Türken überrannten die Mauern. Die Bevölkerung wollte in die Donauauen fliehen, doch die Flügel des Fischertores, die nach innen zu öffnen waren, konnten nicht rechtzeitig aufgerissen werden. In dem engen Schlauch vor dem Tor waren die Menschen gefangen wie in einer Mausefalle. Hinter ihnen drängten die Türken nach. Wer nicht in Panik niedergetrampelt wurde, starb unter den Krummsäbeln. 8.432 Hainburger sollen damals von den Türken niedergemetzelt oder verschleppt worden sein. Die Geschichte besagt, dass nur etwa 100 Menschen dem Massaker entkamen. Einer von ihnen war der junge Wagnergeselle Thomas Haydn. Ein Glück für die Musik, denn der junge Mann wurde der Großvater von Joseph Haydn.

Heute versperrt das Fischertor den Weg zur Donau nicht mehr. Auf einer hohen Mauer, die der Stadtmauer Konkurrenz macht, fährt die Bahn, die so vor jedem Hochwasser sicher ist. Früher war ihre Endstation Pressburg (Bratislava) – heute ist es der österreichische Grenzort Wolfsthal.

Von Hainburg nach Bratislava 18,7 km

Nach dem erneuten Unterqueren der Bahn rechts halten ~ die **Nibelungengasse** entlang ~ rechts ab in die **Krüklstraße** ~ vor dem Bahnübergang beim Ungartorbahnhof links in die **Kriemhildengasse** ~ links halten in die **Thebnerstraße** ~ aus Hainburg hinaus ~ scharf rechts in eine schmälere Asphaltstraße ~ vor dem Bahnübergang links und parallel zur Bahnlinie ~ links ab Richtung Donau ~ anschließend an der Kreuzung den Radwegschildern nach rechts folgen ~ rechts über eine kleine Steinbrücke nach Wolfsthal hinein ~ 8 bis zur Bundesstraße **B 9**.

VARIANTE Der offizielle Donauradweg führt hier im Ort auf der stark verkehrsreichen Bundesstraße. Sie können dieses unangenehm Wegstück auf einem Umweg auf Ortsstraßen durch Wolfsthal umfahren. Diese Strecke ist im Buch als Hauptroute eingezeichnet, die offizielle Radroute hingegen als orange Variante.

Geradeaus **Obere Gasse** ~ links **Triftgasse**, links **Edelhofgasse** ~ vor den Gleisen rechts, **Leopold Reinweg**, links sehen Sie den Bahnhof.

Wolfsthal Ⓐ

Vorwahl: 02165

- **Gemeindeamt**, Hauptstr. 42, ☎ 62676, @ mcd228
- **Maria am Brinbaum**, Hauptstr. 32, ☎ 02143/2849. Die Wallfahrtskirche wurde ursprünglich als romanische, einschiffige Kirche erbaut und 1744-49 erweitert und barockisiert. @ eut436
- **Schloss Walterskirchen**, Hauptstr. 5. Ursprünglich als Wasserschloss erbaut, wurden die Gräben Ende des 18. Jhs. zugeschüttet. Das heutige Aussehen im Stil der romantischen Neugotik erhielt das Schloss erst gegen Ende des 19. Jhs. Mit seinen markanten Türmen und Eingangsbereich hat es sich als gefragtes Filmambiente erwiesen. Das Schloss ist in Privatbesitz, Besichtigung nur von außen möglich. @ wwx337
- **Ruine Pottenburg**, auf der Straße nach Berg (24) Namensgeber der Ruine war Graf Poto, ein Sohn des Pfalzgrafen Hartwig von Regensburg.
- **Mariensäule**, Hauptstr., gegenü. Nr. 10. Säule der „unbefleckten Empfängnis" aus dem Jahr 1680.
- **Pranger**, Hauptstr. 34. Pranger von 1747.

Links **Josef-Ressel-Gasse** ~ nahe der Gleise, jedoch rechts von diesen bleiben ~ Rechts-links-Knick, **Obere Siedlungsstr.** ~ beim Friedhof links ~ nach der Linkskurve rechts im spitzen Winkel abbiegen,

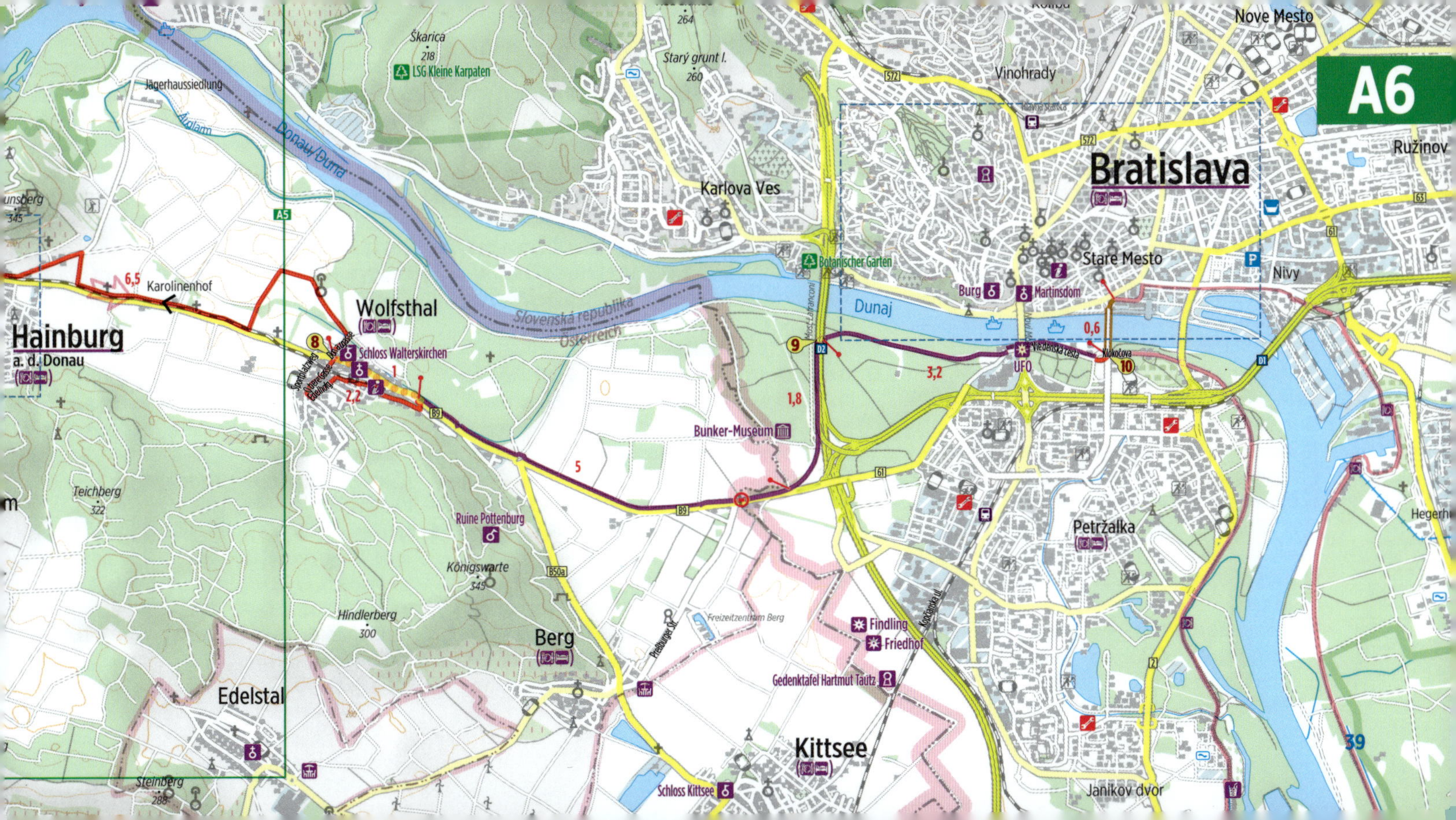

A6
Bratislava
Hainburg
a. d. Donau
Wolfsthal
Schloss Walterskirchen
Karolinenhof
Jägerhaussiedlung
Donau/Duna
Škarica
218
LSG Kleine Karpaten
Starý grunt I.
260
264
Karlova Ves
Vinohrady
Nove Mesto
Ružinov
Stare Mesto
Nivy
Botanischer Garten
Burg
Martinsdom
Dunaj
Slovenská republika
Österreich
UFO
Vídenská cesta
Kločova
Bunker-Museum
Petržalka
Teichberg
322
Ruine Pottenburg
Königswarte
345
Hindlerberg
300
Berg
Edelstal
Steinberg
288
Kittsee
Schloss Kittsee
Findling
Friedhof
Gedenktafel Hartmut Tautz
Freizeitzentrum Berg
Pressburger Str.
Janikov dvor
Hegerh
6,5
1
2,2
5
1,8
3,2
0,6
8
9
10
B9
B50a
A5
61
572
63
39

dies ist ein Fußweg ⤳ an der viel befahrenen Hauptstraße links und bei nächster Gelegenheit wieder rechts in den Radweg ⤳ dieser führt bis zum früheren Zollamt und weiter nach Bratislava ⤳ nach dem Grenzübergang der Linkskurve folgen ⤳ **9** der Radweg führt unter der Autobahnbrücke hindurch und anschließend parallel zur Donau ⤳ vor sich sehen Sie nun die Brücke Nový Most.

AUSSICHT
Die Brücke weist einen Aussichtsturm auf, der mit einem Lift ausgestattet ist. Von dort können Sie Bratislava aus der Vogelperspektive betrachten.

An der Vorfahrtsstraße geradeaus und unter der Brücke Nový Most hindurch ⤳ weiter auf dem zweispurigen Radweg zur nächsten Brücke ⤳ an der Querstraße geradeaus zur Brücke hinauf **10**.

INS ZENTRUM
Beiderseits der Straßenbahnschienen führt ein Radweg weitab vom Autoverkehr auf die andere Donauseite und in die Altstadt von Bratislava.

Bratislava (Preßburg) (SK)

Vorwahl: 02

- **Bratislava Information Service**, Klobučnícka 2, ✆ 16186, ✆ 54419410, @ gpa638
- **Galéria mesta Bratislavy - Mirbach Palace (Galerie der Stadt Bratislava)**, Františkánske nám. 11, ✆ 54431556 Die Ausstellungen befinden sich in zwei historischen Gebäuden im Zentrum von Bratislava - dem Mirbach Palast gegenüber der Franziskanerkirche und dem Pálffy Palast in der Panská Straße gegenüber der Britischen Botschaft. Gezeigt werden mittelalterliche Malerei und Bildhauerei, die Kunst des 20. Jhs. und zeitgenössische Künstler. @ esj578
- **Historické múzeum (Historisches Museum)**, Bratislavský hrad, Burgpalast, ✆ 20483104 Die Exponate des Museums rekonsturieren die Geschichte der Slowakei und des slowakischen Volkes vom Mittelalter bis zur Gegenwart. @ aio727
- **Michalská brána - Múzeom zbraní (Waffenmuseum im Michaelertor)**, Michalská ul. 22, ✆ 0940/511639 Das letzte Tor der Stadtbefestigung, ursprünglich ein gotischer Bau aus dem 14. Jh., beherbergt heute das Waffenmuseum.

Vorraussichtlich bis 2023 wegen Renovierung geschlossen!, @ yms721

- **Múzeum Hodín (Uhrenmuseum)**, Židovská 4716/3, ✆ 54411940 Das Haus zum Guten Hirten aus dem Rokoko überlebte die „Flurbereinigung" der 1970er Jahre, die besonders das jüdische Viertel betraf und präsentiert sich heute als einer der besterhaltenen Rokokobauten Europas und beherbergt das Uhrenmuseum. @ oxa882
- **Múzeum mesta Bratislavy (Museum der Stadt Bratislava)**, Radničná ul. č. 1, im Alten Rathaus, ✆ 59100812 Das Museum wurde 1868 gegründet und ist heute das älteste noch bestehende Museum der Slowakei. Das Museum betreibt Dauerausstellungen an acht verschiedene Standorten. Die Hauptausstellung befindet sich im Alten Rathaus. @ hui255
- **Slov. národná galéria (Slowakische Nationalgalerie)**, Námestie Ľudovíta Štúra, Palais Esterházy, ✆ 20476111 Präsentiert werden zahlreiche Malereien und Skulpturen aus verschiedenen Epochen. Geführte Rundgänge sind nach Voranmeldung möglich. @ twy735
- **SNM-Prírodovedné múzeum (Naturhistorisches Museum)**, Vajanského nábrežie 2, ✆ 20469122 Mit seiner Sammlung von rund 3,8 Mio Objekten zählt dieses Museum zu einem der bedeutendsten Naturhistorischen Museen Europas. Es dokumentiert und präsentiert die natürliche Umwelt mit Schwerpunkt auf die Slowakei. @ qyi523
- **Františkánsky kostol (Franziskanerkirche)**, Františkánska 439/2. Im Jahre 1297 geweiht, wurde die Kirche im 17.-18. Jh. im Stil des Barock umgebaut.
- **Katedrály sv. Martina (St. Martins-Kathedrale)**, Rudnayovo námestie 1, ✆ 54431359 Der dreischiffige gotische Bau aus dem 14./15. Jh. diente zwischen 1563 und 1830 als Krönungskirche ungarischer Könige, erfuhr baulich zunächst eine Barockisierung und im 19. Jh. sogar eine Regotisierung. Reiche Innenausstattung. @ tti736
- **Grasalkovičov palác (Palais Grassalkovich)**, Hodžovo námestie 2978/1, ✆ 57888155 Das Palais (1760) ist Sitz des Präsidenten der Slowakei und deswegen nicht zu besichtigen. Die Gartenanlagen sind allerdings öffentlich zugänglich und sind ein Naherholungsgebiet für die Bevölkerung. @ fjg752
- **Hrad (Burg)**, ✆ 20483110, ✆ 0915/993301 Die im 12. Jh. angelegte Burg wurde 1430 im gotischen Stil umgebaut und wurde zur wichtigsten Festung Ungarns. Zur Zeit Maria Theresias erhielt die Anlage einen Repräsentationspalast, durch den Aufstieg Budapests als ungarische Hauptstadt verlor sie an Bedeutung. Heute Sitz des Slowakischen Nationalrates. @ isd557
- **Hrad Devín (Burgruine Devín)**, Muránska ulica 1, Devín (Bratislava), ✆ 6570105 Die Burg thront westlich von Bratislava an der Mündung

der March in die Donau. Als Symbol der „ruhmreichen slawischen Vergangenheit“ spielte sie bei der Erweckung des slowakischen Nationalbewusstseins Mitte des 19. Jhs. eine Rolle. Besondere militärische Bedeutung erlangte sie im 16. Jh. im Zuge der türkischen Belagerung Wiens und Bratislavas. Seit der Sprengung durch die Franzosen im Jahr 1809 ist die Anlage eine Ruine. @ jqe328

Na Slavíne (Kriegerdenkmal Slavín), Pažického 3, im Nordwesten der Stadt. Einst Ehrenmal für die 1945 bei der Befreiung der Stadt gefallenen sowjetischen Soldaten, heute auch noch Denkmal der kommunistischen Ära mit prächtiger Aussicht. @ udq576

Stará radnica (Altes Rathaus), Hlavné námestie, ✆ 59100847 In der Renaissance umgestaltetes gotisches Gebäude mit malerischem Innenhof und Stadtturm. @ pdo582

UFO, Nový Most, ✆ 62520300 Die 432 m lange Brücke Nový Most (Neue Brücke) wurde 1972 zum Gedenken an den slowakischen Widerstand gegen die deutsche Invasion eröffnet. Auf dem einzigen Pylon befindet sich in 95 m Höhe eine kreisförmige UFO-Aussichtsplattform, die einen spektakulären Panoramablick über die Altstadt bietet. Es gibt auch ein Restaurant auf dem UFO-Deck. @ xjg652

Botanická záhrada (Botanischer Garten), Botanická 3, ✆ 65421311 Auf einer Fläche von 5,5 ha gibt es Nadel- und Laubbäume, Azaleen, Rhododendren und Alpengewächse. In den Gewächshäusern sind tropische und subtropische Pflanzen zu sehen. @ hub137

Die einzige Hauptstadt der Welt, die an zwei Staaten grenzt, ist das politische, wirtschaftliche und kulturelle Zentrum der Slowakei und mit ca. 430.000 Einwohnern die größte Stadt des Landes. Seit Anfang des 10. Jhs. unter ungarischer Herrschaft, war sie ab 1536, als Ungarn von den Osmanen dezimiert worden war, bis 1848 Hauptstadt des Königlichen Ungarn. Als solche erlebte sie eine Blütezeit, die noch heute in Gesamtanlage und Architektur lebendig ist. Nach Verlegung der Verwaltung ins heutige Budapest wurde sie zum Zentrum der slowakischen Nationalbewegung. Seit 1918 Hauptort des slowakischen Teilstaates, ist Bratislava seit 1993 Hauptstadt der unabhängigen Slowakei. Die Region profitiert von der Nähe zu den Westeuropäischen Märkten. Der günstigen Lage und der hohen Dichte an Universitäten und Forschungseinrichtungen ist auch die Niederlassung von zahlreichen Weltkonzernen zu verdanken.

Wer auch nur die wichtigsten historischen und modernen Attraktionen würdigen will, kommt mit einem Tag bei Weitem nicht aus. Zur ersten Orientierung sei hier ein kleiner Einstieg empfohlen, der am Hlavné námestie (Hauptplatz) in der denkmalgeschützten Altstadt seinen Ausgang nimmt. Auffälligstes Gebäude ist hier das alte Rathaus, das aus drei der ältesten noch erhaltenen Bauten der Stadt gebildet wird und sich mit einem barocken Turm schmückt. Es beherbergt heute das Stadtmuseum. Gegenüber, vor der Sedlárska ulica (Sattlergasse), steht der Maximiliansbrunnen, dahinter das auffällig goldverzierte Rolandpalais. Die rechte Straßenecke wird von dem weißen Esterházy-Palais im Rokokostil eingenommen und die linke von dem architektonisch ähnlich erscheinenden, aber eher klassizistischen berühmten Café Mayer. Der Platz wird häufig für verschiedene Konzerte, Feiern und Märkte genutzt.

Bratislava, Novy Most

Die Sedlárska führt nach rechts (NW) auf die von Straßencafés gesäumte Michalská ulica. Aus 100 Metern Entfernung grüßt von rechts das wie ein barocker Kirchturm wirkende Michalská brána (Michaeltor), das einzige erhaltene mittelalterliche Stadttor. Von seiner Aussichtsgalerie im sechsten Stockwerk kann man über die Altstadt sehen. Gleich neben dem Tor steht das mit einer Breite von nur 1,30 Metern schmalste Haus Europas. Wer sich nach Süden wendet, kommt kurz vor der Einmündung der Straße in den riesigen, promenadenartigen Hviezdoslavovo namestie – dort befindet sich außer dem Nationaltheater übrigens auch die deutsche Botschaft – an der Kreuzung mit der Panská ulica, durch die man nach rechts zum gotischen Martinsdom gelangt. Die Bedeutung dieser Kirche für das Selbstbewusstsein der Nation zeigt sich in der Nachbildung der ungarischen Stephanskrone, die die Turmspitze anstelle eines Kreuzes schmückt. Von 1563 bis 1830 fand hier die Krönung der ungarischen Könige statt – die zugleich deutsche bzw. österreichische Kaiser waren.
Auf der anderen Seite der Schnellstraße, die vor dem Kirchturm herführt, verläuft die Židovská ulica am Fuße des Burgberges. Der Name verweist auf die im Mittelalter hier angesiedelten und unter dem Schutz der Burg stehenden Juden. Ein Teil des jüdischen Friedhofes ist heute restauriert und liegt kurioserweise unterirdisch in der Nähe des Straßenbahntunnels. Der Name erinnert aber auch an die Juden, die 1939 nach dem Anschluss Österreichs und der Annektion von Böhmen und Mähren von dem ersten slowakischen Staat an das damals gleich südlich der Donau beginnende nationalsozialistische Deutschland ausgeliefert wurden.
Idyllische steile Gassen und Treppen ziehen sich zum Burgberg hinauf. Die im Ursprung gotische Vierflügelanlage auf dem Felsen 85 Meter über der Donau war zu Beginn kaum weniger bedeutsam als Devín. Sie wurde nach mehrmaligem Umbau 1811 von den Franzosen niedergebrannt und erst nach dem 2. Weltkrieg im Barockstil wieder aufgebaut. Ihre architektonische Erscheinung ist weniger spektakulär als ihre Lage und der Ausblick.
Die Stadt zu ihren Füßen ist von zahlreichen Barockpalais geprägt, weist aber auch kühne und interessante Konstruktionen der letzten Jahrzehnte auf. Eine Besonderheit zwischen Tradition und Moderne stellt die Kostol svätej Alžbety (Elisabethkirche) mit ihrem eigenwillig durchgeformten ungarischen Jugendstil dar, bei dem rosa und blaue Pastelltöne dominieren. Man findet sie in der Bezručova ulica in der südöstlichen Altstadt.

Bratislava
Denkmal Slavín
Palais Grassalkovich
Waffenmuseum
Franziskanerkirche
Altes Rathaus
Museum der Stadt Bratislava
Galerie der Stadt Bratislava
Burg
Martinsdom
Uhrenmuseum
Hist. Museum
Slowakische Nationalgalerie
Šancová
Trnavská cesta
Legionárska
Mýtna
Radlinského
Vazovova
Štefánikova
Pražská
Námestie slobody
Hodžovo námestie
Palisády
Panenská
Konventná
Partizánska
Zochova
Svoradova
Škarniclova
Obchodná
Vysoká
Spitálska
Dunajská
Grösslingová
Klemensova
Lazaretská
Karadžičova
Mlynské nivy
Prievozská
Landererova
Pristavná
Čulenova
Pribinova
Továrenská
Dostojevského rad
Rázusovo nábrežie
Nábrežie M. R. Š.
Žižkova
Fajnorovo nábrežie
Tobrucká
Medená
Palackého
Mostová
Štúrova
Gajova
Dobrovičova
Laurinská
Kapitulská
Klariská
Michalská
Zámocká
Kozia
Mudroňova
Hummelova
Bartókova
Lermontovova
Gunduličova
Tolstého
Moyzesova
Spojná
Leškova
Kýčerského
Palárikova
Jaskový rad
Krížna
Záhradnícka
Bazová
Kulíškova
Páričkova
Tekovská
Miletičova
Kvetná
Viktorínova
Kocelova
Jelačičova
Ružová
Záhradnícka
Prešov
Novi Most
0,6

Von Bratislava nach Komárno (SK)

100,9 km

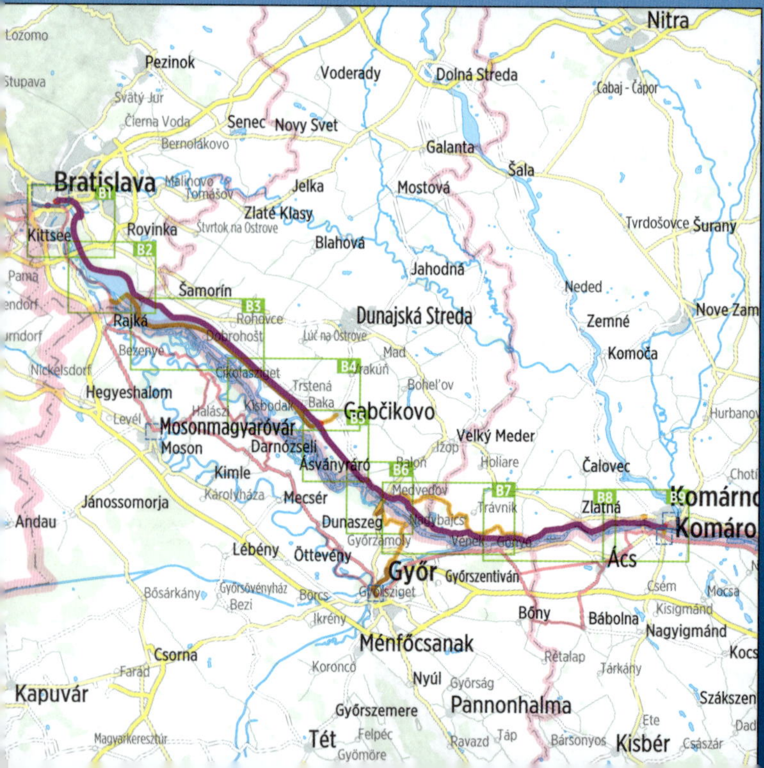

HM/km: ↗ 0,0 (1m) ↘ 0,3 (34m) **Radweg:** 98 % **Unbefestigt:** 0 % **Verkehr:** 0 %

Auf dieser Etappe passieren Sie das größte Kraftwerk der Slowakei. Im Zuge des Kraftwerkbaus und dem Entstehen des Donau-Stausees sind große Teile einer unberührten Naturlandschaft zerstört worden. Die Donau wurde bis Medved'ov kanalisiert und das Wasser zum Kraftwerk umgeleitet. Bei Klížka Nemá stößt von Ungarn die Mosoni Duna zu den Ausläufern des Kanals. Bisher ist die touristische Infrastruktur leider noch nicht sehr ausgeprägt, diese Etappe sollten Sie daher sorgfältig planen.

Kilometerlange, asphaltierte Dammwege stehen zur Freizeitnutzung durch Radfahrer und sonstige Erholungssuchende bereit. Ihre Route führt Sie auf der linken Seite des Stausees bis nach Gabčíkovo. Nach Gabčíkovo wechselt die Route dann teilweise vom Damm auf ruhige Landstraßen, bis Sie schließlich das südlichste Gebiet der Slowakei erreichen – Komárno.

Von Bratislava nach Gabčikovo *49 km*

1 Die Hauptroute am Nordufer in der Slowakei startet am Ende des Radwegs bei der Einmündung in die Straße **Pribinova** ⤳ hier rechts auf der Busspur ⤳ am neuen Einkaufszentrum vorbei.

TIPP **Auf dem kommenden Wegstück wird gerade viel gebaut. Derzeit weist ein großes gelbes Radumwegschild daraufhin, dass Sie der Linkskurve der Straße folgen müssen.**

Am Parkplatz vorbei und an der vierspurigen Straße rechts auf den Gehweg, der auch von Radfahrern benützt werden darf ⤳ auf dem Gehsteigradweg vorerst immer der großen Straße folgen.

TIPP **Wenn beim großen Einkaufszentrum die Bodenwegweiser nach rechts weisen, dann jedoch weiter geradeaus fahren.**

Burg Bratislava

Nach der nächsten großen Kreuzung beginnt ein zweispuriger Radweg ~ **2** vor der Einfahrt zum Firmengelände links dem grün gebänderten Radweg folgen ~ geradeaus in die Parkanlage ~ unter der Brücke links halten.

TIPP **Hier führt ein spiralförmiger Rad- und Fußweg zur Brücke hinauf. Sie könnten hier noch einmal ans Südufer wechseln.**

Andernfalls links halten und an der Radwegekreuzung kurz darauf rechts ~ nun stets dem zweispurigen Radweg folgen, der ein paar unübersichtliche, aber gut markierte Engstellen aufweist ~ über einen Gewässerarm und eine schmale Radlerdurchfahrt ~ danach links ~ direkt hinter dem Restaurant-Kiosk rechts in den Radweg ~ geradeaus auf die Straße ~ dann beginnt wieder ein Radweg ~ an dessen Ende auf die Straße ~ **3** direkt nach dem Restaurant Relax links und gleich rechtsherum auf den asphaltierten Dammweg einbiegen ~ auf diesem fahren Sie nun viele Kilometer entlang der aufgestauten Donau ~ Sie passieren die Ortschaften **4 Hamuliakovo** und Čilistov.

5 Čilistov (SK)

Vorwahl: 031

X-Bionic Sphere, Dubová 33/A, ✆ 3262000. Sportzentrum mit Trainingseinrichtungen und -geräten für 26 olympische Disziplinen, Reitsportzen-

B3
Macov
Mliecno
Králövianky
Trnávka
X-Bionic Sphere
Čilistov
Vodné Dielo Gabčíkovo
Báč
Rohovce
Kyselica
Slovenská republika
Magyarország
Duna/Dunaj
Dobrohošť
Strkovec
Vojka Kračany
Zátonyi-Duna
Dunakiliti
Vojka
nad Dunajom
Rajkai utca
Kossuth Lajos utca
Tejfalusziget
Doborgaz utca
Doborgazsziget
Šuľany
47
63
R7
B2
B4
506
5,5
4
6
6,5
4
5,2
8
5
6
7

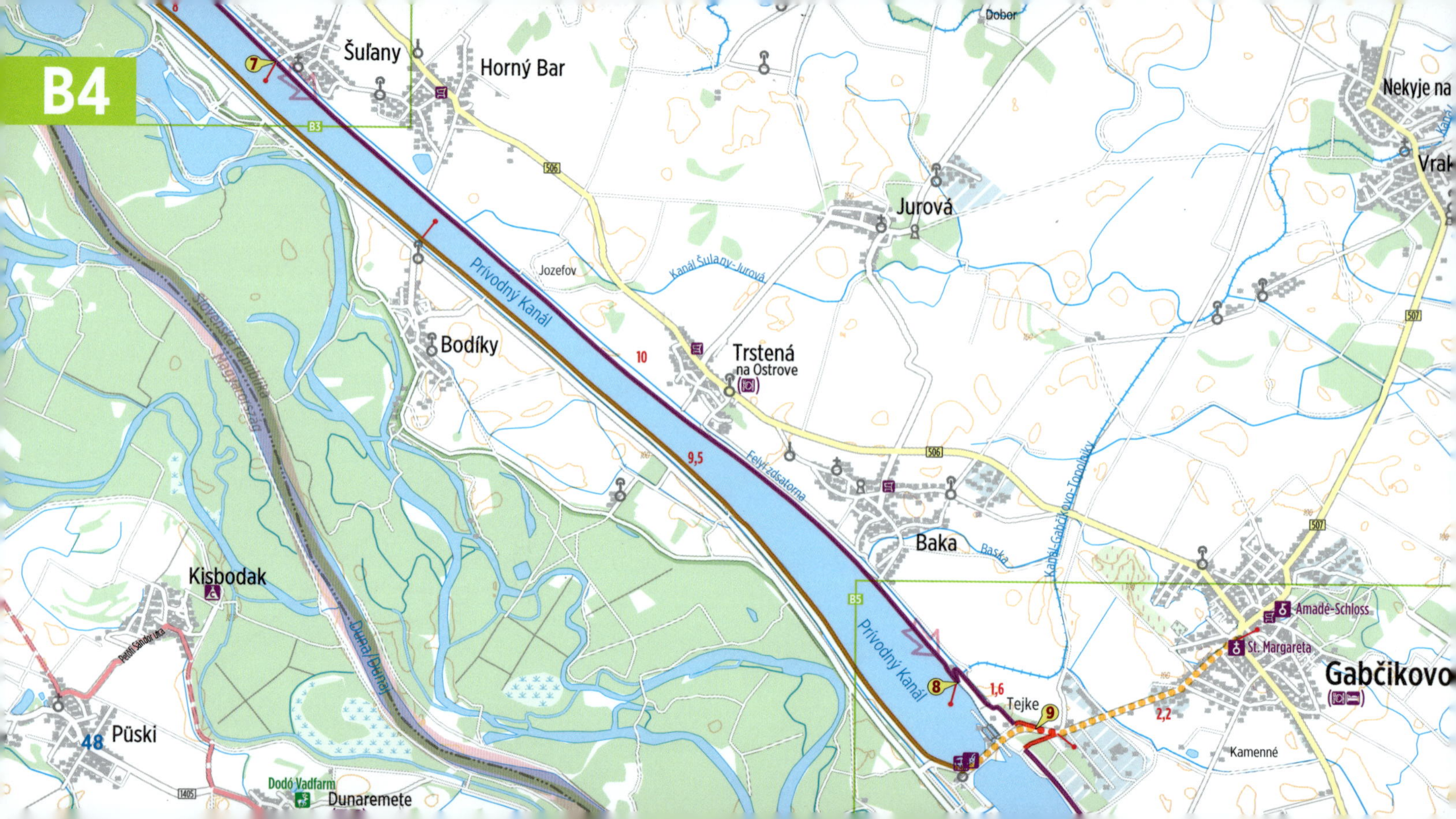
B4
Šuľany
Horný Bar
Dobor
Nekyje na
Vrak
B3
506
Jurová
Jozefov
Kanál Šuľany-Jurová
Prívodný Kanál
Bodíky
10
Trstená
na Ostrove
Slovenská republika
Magyarország
9,5
Felyi zdsatorna
506
507
Kanál Gabčíkovo-Topoľníky
Baka
Baska
507
B5
Kisbodak
Amadé-Schloss
St. Margareta
Gabčíkovo
Prívodný Kanál
1,6
Tejke
2,2
Duna/Dunaj
Petőfi Sándor utca
Püski
Kamenné
1405
Dodó Vadfarm
Dunaremete

trum, In- und Outdoor-Bädern, Bowling, Billard, Hotel und Restaurants. @ kup541

TIPP **6** In Kyselica können Sie mit der Fähre nach **Vojka** übersetzen und hier am anderen Ufer der Donau bis zum Stauwerk Gabčíkovo. fahren

Kyselica (SK)

Kompa Kyselica - Vojka (Fähre Kyselica – Vojka), Kyselica 103, ✆ 031/559 4336, ✆ 0906312219 (7d) Stündlich zw. 5.10 und 23.10 Uhr. @ hsp155

Weiter geht es immer direkt am Ufer vorbei an **Šuľany 7**, **Trstená na Ostrove** und Baka.

Baka (SK)

8 Etwas bevor Sie den Staudamm von Gabčíkovo erreichen, geht es links im spitzen Winkel auf den Damm hinauf ~ oben gleich rechts ~ an einer Querstraße links und zur Hauptstraße.

TIPP **9** Zu Ihrer Rechten liegt der Staudamm von Gabčíkovo. Für die Weiterfahrt wenden Sie sich jedoch nach links. Bei nächster Gelegenheit zweigt die Route im spitzen Winkel nach rechts ab. Die Ortschaft Gabčíkovo liegt gute zwei Kilometer gerade vor Ihnen.

Das Stauwerk Gabčíkovo

Trotz heftigster Proteste gegen das Stauwerkprojekt ist der Bau des Kraftwerkes fertiggestellt worden. Das aus Stalinzeit stammende Staustufenprojekt Gabčíkovo-Nagymaros bedeutet die Zerstörung der Aulandschaft und die Zerstörung eines sensiblen Ökosystems zwischen dem ungarischen Dunakiliti und dem slowakischen Palkovicovo. Stattdessen ist ein riesiger Stausee entstanden, der mit seinen Wassermassen den Besucher in Staunen versetzt.

Das Megaprojekt besteht aus drei Staudämmen, wobei beim ersten, auf ungarischem Territorium gebauten Wehr 80 Prozent des Donauwassers kanalisiert und von dort über einen 17 Kilometer langen Kanal zum slowakischen Städtchen Gabčíkovo geleitet wird, wo ein auf freiem Feld errichtetes Speicherkraftwerk den umgeleiteten Fluss bis weit nach Bratislava zurückreichend aufstaut. In Gabčíkovo werden

zur Erreichung von Spitzenenergiemengen zweimal täglich die Schleusen geöffnet.
Von Dunakiliti bis Gabčíkovo wurden auf 17 Kilometern Länge zwei 18 Meter hohe Dämme aufgeschüttet; hier ergießt sich die umgeleitete Donau auf die acht Turbinen des Speicherkraftwerkes. Insgesamt wurden rund 150 Millionen Kubikmeter Aushubmaterial wegtransportiert, 4.600 Hektar Auwald und Wiesen fielen den Bulldozern zum Opfer.

Gabčíkovo (SK)

Sv. Margity (St. Margareta), Námestie svätej Trojice. Die größte Kirche der Umgebung stammt aus dem 14. Jh., im 18. Jh. wurde sie im Barockstil umgebaut. @ okk786

Amadeovský kaštieľ (Amadé Schloss), Športová 568. Renaissanceschloss mit Parkanlage aus dem 17. Jh., Ende des 18. Jhs. im barock-klassizistischen Stil neu gestaltet.

Von Gabčíkovo nach Medved'ov 13 km

9 An der ersten Möglichkeit nach der Schleuse scharf rechts ab ~ geradeaus zum Damm ~ weiter geht es immer am linken Ufer des Kanals auf dem Dammweg vorbei an **Sap 10** und weiter nach **Medved'ov 11**.

VARIANTE Hier besteht die Möglichkeit, der sehenswerten Stadt Györ einen Besuch abzustatten und von dort der Hauptroute auf der ungarischen Seite zu folgen.

Am ungarischen Ufer nach Györ 17,5 km

ANSCHLUSS Hierbei stoßen Sie auf die ungarische Wegstrecke des Donau-Radweges. Die kartografische Darstellung finden Sie auf **Karte C 7**.

Auf der Straße über die Grenze nach Ungarn ~ nach der Grenze links ~ dem Straßenverlauf Richtung Slowakei folgen ~ bei der ersten Möglichkeit rechts in einen unbefestigten Feldweg abbiegen ~ nach **Vámosszabadi** ~ links nach **Nagybajcs** ~ im Ort beim Gasthof rechts nach **Kisbajcs** ~ die Bundesstraße überqueren und weiter zu den ersten Häuser von **Györ–Bácsa**

B7
Medveďov
Kľúčovec
Ortskirche
Čilizský potok
Kanál Čičov-Holiare
Tôň
Čičov
Nove Čičov
Trávnik
Nový Trávnik
Ronka
Klížska Nemá
Nagybajcs
Kisbajcs
Szőgye
Vének
Gönyű
Duna/Dunaj
Kanál Holiare-Kosihy
Slovenská republika
Magyarország
5,2
7,5
7
8
4
5,7
4,5
12
51
B6
B8
813
1

Komárno, Europaplatz

~ auf dieser Straße weiter durch die Vororte von Györ ~ in **Kisbácsa** weiter dem straßenbegleitenden Radweg der Landesstraße folgen ~ die Bundesstraße überqueren und an der T-Kreuzung links ins Zentrum von **Györ** (s. S. 70).

11 Die Hauptroute führt geradeaus weiter über die Straße und weiter am Damm an Medved'ov entlang.

Medveďov SK

Sehr schön ist die Gegend zwischen Medved'ov und Klúčovec, wo sich noch die Tradition des Korbflechtens erhalten hat. Alle Bäche und Kanäle sind mit uralten Weiden bewachsen, deren Ruten im Winter geschnitten werden. Einige Badeseen, zum Beispiel in Čičov, Nový Trávnik oder Klížka Nemá, liegen direkt neben der Route und laden an heißen Sommertagen den erhitzten Radfahrer zum Bad ein.

Von Medved'ov nach Malé Kosihy 19,4 km

VARIANTE: Wenn Sie am slowakischen Ufer weiterfahren, können Sie zwischen einer Variante auf alten, von schattenspendenden Alleen gesäumten Landstraße durch Orte (in orange eingezeichnet) oder der Hauptroute am Damm wählen.

Vom Radweg aus links und im Ort rechts halten ~ an einer Kreuzung halb rechts und den Ort verlassen ~ zwei Kanäle kreuzen und hinein nach Kl'účovec.

Kľúčovec (Medveďov) SK

Reformovaná kresťanská cirkev (Reformierten Christliche Kirche), Klúčovec 54. Klassizistische Kirche aus dem Jahr 1885 mit Zwiebelturm.

Dem Verlauf der Straße nach halb links folgen ~ auf freiem Feld geradeaus über die Kreuzung ~ durch ein kurzes Waldstück ~ links an einem kleinen Teich vorbei und hinein nach Čičov.

Čičov SK

Dem Straßenverlauf in Čičov nach links folgen ~ kurz vor **Trávnik** biegen Sie rechts nach Klížska Nemá ab.

Klížska Nemá SK

Im Ort dem Verlauf der Straße nach links folgen ~ weiter nach **Malé Kosihy** ~ im Ort rechts und zurück zur Hauptroute **13**.

Die Hauptroute führt Sie durch Wiesen und Auwälder vorbei an **Klížska Nemá** **12** nach Malé Kosihy.

13 Malé Kosihy SK

Von Malé Kosihy nach Komárno 20,3 km

Weiter auf dem Damm entlang der Donau.

Für einige Kilometer durchfahren Sie nun das einstige Naturschutzgebiet der Großtrappen. Waren diese großen Vögel bereits vor dem Bau des Kraftwerks seltene Gäste, so muss man heute schon sehr viel Glück haben, einen Trappenhahn zu sehen. Die größten Vögel, die man hier antrifft, sind die stolzen Graureiher.

Am Damm vorbei an **Vel'ký Lél**, **Zlatná Na Ostrove** **14** und **Nová Stráž** ~ zuerst die Straßenbrücke mit den markanten grün gefärbten Radfahrerauffahrten unterqueren ~ mit einem Schwenk unter der Eisenbahnbrücke hindurch und rechts zurück zur Donau ~ am Ufer bis zum Radwegende ~ hier links und bald darauf rechts zur Hauptstraße **15** ~ links auf die verkehrsreiche Straße abbiegen und ins Zentrum von Komárno.

TIPP: Wenn sie hier rechts fahren, dann kommen Sie auf die ungarische Donauseite nach Komárom.

Komárno SK

Vorwahl: 035

Tourist Info, nám. Gen. Klapku 1, ✆ 2851205, ✆ 0948/830202, @ raf212

Podunajské múzeum (Donauraum-Museum), Palatínova 13, ✆ 7731476
Galerie mit Werken vom 18. Jh. bis zur 1. Hälfte des 20. Jhs. @ dxa817

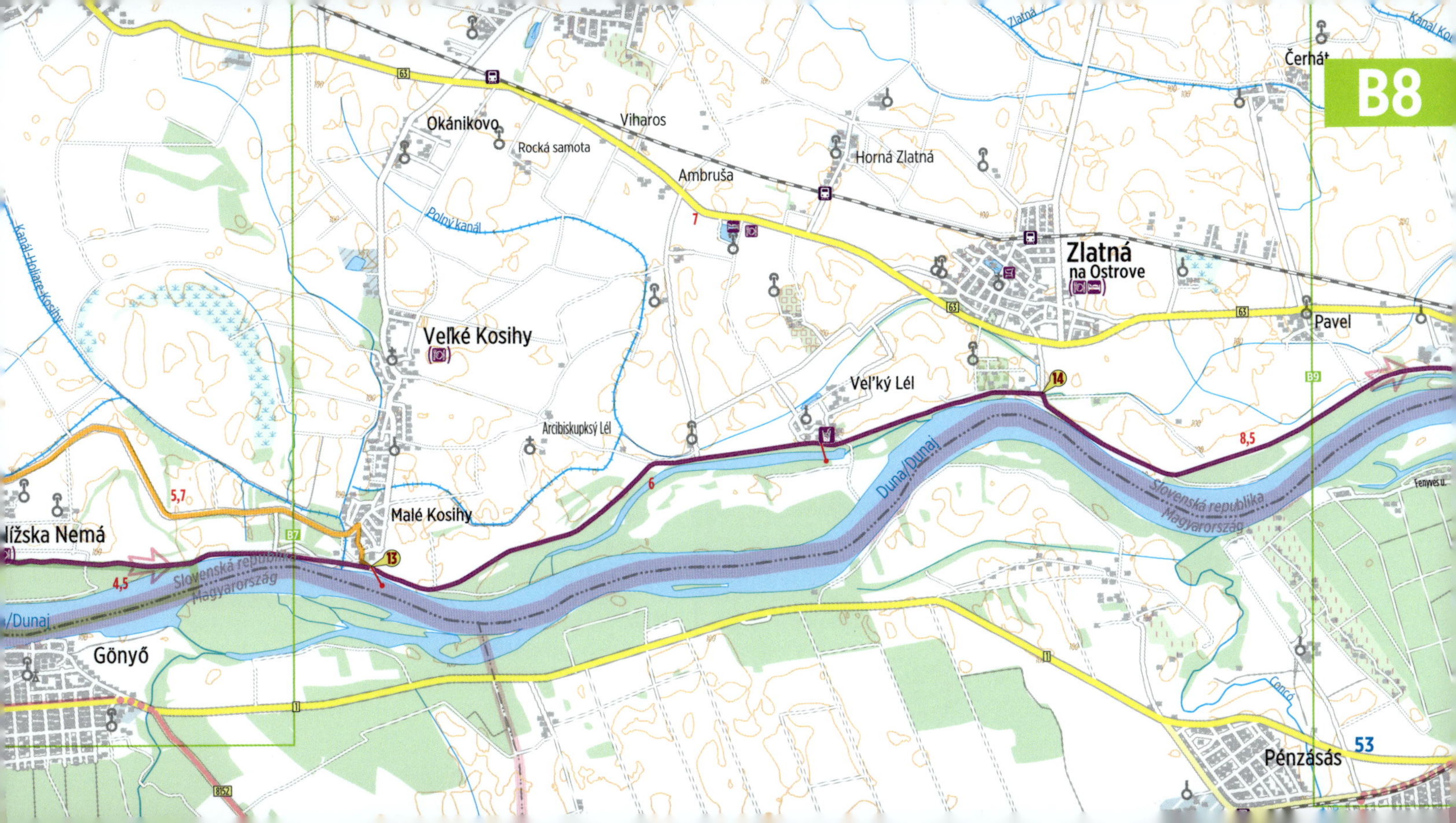
B8
Čerhát
Zlatná
Kanál Ko
Okánikovo
Viharos
Rocká samota
Horná Zlatná
Ambruša
Polný kanál
Zlatná
na Ostrove
Pavel
Kanál Holiare-Kosihy
Veľké Kosihy
Veľký Lél
Arcibiskupský Lél
14
8,5
6
7
5,7
Malé Kosihy
lížska Nemá
13
4,5
Duna/Dunaj
Slovenská republika
Magyarország
Fenyves u.
Gönyő
Pénzásás
Concó
53
63
1
B7
B9
8152

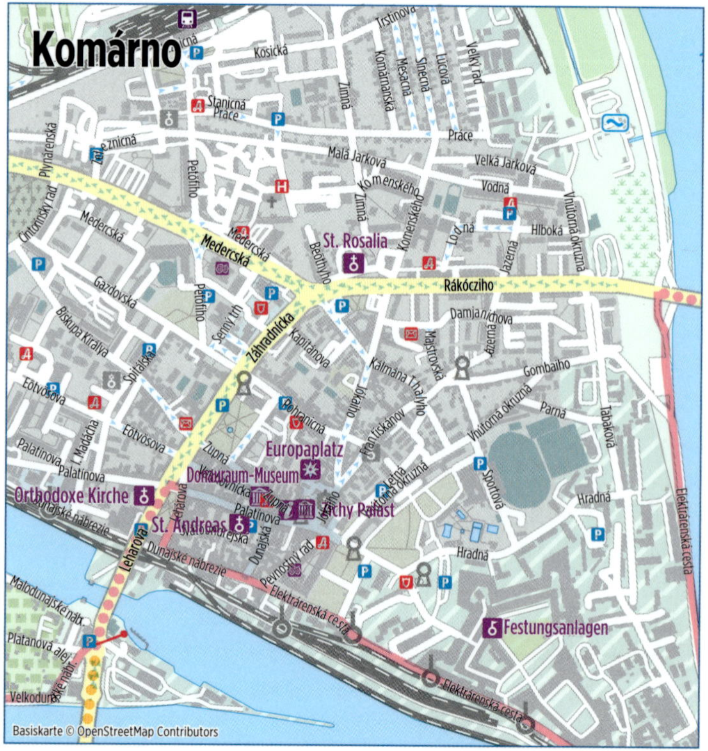

Komárno, Festung

Zichy Palota (Zichy Palast), Nám. gen. Klapku 9, ☎ 7730054 Historische Ausstellung Komárno von 1849-1945. Der ungarische Schriftsteller Mór Jókai (1825-1904) ist neben Franz Lehár Sohn der Stadt gewesen. @ gmn777

Presvätej Bohorodičky (Kirche der Allerheiligsten Mutter Gottes), Palatínova ul. 32, ☎ 7731173. Die orthodoxe Kirche wurde 1754-70 im spätbarocken Stil erbaut. @ vve151

Sv. Ondreja (St. Andreas), Palatínova 9, ☎ 7730036. Die Basilika wurde im 18. Jh im spätbarocken Stil mit klassizistischen Elementen erbaut. @ xaa348

Sv. Rozália (St. Rosalia), Nám. Sv. Rozálie 878/2, ☎ 7730036. Die Kirche wurde 19. Jh. im klassizistischen Stil erbaut, neben der Kirche befindet sich ein kleiner Kalvarienberg mit 14 Stationen. @ itq448

Pevnosti (Festungsanlagen), Hradná, ☎ 2851250, ☎ 0910/366659 An der Spitze der westlichen Bastion der Neuen Festung steht die Inschrift: „nec arte nec marte" zu Deutsch: „weder mit List noch mit Kraft". Diese Worte beschreiben die uneinnehmbaren Anlagen sehr treffend. Die zur Abwehr der Türken im 16. Jh. erbaute Renaissancefestung und die Neue Festung vom Ende des 17. Jhs. waren seinerzeit die größten der Habsburgermonarchie. @ xeq714

Bašta VI. – Rímske lapidárium (Bastion VI – Römisches Lapidarium), Okružná cesta 42, ✆ 7710066 Befestigungsgebäude aus dem 19. Jh., in dem römische Steinmonumente aus dem 2. - 4. Jh. n. Chr. ausgestellt sind. @ wrb773

Nádvorie Európy (Europaplatz). Beeindruckender Komplex aus 45 Gebäuden, die die einzelnen Länder Europas vertreten, erbaut in den Jahren 1999/2000. @ mcw381

Komárno ist der slowakische Teil der Stadt, die sich einstmals über beide Donauufer erstreckte. In Folge des Ersten Weltkrieges, als ganz Europa eine neue Gebietsaufteilung erfuhr, legte man die Grenze entlang der Donau fest. Der am anderen Ufer liegende ungarische Teil der Stadt heißt Komárom.

Rund um die Mündung der Vah in die Donau hatte sich schon während der jüngeren Steinzeit eine kleinere Siedlung gebildet. Später kamen dann die Römer und erbauten ganz in der Nähe das Lager Clemantia. Im 16. Jahrhundert errichtete man zum Schutz gegen die Türken eine Festung, die ebenso wie die Neue Festung, zu den größten der Monarchie gehörte. Diese Trutzburg gilt heute als nationales Kulturdenkmal.

Heute ist Komárno eine aufsteigende Industriestadt und wesentlich an der Produktion von slowakischen Schiffen beteiligt. In der großen Werftanlage werden Schiffe für die Donau, aber auch hochseetaugliche Schiffe gebaut.

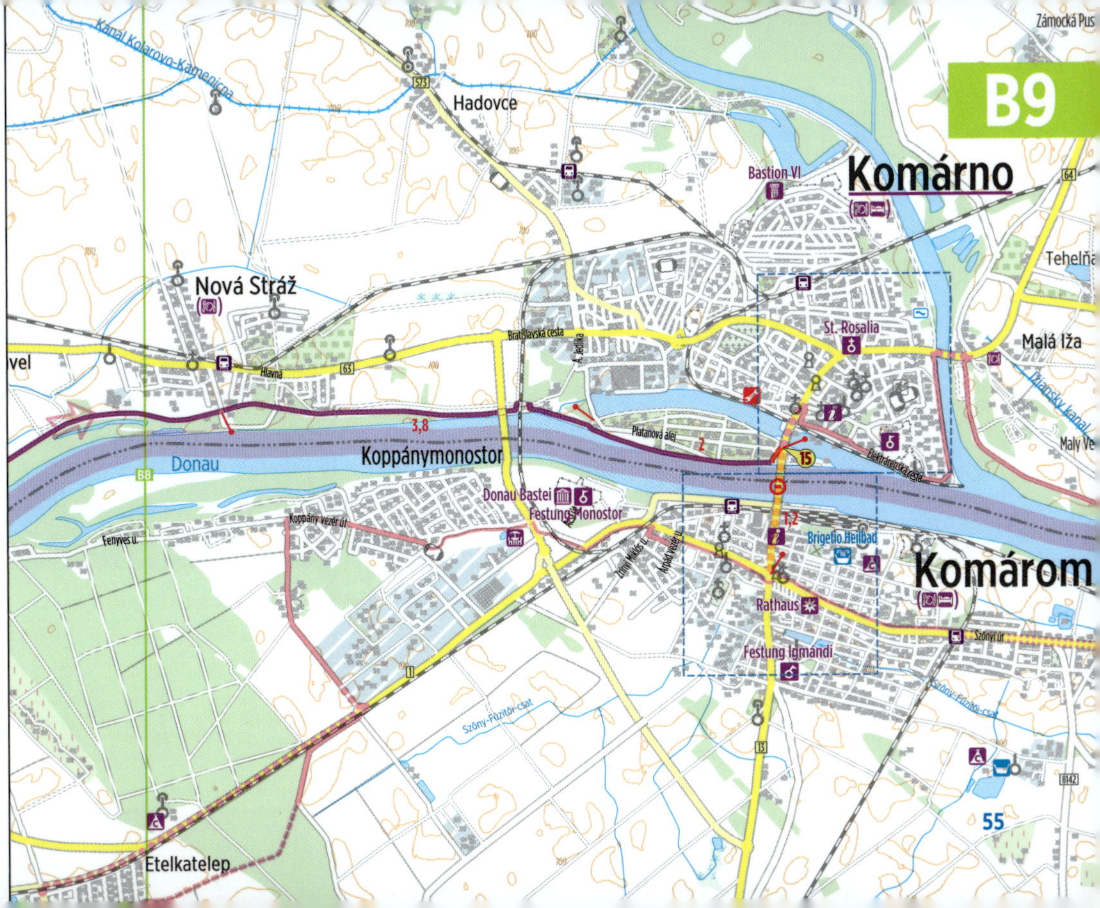

Von Bratislava nach Komárom (H)

122,5 km

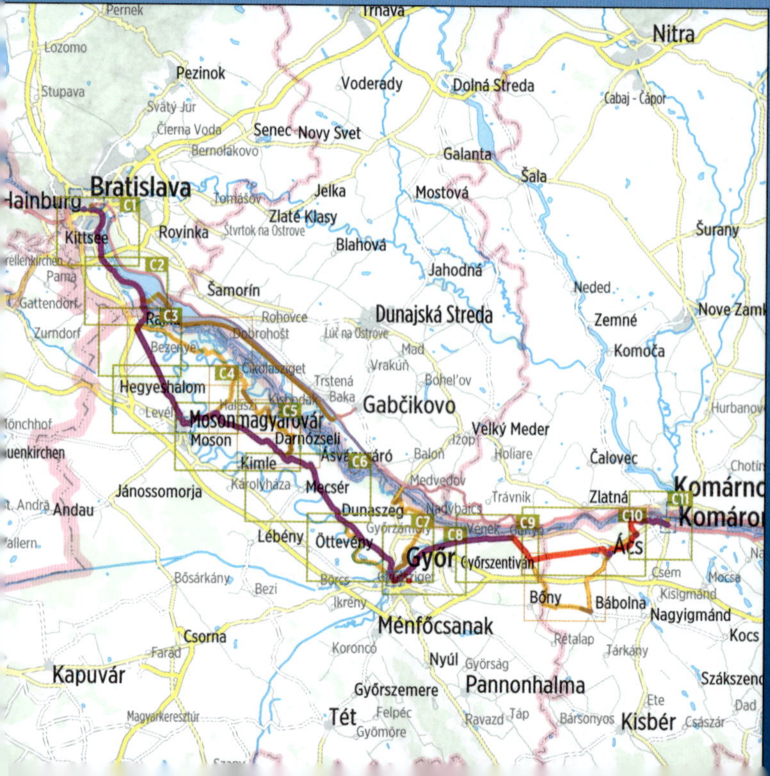

HM/km: ↗ 0,2 (19m) ↘ 0,4 (46m) **Radweg:** 76 % **Unbefestigt:** 5 % **Verkehr:** 4 %

Von Bratislava bis zur ungarischen Grenze ist es nur ein kurzes Stück, bei Rajka passieren Sie die Grenze. Der erste Abschnitt in Ungarn ist landwirtschaftlich geprägt, in den kleinen Dörfern kann man noch strohgedeckte Bauernhäuser finden. Entdecken Sie das hübsche Städtchen Mosonmagyaróvár, die Stadt der 17 Brücken, oder die Komitatshauptstadt Györ mit ihren zahlreichen Sehenswürdigkeiten. Zwischen den beiden Städten radeln Sie über die „Szigetköz", die Insel zwischen Donau und Mosoni Duna (Kleine Donau). In Komárom können Sie sich schließlich im Thermalbad verwöhnen lassen.

Die ebene Landschaft zwischen der ungarischen Grenze und Györ eignet sich hervorragend zum Rad fahren. Hier radeln Sie größtenteils auf einem eigenen Radweg. Hinter Györ sind Sie meist auf Nebenstraßen unterwegs, inmitten der hügeligen Landschaft geht es in leichtem Auf und Ab nach Komárom.

Von Bratislava nach Čunovo *16,7 km*

1 Für die Route am rechten Donauufer fahren Sie von der Brücke auf der langen Radwegrampe auf der anderen Seite hinunter ⤳ geradeaus auf dem Damm weiterfahren ⤳ Sie radeln nun für viele Kilometer auf dem asphaltierten zweispurigen Radweg teils auf dem Damm, teils daneben ⤳ vorbei an einer Kläranlage ⤳ anschließend an der Raststation kurz rechts und gleich wieder links auf den Radweg, der parallel zum Damm auf einer ehemaligen Straße verläuft ⤳ hier beginnt ein Kanal zwischen dem Damm und dem Radweg ⤳ folgen Sie einfach diesem Radweg, bis Sie bei Čunovo auf eine Straße stoßen ⤳ rechts liegt die Ortschaft, links führt die Route weiter.

Čunovo (SK)

Danubiana Meulensteen Art Museum (Danubiana Meulensteen Kunstmuseum), Vodné dielo, am Staudamm, ✆ 02/62528501 Umgeben von einem Park, in welchem sich futuristische Skulpturen tummeln, befindet sich das im Jahr 2000 eröffnete Kunstmuseum. Malereien und Skulpturen privater Künstler finden sich in diesem Museum ebenso wie Werke der Meulensteen-Stiftung. @ vfd277

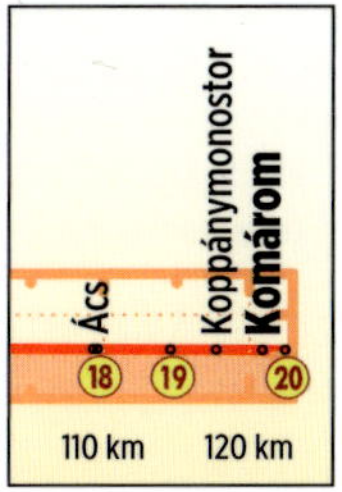

TIPP **2** Hier können Sie wieder einmal ans Nordufer in die Slowakei hinüberwechseln. Dazu wenden Sie sich nach links auf die Straße und überqueren das Stauwerk. Danach zwischen dem Stausee und der Donau weiterhin am Damm entlang, vorbei an den Orten **Dobrohošť**, **Vojka** und **Bodíky** (Karten in Abschnitt B). Für die Weiterfahrt nach Ungarn überqueren Sie hier jedoch nach rechts die Straße.

Von Čunovo nach Mosonmagyaróvár — 19,3 km

2 Auf einem asphaltierten Radweg am Kanal entlang ~ wenige Meter nach der Staatsgrenze rechts über eine Brücke ~ nach der Brücke links und an der ersten Möglichkeit rechts Richtung Rajka ~ an einem kleinen Teich vorbei ~ auf der **Szent István utca** in den Ort **3**.

Rajka

TIPP In Rajka haben Sie die Möglichkeit über die Szigetköz, die kleine Schüttinsel, zu radeln. Im Augebiet fahren Sie auf Landstraßen durch kleine Dörfer und können die vielfältige Fauna und Flora bestaunen.

Variante über die Szigetköz — 34,8 km

Von der **Szent István utca** in die **Kossuth Lajos utca** einbiegen ~ das nächste Ziel ist Dunakiliti ~ auf

Rajká
Kossuth Lajos utca
C2
6
Slovenská republika
Magyarország
Duna/Dunaj
4
506
8
Mosoni-Duna
Zátonyi-Duna
Dobrohošt
4,2
Dunakiliti
Rajkai utca
Kossuth Lajos utca
Vojka
nad Dur
Bezenye
Tejfalusziget
7,5
Doborgaz utca
Doborgazsziget
C4
Sérfenyő utca
3,6
150
Sérfenyősziget
Ökopark
Cikolasziget
Hajóspuszta
Dunasziget
Feketeerdő
C3
Galambos utca
59
Nagysziget
Paprét

der ruhigen Landstraße die **Mosoni Duna** (Kleine Donau) queren.

Kleine Schüttinsel

Szigetköz heißt Kleine Schüttinsel und bezeichnet das Gebiet zwischen Rajka und Györ. Das Gebiet wird von der Donau oder Duna, wie sie in Ungarn heißt, und von der Mosoni Duna begrenzt.

Die Donau im Norden mit ihren unzähligen Seitenarmen ist von einem riesigen Augebiet umgeben, gegen das die österreichischen Marchauen klein erscheinen. Nördlich von Rajka fließt einer dieser Seitenarme nach Süden, das ist die Kleine Donau. Bis Györ fließt sie in sanften Bögen an vielen kleinen und größeren Orten vorbei. So zum Beispiel an Dunakiliti und an Feketeerdö, wobei letzterer von der Mosoni Duna fast ganz eingeschlossen wird.

In Mosonmagyaróvár mündet die Leitha, in Ungarn Lajta genannt, in die Kleine Donau, in Györ nimmt die Mosoni Duna noch die Rábca und die Rába auf, um dann schließlich bei Vének wieder in die Duna zu fließen. Die ebene Landschaft der Kleinen Schüttinsel wird landwirtschaftlich intensiv durch Getreideanbau und Viehzucht genutzt. Besonders schön anzusehen sind die weiten Sonnenblumenfelder. Die riesigen Strohberge, die man nach der Ernte allerorts findet,

Kleine Schüttinsel

sind die höchsten Erhebungen der Gegend. Daher wird hier das Radfahren zu einem sehr gemütlichen und wenig anstrengenden Erlebnis.

Auf der ruhigen Landstraße gelangen Sie nach Dunakiliti.

Dunakiliti

Dem Straßenverlauf folgend aus Dunakiliti hinaus ~ am Sportplatz vorbei ~ durch die kleine Ortschaft **Tejfalusziget** ~ beim reetgedeckten Bauernhaus links und an der Kirche vorbei ~ die Straße wendet sich nach rechts ~ auf der asphaltierten Landstraße nach **Doborgazsziget** und weiter nach Dunasziget.

Dunasziget

Pisztráng Kör Egyesület (Verein Forellenkreis), Sérfenyő u. 2, ☎ Sérfenyő u. 2. Lehr- und Wissenschaftszentrum; Fahrrad-, Kajak-, Wandertouren, etc., um Voranmeldung wird gebeten. @ koo753

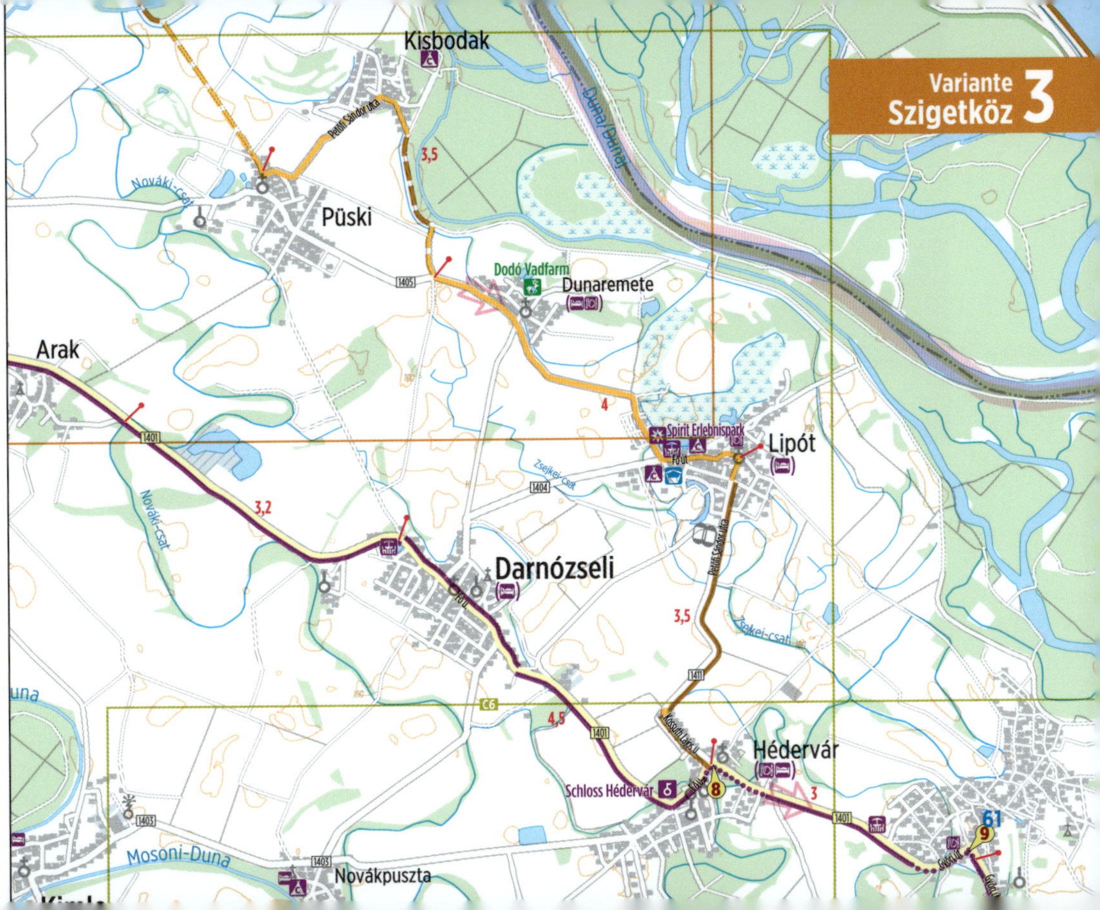

Mosonmagyaróvár, Burg Ovár

Links Richtung Halászi abzweigen und vorerst dem Straßenverlauf folgen ⤳ vor der Brücke links in die abzweigende Straße Richtung Cikolasziget.

VARIANTE **Sie können mehrere unbefestigte, aber durchaus reizvolle Abschnitte umfahren, wenn Sie geradeaus über die Brücke fahren und der Straße bis nach Halászi folgen, wo Sie auf die Hauptroute des Donau-Radweges treffen.**

Auf der Landstraße weiter ⤳ Sie erreichen den Ortsteil Cikolasziget.

Cikolasziget (Dunasziget)

Dem Verlauf der Ortsdurchfahrtsstraße folgen ⤳ der Straßenverlauf macht eine Rechtskurve ⤳ weiterhin auf der Ortsstraße entlang ⤳ dem Straßenverlauf in einer „S-Kurve" folgen, man fährt zuerst links, dann rechts ⤳ an der Gabelung am Ortsende links halten ⤳ einen idyllischen Wasserarm überqueren ⤳ an der T-Kreuzung rechts ⤳ nach der Links-Rechts-Kombination auf dem unbefestigten Weg schnurgerade weiterfahren ⤳ nach etwa 1 km auf den Damm auffahren ⤳ in der Linkskurve den Damm verlassen und auf der etwas holprigen Straße nach Püski hinein.

Püski

Am Ortsbeginn an der Kreuzung der Beschilderung links Richtung Kisbodak folgen ⤳ links geht es aus Püski hinaus und weiter nach Kisbodak.

Kisbodak

Geradeaus weiter ⤳ linker Hand befindet sich ein Friedhof ⤳ weiter bis zu einem kleinen Kreisverkehr, hier rechts ⤳ anschließend trifft man auf eine Gabelung mit Jesuskreuz ⤳ an dieser Gabelung rechts halten ⤳ am Ortsende über eine kleine Brücke ⤳ geradewegs auf den Damm und den Auwald zu ⤳ hinauf auf den Damm und dem unbefestigten Weg nach rechts folgen ⤳ nach zirka 1 km rechts ab und an die Straße, die von Püski direkt nach Dunaremete führt

Dunaremete

Dodó Vadfarm (Wildfarm), Kossuth Lajos u. 1/A., ✆ 0620/4164904 Rehe, Schafe und Wildschweine können aus nächster Nähe beobachtet werden. Die Farm bietet außerdem einen Streichelzoo u. Kutschen- u. Schlittenfahrten (n. V.) an. @ yuo665

Hier links auf der Landstraße nach Lipót weiter.

Lipót

Vorwahl: 096

Lipóti Therme, Fő u. 84, ✆ 96215723, @ lap743

Zu Ortsbeginn können Sie linker Hand an einem Rastplatz verweilen ~ weiter bis zur Vorfahrtsstraße und dort links ~ hier befindet sich ein kleines Radschild ~ dem Straßenverlauf bis zur Kirche folgen ~ hier rechts halten ~ an dieser Stelle ist der Ort Hérdervár ausgeschildert.

Hédervár s. S. 68

3 Auf der Hauptroute überqueren Sie die Hauptstraße und fahren links auf den Radweg auf ~ zwischen Straße und Bahnstrecke entlang nach Bezenye.

Bezenye

4 Geradeaus Richtung Mosonmagyaróvár ~ der Radweg endet 100 m nach den ersten Häusern von Magyaróvár **5** ~ rechts, **Orgona-Straße** ~ an der nächsten Straße links, **Kadocsa-Gyula-Straße** ~ links weiter auf der Dohy-János-Straße entlang der kanalartigen Lajta ~ rechts über die Rad-und Fußwegbrücke ~ weiter auf der **Kapucinus-Straße** ~ noch vor der Hauptstraße beginnt auf der rechten Seite ein Rad- und Fußweg ~ dem Radweg über die Hauptstraße nach links folgen ~ weiter dem Weg folgen, links von Ihnen liegt die eindrucksvolle Burg Ovár, rechts beginnt das sehenswerte historische Zentrum **6**.

Mosonmagyaróvár

Vorwahl: 096

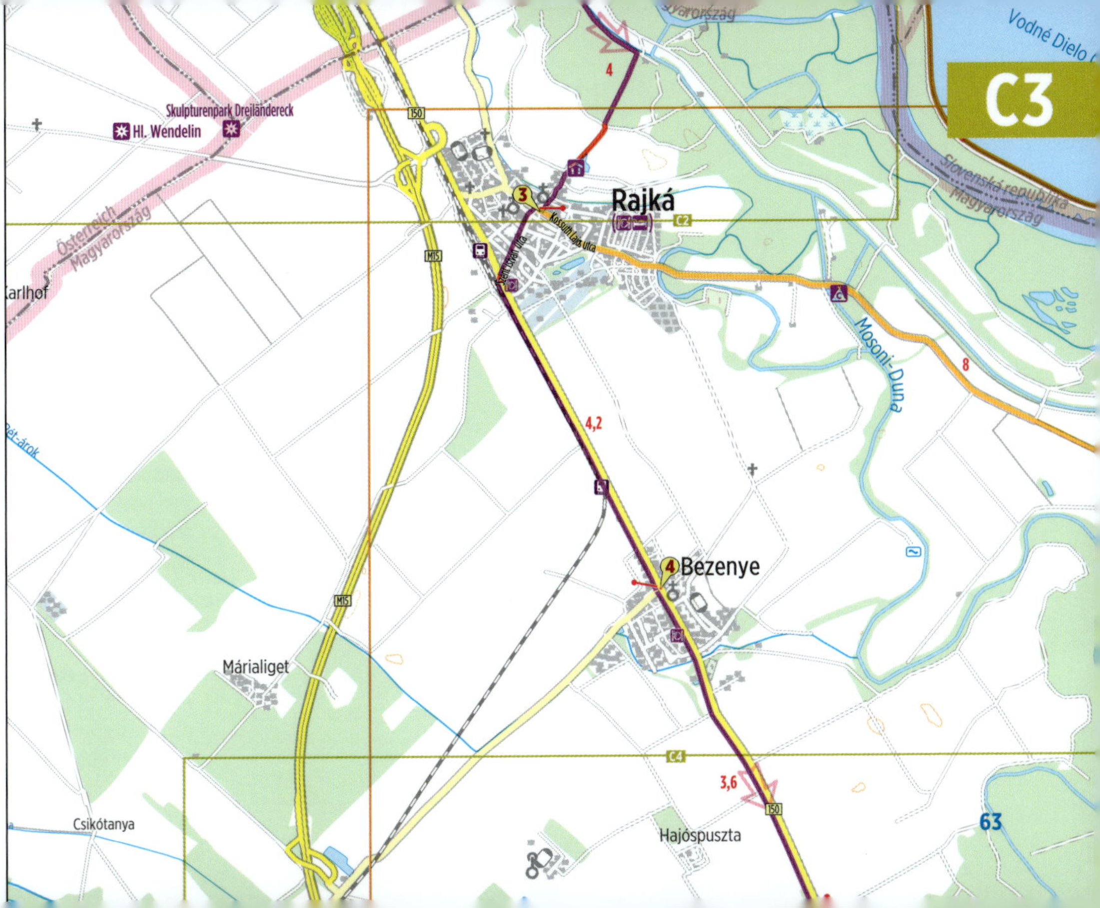

Ciklámen Tourist, Fő út 8., ✆ 555526, @ twf754

Tourinform, Magyar u. 9, ✆ 206304, @ nrl145

Cselley-ház (Cselley-Haus), Fő utca 19, ✆ 212094 Im Haus ist eine Sammlung von Gemälden und Porzellan ausgestellt, außerdem kann das römische Lapidarium im Keller besichtigt werden. @ dyh744

Futura, Szent István király út 142, ✆ 566280 In dem interaktiven naturwissenschaftlichen Erlebniszentrum stehen die vier Elemente Wasser, Feuer, Luft und Erde im Mittelpunkt. Tsunami- u. Erdbebensimulatoren, ein Flugzeugsimulator und ein Planetarium laden die Besucher zum Mitmachen und selbst entdecken ein. @ nmq681

Mosonvármegyei Múzeum (Gemeindemuseum), Szent István király út 1, ✆ 212094 Im 1802 gegründeten Museum sind archäologische, kunsthistorische und ethnographische Sammlungen zum nahe gelegenen ehemaligen Ausläufer des Neusiedlersees, heute Naturschutzgebiet, zu sehen. @ mhe658

Tűzoltó Múzeum (Feuerwehrmuseum), Alkotmány u. 16, ✆ 215633 Geschichte der Feuerwehr des Bezirks Győr-Moson-Sopron von der zweiten Hälfte des letzten Jahrhunderts bis heute. @ vlf641

Szent Gotthárd (St. Gotthard), Szent László tér 1, ✆ 205050. Mit Grabdenkmal von Erzherzog Friedrich und Erzherzogin Isabella. @ yym433

Óvári Vár (Burg Óvár), Pozsonyi út 86, ✆ 566665 Stammt aus dem 13. Jh., heute Agrarwissenschaftliche Universität. Im Tonnengewölbe des Eingangs sind vier gotische Sitznischen (15. Jh.) zu sehen, außerdem erhalten: zwei Türme, das Grabensystem, Kasematten, Gefängniszellen und die Außenmauern. Ausstellung zur Schloss- und Institutionsgeschichte. @ xsj776

Lucsony utca. Eine Reihe von alten, im volkstümlichen Barockstil gebauten Häusern.

Szigetköz Kalandpark, Soproni út 94, ✆ 0630/2303340 Abenteuer- und Kletterpark in der Rudolf-liget (Au) mit verschiedenen Parcours und einem Flying-Fox über die Mosoni-Duna. @ dwt586

Bio Flexum Thermalbad, Kolbai Károly u. 10, ✆ 211533 , @ ljx284

Das „Tor Ungarns", wie die älteste Stadt des Komitats auch genannt wird, wurde im ersten Jahrhundert v. Chr. von den Römern als Grenzlager besiedelt. 1939 wurden die beiden Orte Moson und Magyaróvár zusammengelegt. So entstand der zungenbrecherische

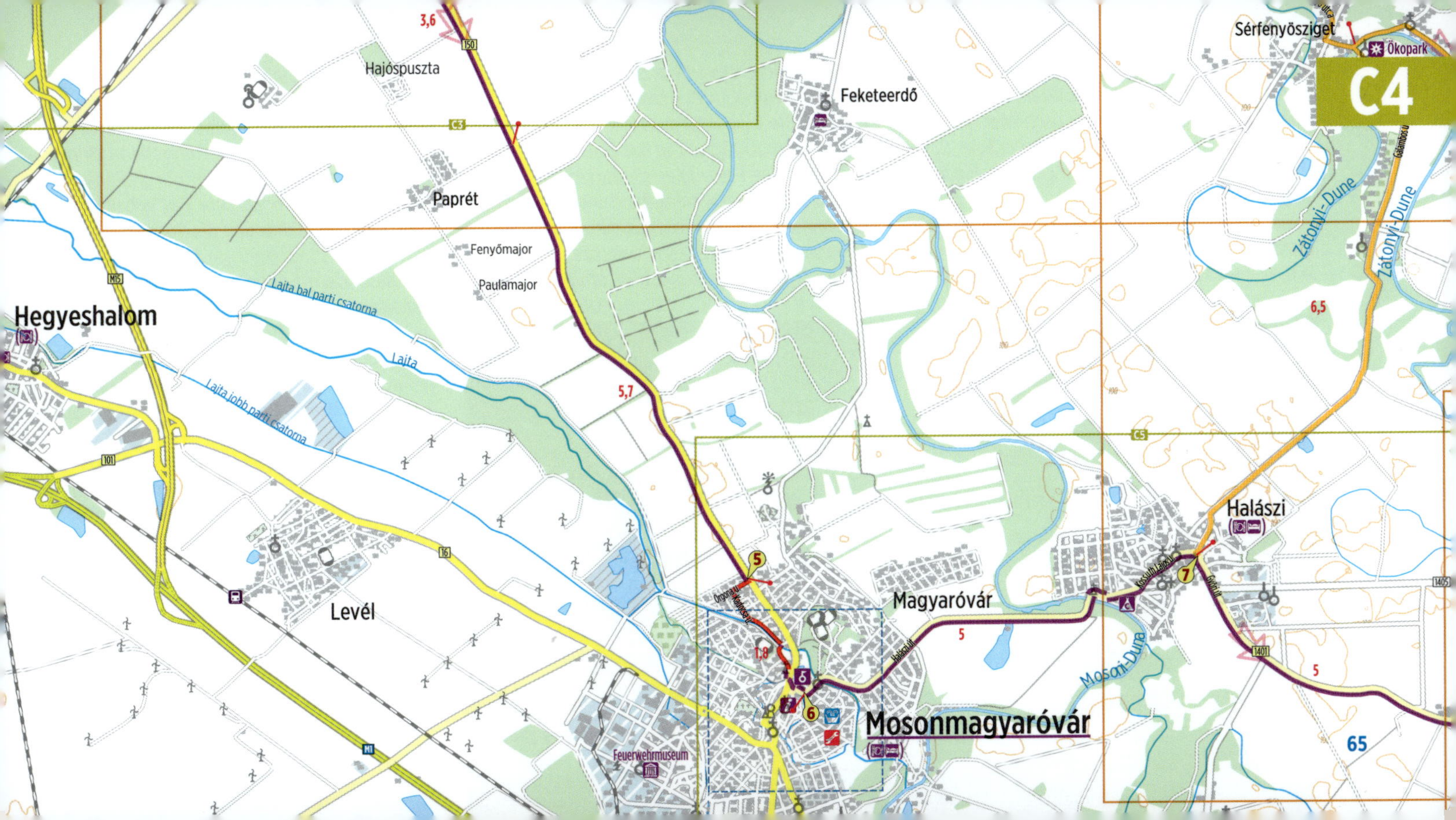
C4
Sérfenyősziget
Ökopark
Hajóspuszta
Feketeerdő
Paprét
Fenyőmajor
Paulamajor
Hegyeshalom
Lajta bal parti csatorna
Lajta
Lajta jobb parti csatorna
Zátonyi-Duna
Zátonyi-Duna
Galambos u.
Halászi
Kossuth Lajos u.
Győri út
Magyaróvár
Halászi út
Orgona u.
Mosoni-Duna
Levél
Mosonmagyaróvár
Feuerwehrmuseum
M15
M1
101
16
150
1405
1401
C3
C5
3,6
5,7
6,5
1,8
5
5
5
6
7
65

Name. Seit dem Mittelalter ist Mosonmagyaróvár ein wichtiges Handels- und Industriezentrum. Von hier wurden früher vor allem Rinder nach Wien geliefert. Die Altstadt besticht durch ihr vollständiges Barockensemble. Mitten durch das Zentrum fließt die Leitha (ung. Lajta), die dann in die Mosoni Duna, die Kleine Donau, mündet. Das ehemalige Sumpfgebiet wurde mit Hilfe von zahlreichen Kanälen trockengelegt, die heute das Stadtbild sehr reizvoll machen. Über diese künstlichen Flüsschen führen insgesamt 17 Brücken. Mosonmagyaróvár, zu deutsch „Wieselburg – Ungarisch Altenburg", wurde durch die Burg Óvár befestigt. Die Burg liegt auf einer Insel im Stadtteil Moson. Schon 1009, zur Zeit des ersten Kreuzzuges, wurde hier eine Festung errichtet, 1260 beim Tatarenzug zerstört und anschließend wieder aufgebaut und erweitert. Herzog Albert Kasimir veranlasste 1798 den Ausbau des zweiten Stockwerkes.

Das heutige Erscheinungsbild erhielt die Burg schließlich im Jahr 1810. Im Burggebäude errichtete der Herzog 1818 ein wirtschaftliches Privatinstitut. Er legte auch den Grundstein für die Agrarwissenschaftliche Universität, die sich heute hier befindet. Die von einer Parkanlage umgebene Burg mit ihren starken Wehrmauern und der großangelegten Grabenanlage ist noch sehr gut erhalten. Wenn man durch den Torbogen die Festungsanlage betritt, stößt man auf gotische Sitznischen, die durch ihre besondere Erscheinung den Weg ins Innere gestalten.

Die Burg und ein Teil des historischen Stadtkerns stehen unter Denkmalschutz und sind zum größten Teil wunderschön restauriert worden. In diesem Teil wurden auch einige großzügig angelegte Fußgängerzonen errichtet, die sich entlang der Magyar utca erstrecken. Bei einem Spaziergang durch diese Straßen wird man bemerken, dass bei der Restaurierung besonderer Wert auf Originaltreue gelegt wurde. Durch die niedrigen Gebäude entsteht eine sehr gemütliche Atmosphäre, die durch die Gastgärten auf der Straße noch verstärkt wird. In der Mitte der Magyar utca, stoßen wir auf den Szent László tér mit einer kleinen, lieblichen Kirche. Durch die gesamte Magyar utca führt auch ein Radweg.

Schloss Hédervár

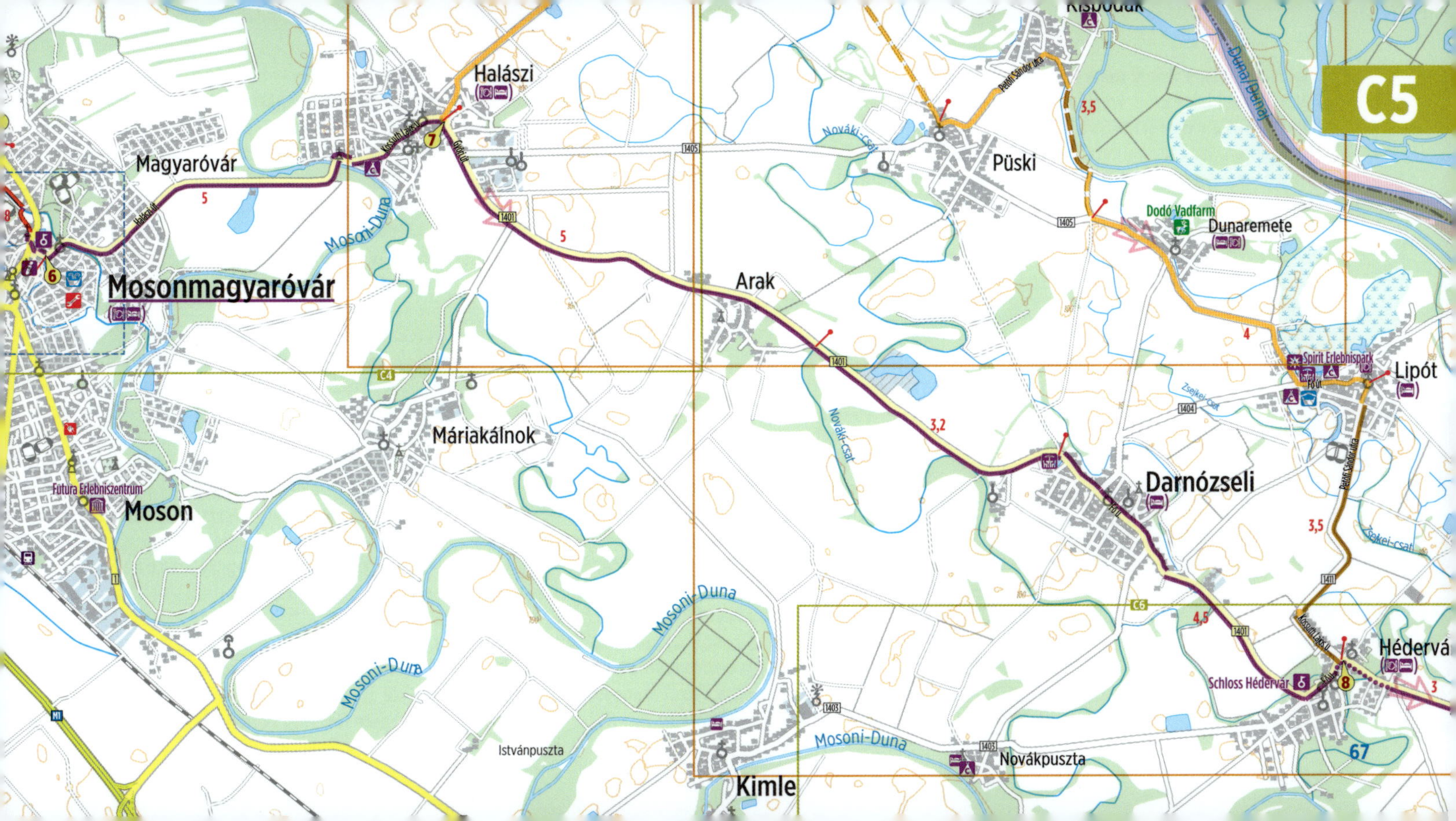
C5
Halászi
Magyaróvár
Mosonmagyaróvár
Moson
Futura Erlebniszentrum
Máriakálnok
Mosoni-Duna
Arak
Püski
Nováki-csat.
Dodó Vadfarm
Dunaremete
Petőfi Sándor utca
Duna/Dunaj
Spirit Erlebnispark
Lipót
Fő út
Zsejkei-csat.
Darnózseli
Héderváł
Schloss Hédervár
Kossuth Lajos u.
Kimle
Novákpuszta
Istvánpuszta
C4
C6
M1
1401
1403
1404
1405
1411
67

Von Mosonmagyaróvár nach Hédervár 17,7 km

6 Nach der Linkskurve wechselt der zweispurige Fahrradweg auf die rechte Straßenseite ~ nach dem Überqueren der Lajta fahren Sie an einem Park mit großen Bäumen entlang ~ an einzelnen Häusern und einer Tankstelle vorbei Mosonmagyaróvár verlassen ~ der Radweg führt an der rechten Straßenseite entlang ~ an einem kleinen See vorbei ~ nach der Linkskurve über die Brücke und nach Halászi hinein.

Halászi

Der Radweg wechselt kurzzeitig auf die linke Straßenseite und führt dann auf der rechten Seite weiter durch den Ort ~ auf dem breiten, gepflasterten, roten Fahrradweg entlang der Hauptstraße durch den Ort ~ **7** nach der scharfen Rechtskurve den Ort verlassen ~ an den Informationstafeln vorbei, die am Radweg entlang aufgestellt wurden ~ rechts sehen Sie den Ort **Arak** ~ an einem kleinen Park vorbei nach Darnózseli hinein

Mosoni Duna bei Györ

Darnózseli

Der Radweg wechselt auf die linke Straßenseite ~ auf dem Radweg durch den Ort ~ am Ortsende wechselt der Weg erneut auf die rechte Straßenseite ~ Sie erreichen Hédervár ~ gleich am Ortseingang erkennen Sie links den großen Schlosspark mit Schloss Hédervár ~ in der Linkskurve verlässt der Radweg die Straße kurzzeitig und endet kurz vor der Rechtskurve an der Kirche.

Hédervár

Hédervár kastél (Schloss Hédervár), Fő út 47. Inmitten eines geschützten Parks steht das massive Schloss, ursprünglich gotisch, später im Renaissancestil erweitert. Die gewaltige Stieleiche vor der gotischen Kapelle hält der Volksglaube für tausendjährig. Im Moment nur von außen zu besichtigen. @ yth185

Herausgeputzt präsentiert sich das Schloss Hédervár, ein prächtiges Burgschloss, das aus einer mittelalterlichen Festung entstanden ist. Es liegt in einem wunderschönen Park. Das Eingangstor wird von zwei Sphinxen aus Stein bewacht.

Schräg vis-à-vis der Kirche ist ein kleines strohgedecktes Haus erhalten geblieben. Diese Strohdächer sehen nicht nur hübsch aus, sondern sollen auch weitaus witterungsbeständiger sein als Schindeldächer.

Von Hédervár nach Györ 22,7 km

8 Auf dem markierten Radweg weiter durch den Ort ~ bei der Ortsausfahrt beginnt rechter Hand ein asphaltierter Radweg ~ nach 3 km erreichen Sie Asványráró.

Ásványráró

Die Fischerei ist heute das älteste, hier noch ausgeübte Gewerbe. Schiffe schleppen, Müllerhandwerk und Gold waschen sind schon verschwunden. Der letzte Goldwäscher von Asványráró starb 1944. Hobbymäßiges Goldwaschen wird in der Gegend allerdings heute noch betrieben, wenn auch mit mäßigem Erfolg.

Zu Ortsbeginn gibt es anfangs einen Radstreifen auf der Straße ~ **9** im Kreisverkehr bei der Kirche rechts ab ~ dem Schild Richtung Györ folgen ~ am Ortsende beginnt ein Radweg rechts neben der Straße ~ er führt bis nach Dunaszeg.

Dunaszeg

VARIANTE **10** Ab hier haben Sie zwei Möglichkeiten, um nach Györ zu gelangen: Zum einen können Sie weiter auf dem Radweg neben der Landstraße bis nach

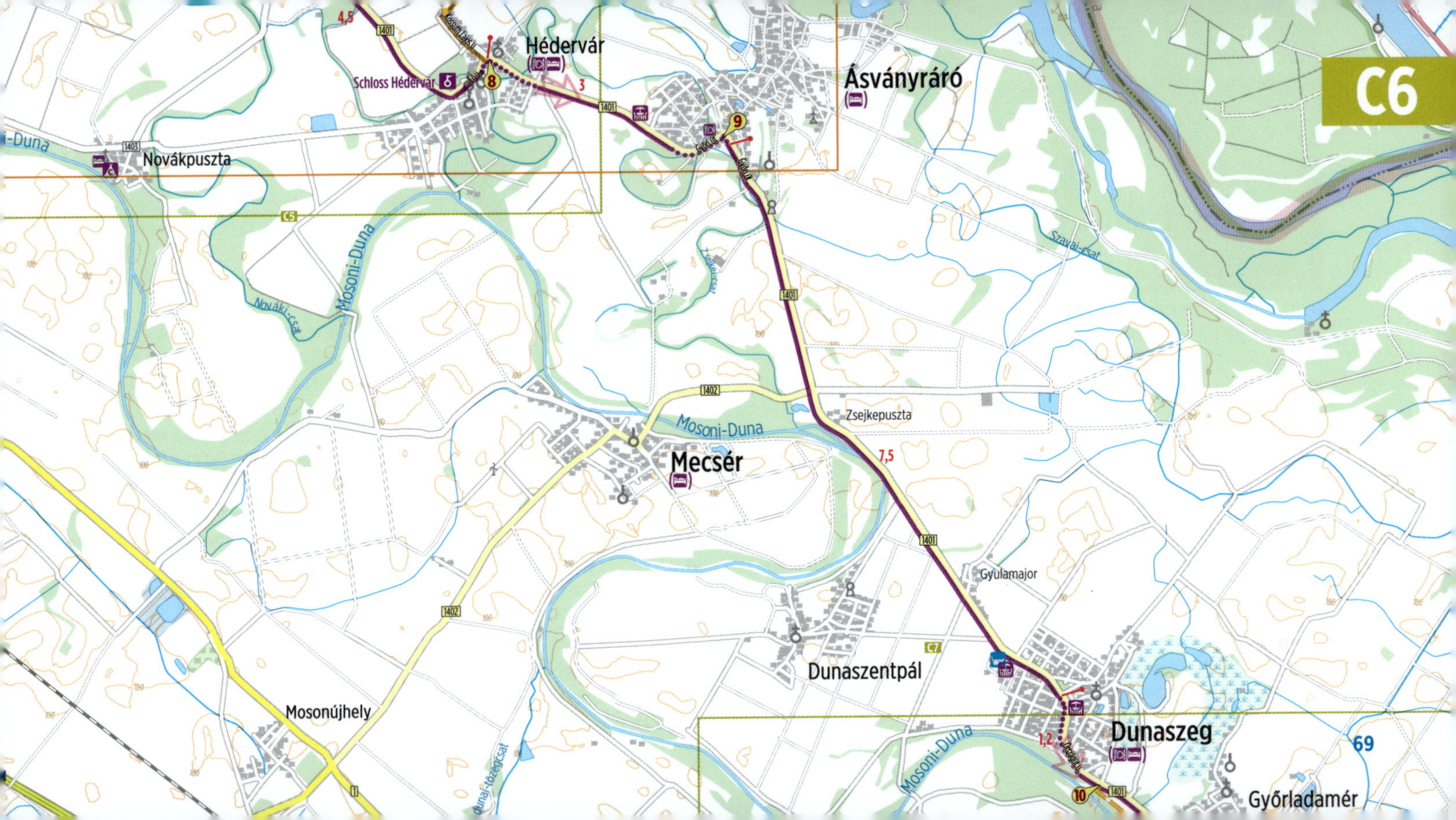

C6
Hédervár
Schloss Hédervár
Ásványráró
Novákpuszta
-Duna
Mosoni-Duna
Nováki-csat.
Szavai-csat.
Zsejkepuszta
Mecsér
Gyulamajor
Dunaszentpál
Dunaszeg
Győrladamér
Mosonújhely
4,5
7,5
1,2
3
8
9
10
1401
1402
1403
C5
C7
69

Győr

Győr fahren, oder Sie radeln am idyllischen Damm 13 km an der Kleinen Donau entlang. Diese Variante ist die ersten 4 km nicht asphaltiert, danach wurde der Weg aber geteert und ist gut befahrbar.

Variante entlang der Mosoni Duna nach Győr 13,2 km

Um zum Damm zu kommen, in Dunaszeg 200 m nach der Kurve beim Supermarkt in die **Kossuth Lajos utca** abzweigen ~ am Damm angekommen links und Richtung Győr fahren ~ zu Ihrer Rechten breitet sich ein idyllisches Augebiet aus ~ der Damm teilt sich ~ geradeaus kommen sie auf dem Radweg nach **Győr** hinein.

Mosoni Duna

Die Kleine Donau ist eigentlich ein Nebenarm der Donau. Beide Gewässer umfließen die sogenannte Szigetköz, die kleine Schüttinsel.

Wenn Sie auf der Hauptroute, also auf dem Radweg neben der Hauptstraße bleiben, durchfahren Sie die Dörfer **Győrladamér** und **Győrzámoly** 11 ~ anschließend gelangen Sie nach **Győrújfalu** ~ ziemlich am Ortsende erreichen Sie einen Platz mit zwei kleinen Kirchen ~ kurz nach der Kirche rechts abbiegen ~ schräg über den Platz ~ rechts neben dem Restaurant in die kleine Gasse.

TIPP Der Radweg ist hier mit einem blauen Hinweisschild gekennzeichnet.

Kurz darauf treffen sich der Radweg und die Landstraße, welche nach Győr führt, wieder ~ immer geradeaus ~ 12 der Radweg führt nach rechts weiter auf die **Hédervári ut** ~ geradeaus über den Kreisverkehr in die **Ronay Jácint utca** ~ die Straßenseite wechseln ~ auf dem straßenbegleitenden Radweg bis zur **Kossuth híd,** einer imposanten Stahlbrücke 13.

TIPP Von dieser Brücke aus ist rechter Hand das Gelände des Thermalbades zu sehen, das auf der „Sziget“ liegt.

Auf dem linksseitigen Radweg über die Brücke und geradeaus in die Fußgängerzone, in der das Radfahren erlaubt ist.

Győr

Vorwahl: 096

- **Tourinform Győr**, Árpád u. 32, ✆ 311771, ✆ 336817, @ ovi224
- **Borsos Miklós Állandó Kiállítás (Dauerausstellung Miklós Borsos)**, Apor Vilmos püspök tere 2, ✆ 316329, ✆ 0620/3125920 Die Ausstellung beschäftigt sich mit dem Lebenswerk des Künstlers Miklós Borsos. @ yma283
- **Egyházmegyei Könyvtár és Kiállítótér (Diözesanbibliothek und Ausstellungsraum)**, Káptalandomb 26, ✆ 525090, ✆ 0630/2551363 Thema: Kirchenkunst in West-Ungarn von der Gotik bis ins 19. Jh. @ fxv337
- **Patkó Imre Gyűjtemény (Imre-Patkó-Sammlung)**, Széchenyi tér 4, Vastuskós ház, ✆ 310588 Im frühbarocken „Eisenklotz-Haus“ (17. Jh.) ist ungarische und westeuropäische bildende Kunst des 20. Jhs., fernöstliches Kunstgewerbe aus dem 18.-20. Jh. und eine ethnographische Sammlung aus Afrika zu sehen.
- **Széchenyi Patikamúzeum (Széchenyi Apothekenmuseum)**, Széchenyi tér 9, ✆ 320954 Die Innenräume der Apotheke (1654) sind reich mit Stuck und Gemälden verziert. Das Museum ist das einzige in Ungarn, dass auch noch als Apotheke genutzt wird.

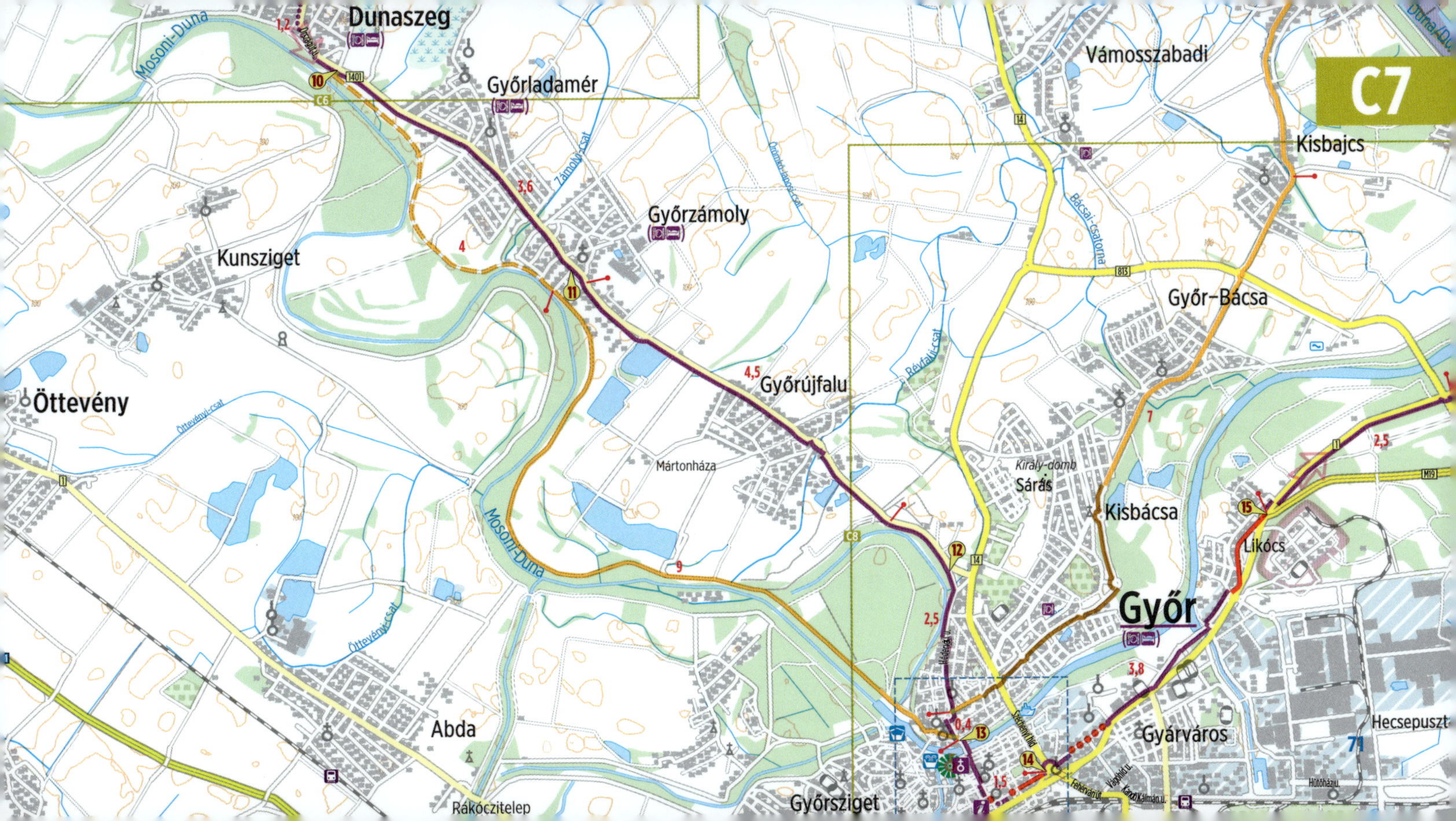
C7
Dunaszeg
Győrladamér
Győrzámoly
Kunsziget
Öttevény
Győrújfalu
Mártonháza
Abda
Rákóczitelep
Győrsziget
Vámosszabadi
Kisbajcs
Győr-Bácsa
Király-domb
Sárás
Kisbácsa
Likócs
Győr
Gyárváros
Hecsepuszt
Mosoni-Duna
Zámolyi-csat.
Bácsai-csatorna
Révfalui-csat.
Öttevényi-csat.
Duna/Du

Váczy Péter Gyűjteménye (Péter Váczy Sammlung), Nefelejcs köz 3, 318141, 0620/4520691 Die Sammlung des Historikers Péter Váczy besteht vor allem aus Werken der bildenden Kunst.

Városi Művészeti Múzeum (Städtisches Kunstmuseum), Király u. 17., 322695, 0620/4252572 Das Museum hat seinen Sitz im Schloss Esterházy, einem Baudenkmal aus dem 18. Jh. @ ylq675

Xantus János Múzeum, Széchenyi tér 5, 322695, 524888 In dem 1741-43 erbauten barocken Abtshaus ist eine dem Forschungsreisenden Janos Xantus (1825-1894) gewidmete Völkerkundesammlung untergebracht. Wegen Renovierungsarbeiten geschlossen. @ ovm424

Apor Emlékkiállítás (Apor-Gedenkausstellung), Káptalandomb 1, 0630/2551363 Die Ausstellung setzt dem Wirken des Märtyrers Bischof Vilmos Apor ein Denkmal. @ ldg373

Karmelita templom (Karmeliterkirche), Aradi vértanúk u. 2 Die Barockfassade und der Innenraum der Kirche (1721-25) stammen von Martin Witwer. @ suw248

Nagyboldogasszony-székesegyház (Kathedrale Mariä Himmelfahrt), Káptalandomb 12, 618304 Von der ursprünglichen romanischen Kirche aus dem 11. Jh. ist heute nur mehr die Apsis erhalten. Vom 13. bis 15. Jh. wurde sie im gotischen Stil wiedererrichtet. 1634-45 wurde der Innenraum vom italienischen Meister Giovanni Battista Rana frühbarock umgestaltet. Der Turm wurde erst 1680 ergänzt. @ msh386

Szent Mór (St. Mór), Széchenyi tér 9, 513020 Die Benediktinerkirche wurde 1635-41 nach den Plänen von Baccio del Biancho erbaut. @ gvl173

Püspökvár (Bischofsburg), Káptalandomb 1, 0630/2551363 Der ehemalige Bischofssitz mit dem alten Wohnturm geht auf das 12. Jh. zurück. Von der Aussichtsterrasse des Turmes hat man ein einzigartiges Panorama auf die Stadt und deren Umgebung. @ kwk257

Nemzeti Színház (Nationaltheater), Czuczor Gergely u. 7, 520600. Der Fassadenschmuck des modernen Theatergebäudes ist ein Werk des 1908 in Ungarn geborenen Malers Victor Vasarely. Im Haus ist eines der besten Tanzensembles Mitteleuropas, das Györer Ballett, beheimatet. @ rsx551

Dunakapu tér. Auf dem Brunnen am Donautorplatz ist der legendäre Eiserne Hahn, der das Ende der türkischen Besatzung angekündigt hat, zu sehen. Der Platz wird für Veranstaltungen genutzt und dienstags und freitags findet hier ein Wochenmarkt statt.

- **Frigyláda-szobor (Bundesladen-Denkmal)**, Gutenberg tér. Das Denkmal ist eines der imposantesten Beispiele des Györer Barocks. Es wurde auf Befehl Kaiser Karls VI. erbaut und ist ein Werk Fischer von Erlachs.
- **Jedlik-csobogó (Jedlik-Trinkbrunnen)**, Apáca u. 1., vor dem Kreszta Haus (24) Der Brunnen erinnert an den Erfinder des Sodawassers und der Siphonflasche, den Mönch István Ányos Jedlik.
- **Széchenyi tér**. Der imposante Hauptplatz mit den barocken Hausfassaden ist Mittelpunkt des Stadtlebens. @ fid566
- **Vastuskós-ház (Vastuskós-Haus)**, Széchenyi tér 4. Der Name des auch Haus zum „Stock-im-Eisen" Haus genannten Gebäudes stammt vom nagelüberzogenen Stock an der Ecke des Hauses. Diese schlugen die wandernden Handwerksgesellen als Erinnerung an ihre Anwesenheit in den Stock. Der Stock war auch das Wahrzeichen des Gewürzladens im Haus.
- **Achilles Park**, Gyirmóti Tájvédelmi Körzet, ✆ 556011, ✆ 0620/9943677. Bootsverleih, @ gds812
- **Aranypart**, Vásárhelyi Pál u. 26., ✆ 524297
- **Aqua Sportzentrum**, Olimpia u. 1, ✆ 0620/3964839, @ sfu257
- **Magyar Vilmos Uszoda**, Töltésszer 24, ✆ 528306, @ btq766
- **Rába Quelle**, Fürdő tér 1, ✆ 514900, @ gph825

Györ ist eine der größten und bedeutendsten Städte der Kleinen Ungarischen Tiefebene. Sie liegt am Zusammenfluss von Mosoni Duna, Rábca (Rabnitz) und Rába (Raab), die gemeinsam als mächtiger Fluss in die Donau münden. Die Ursprünge dieser Stadt liegen in der Bronzezeit. Heute ist Györ neben Budapest, Szeged und Pécs eine der wichtigsten Industriestädte. Wirtschaftliche Bedeutung erlangte Györ durch den im 18. Jh. erbauten Donauhafen.

Die Kelten waren das erste Volk, das sich in diesem günstigen Siedlungsgebiet niederließ. Im 1. Jh. n. Chr. bauten die Römer diese Siedlung, sie nannten sie Arrabona, zu einer der bedeutendsten Grenzfestungen der Provinz Pannonia aus. Die ungarische Besiedelung begann Ende des 9. Jhs.

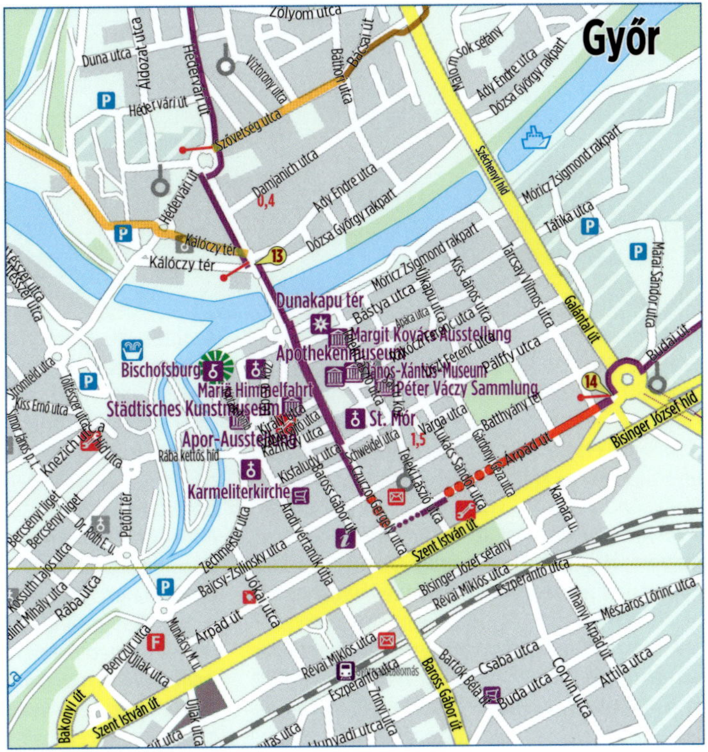

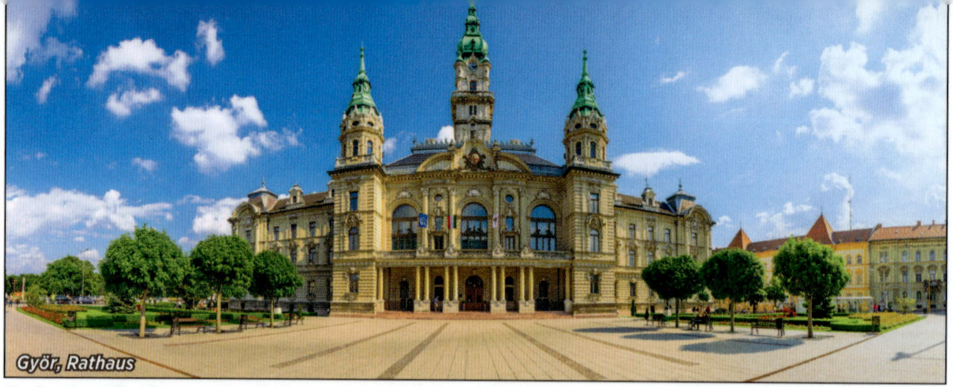
Győr, Rathaus

Ende des 16. Jhs. wurde Győr von den Türken erobert. Sie montierten auf dem Donautor einen eisernen Wetterhahn. Die Türken wähnten Győr fest in ihrer Hand und der Befehlshaber verkündete, dass Győr erst wieder christlich werde, wenn der eiserne Hahn zu krähen anfinge und der türkische Halbmond darunter voll werde. Als die ungarische Armee vier Jahre später vor der Stadt stand, kletterte nachts ein ungarischer Soldat zum Hahn hinauf und wartete auf den Sonnenaufgang, den er, ähnlich wie ein Hahn, mit einem Trompetenstoß ankündigte. Die Türken brachen in Panik aus, denn sie glaubten, die Weissagung habe sich erfüllt. In dem darauffolgenden Chaos explodierten die Schießpulverfässer der Türken und die Ungarn konnten die Stadt zurückerobern. Den Eisernen Hahn können Sie noch heute am Dunakapu tér bewundern.

Über die Jedlik Anyos út erreicht man den Széchenyi tér. In der Mitte dieses imposanten Platzes, der von einer Benediktinerkirche mit zwei Türmen beherrscht wird, steht eine Mariensäule. Ganz in der Nähe befindet sich das modernste Theatergebäude Ungarns, das Győrer Nationaltheater, das an eine riesige Sprungschanze erinnert. Der Fassadenschmuck an den Seitenwänden besteht aus schwarzweißen Fliesen mit geometrischen Formen und stammt vom weltberühmten ungarischen Maler Victor Vasarely. Die Ballettgruppe dieses Theaters, das Győrer Ballett, ist in ganz Europa bekannt.

Auf der Arany János út kommen Sie zum Blumenmarkt und zur Raab. Diese Straße mit ihren kleinen alten Geschäften ist wie geschaffen zum Bummeln und Einkaufen. Die Karmeliterkirche am Bécsi kapu tér, dem Wiener-Tor-Platz, wurde in den Jahren von 1721 bis 1725 erbaut. Die prächtige Barockfassade ist in kräftigem Gelb gehalten. Sie stehen nun direkt vor dem Mittelpunkt dieses Stadtteiles, dem Káptalandomb (Kapitelhügel), auf dem sich, von der restlichen Stadt ein wenig abgehoben, die Bischofsburg und die Basilika befinden. Die im 12. Jh. erbaute Bischofsburg beherbergt das barocke Bischofsspital.

Die Burg wurde mehrmals umgebaut und erweitert. So zum Beispiel im 14. Jh., als der Wohnturm einen Zubau erhielt, und später im 16. Jh., als wegen der zunehmenden Türkengefahr die Burg nochmals vergrößert wurde. So entstand hier die größte Festung Ungarns. Als sie im 19. Jh. ihre Wehrfunktion verlor, begannen die Bürger mit dem Abtragen der mächtigen Mauern, um sich so billiges Baumaterial für ihre Häuser zu verschaffen, was aber noch rechtzeitig gestoppt werden konnte.

Die Basilika, deren Grundstein im 11. Jh. gelegt wurde, ist ein Gemisch aus verschiedenen Stilepochen. Aus dem 13. Jh. stammt die gotische Apsis, die noch erhalten ist. Im 17. und 18. Jh. wurde der Dom nach den

Türkeneinfällen barock umgebaut, die klassizistische Fassade entstand 1823.

In der 1404 vollendeten Ladislauskapelle ist eine aus vergoldetem Silber gefertigte Herme mit dem Kopfreliquiar König Ladislaus des Heiligen zu sehen. Wer die Geschichte dieser Stadt genauer studieren will, dem empfehlen wir das „János-Xántus-Museum" im Abtshaus. Außer der Abteilung für die Geschichte von Györ und Umgebung ist hier auch eine Abteilung für Völkerkunde eingerichtet. Unbedingt ausprobieren sollte man in Györ auch die heilende Kraft des Wassers im Thermalbad.

Von Györ nach Komárom *46,1 km*

Durchs Zentrum vorbei am Kreszta-Haus auf der **Jedlik Ányos utca** ~ die Fußgängerzone endet an der **Kisfaludy utca**, diese geradeaus überqueren ~ weiter auf der **Czuczor Gergely utca** ~ links in die **Àrpád út** abzweigen und deren geraden Verlauf bis zum Ende folgen ~ **14** links halten und den großen Kreisverkehr auf dessen linken Seite auf dem Radweg umrunden ~ nach der zweiten Straßenquerung links in den straßenbegleitenden Radweg der **Budai út** einbiegen ~ an der nächsten Gabelung rechts halten ~ danach dem Radweg entlang der **Mártírok útja** folgen ~ der nun zweispurige Radweg begleitet

dann rechtsseitig die Straße **Pesti út** ~ nach einem Gewässerband wechselt der Weg auf die linke Straßenseite ~ wenn der Radweg wieder rechts über die Straße führt, fahren Sie geradeaus auf der Straße weiter ~ auf der **Pesti út** durch **Likócs** ~ **15** weiter auf einem Radweg entlang der Hauptstraße ~ bis nach Gönyű immer entweder rechts- oder linksseitig der Hauptstraße Nr. 1 fahren ~ **16** am Ende von Gönyű geht es ein kurzes Stück auf verkehrsreicher Straße, dann rechts in die Straße Nr. **8152** nach Nagyszentjános abzweigen.

17 Nagyszentjános

VARIANTE **17** Die Hauptroute führt nach den Gleisen nach links. Leider ist dieses Wegstück wirklich schlecht befahrbar. Bei Regenwetter dürfte es kaum passierbar sein. Eine gute Alternative kann ein Umweg über Bábolna sein, wo Sie zusätzlich noch das ungarische Nationalgestüt besichtigen können.

Variante über Bábolna — *22,1 km*

Weiter dem Straßenverlauf der **8152** folgen ~ auf der Brücke über die Autobahn ~ an der T-Kreuzung links Richtung Bábolna ~ auf der Hauptstraße durch die Ortschaft Bana ~ nach dem Ortsausgang der Rechtskurve der Straße folgen.

Bana

Kurz vor der ersten Kirche links, dem Straßenverlauf folgen ~ bei der zweiten Kirche rechts nach Tata abbiegen, nächstes Ziel ist das Städtchen Bábolna ~ gleich am Ortsanfang beginnt auf der rechten Straßenseite der Radweg, der bei der ersten großen Kreuzung wieder endet.

Bábolna

Vorwahl: 034

- **Lovas Múzeum (Pferdesport-Museum)**, Mészáros u. 8, gegenüber dem Gestüt, ✆ 569200 Jagd- u. Kutschenmuseum, Führungen durch Reithalle, Stallungen. Die Führung dauert ca. 1,5 Stunden. Reitprogramm und Kutschenfahrten gegen Voranmeldung möglich. @ bed578
- **Bábolna Nemzeti Ménesbirtok (Nationalgestüt Bábolna)**, Mészáros út 1., ✆ 569200 Prächtiger Innenhof, 1789 gegründet. Hier werden Rennpferde gezüchtet. Im Gestütshof sind auch ein Hotel und ein Restaurant untergebracht. @ tor657

Bábolna ist ein sehr gepflegtes Städtchen. Das schöne Ortsbild ist in erster Linie dem Wohlstand durch das hiesige Agrarkombinat zuzuschreiben, das sich mit seiner intensiven Geflügelzucht im ehemaligen Ostblock und im Nahen Osten einen Namen gemacht hat. Mitten in Bábolna steht ein altes Herrschaftsgebäude, in dem sich das berühmte Gestüt befindet. Hier werden Ungarns beste und schnellste Reitpferde gezüchtet.

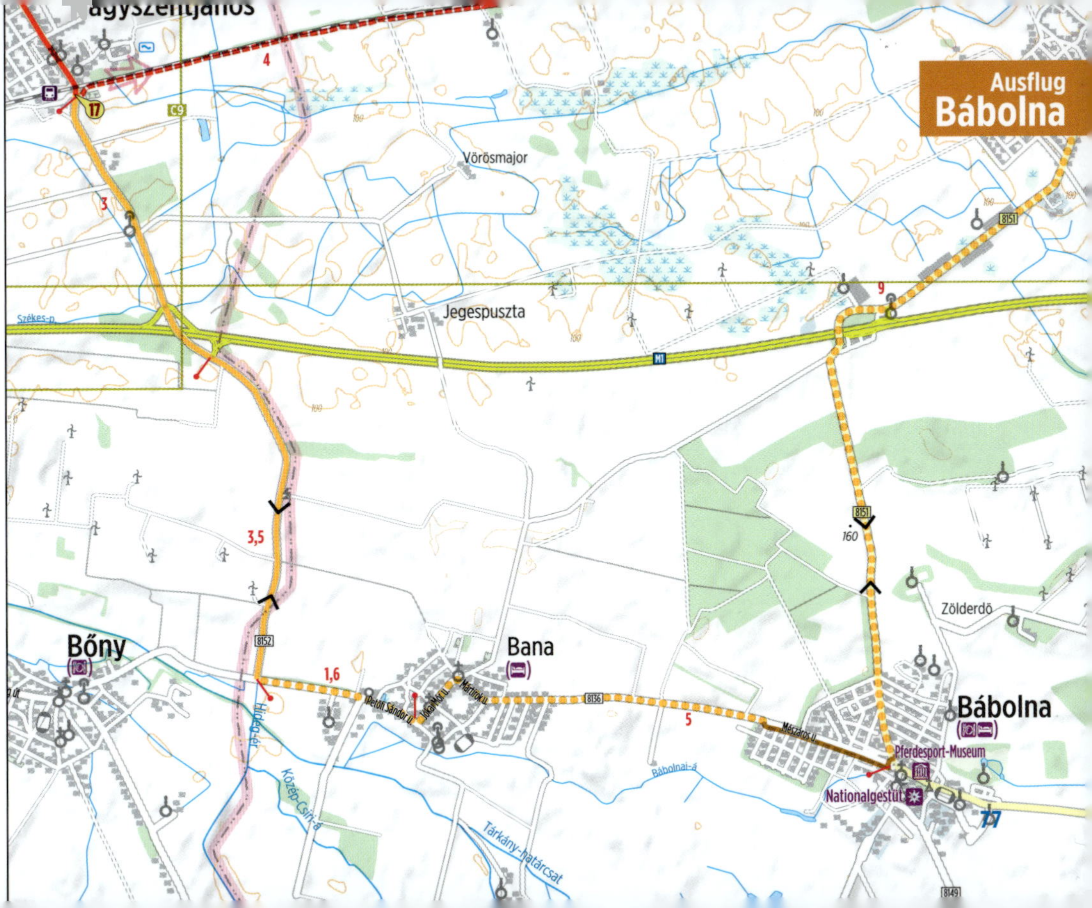

Komarom, Elisabethbrücke

Bevor man zum Eingang kommt, durchquert man eine Parkanlage mit uralten Bäumen, mit Gehwegen und Sitzbänken. Der ganze Ort gruppiert sich eigentlich um dieses 1789 gegründete Gestüt, welches auch für die Öffentlichkeit zugänglich ist. Überall ziert reicher Blumenschmuck die Wände, und die Gärten haben prachtvolle Beete. Im Innenhof wurde ein Rondell angelegt, um das die Pferde bei einer Vorführung herumgeführt werden. Pferde werden auch zum Verkauf angeboten.

17 Auf der Hauptroute biegen Sie kurz nach Querung der Bahngleise links in die kleine Nebenstraße ab ⇝ vor dem Friedhof links in den Feldweg ⇝ der Weg führt durch die Felder neben dem Friedhof ⇝ der Feldweg ist insbesondere nach Regenfällen schlecht befahrbar ⇝ an der Bahnstrecke entlang ⇝ letztendlich beginnt eine befestigte, aber holprige Straße ⇝ der befestigten Straße neben der Bahnstrecke folgen ⇝ nach Ács hinein ⇝ am Bahnhof der Rechtskurve der Straße folgen ⇝ am Sportplatz und dem Restaurant vorbei.

Ács

18 An der Hauptstraße links abbiegen ⇝ dem Rechtsbogen der Straße folgen ⇝ geradeaus in die **Kossuth Lajos utca**.

VARIANTE **Auf der Hauptroute ist das erste Wegstück nach dem Ort vor allem bei Regenwetter teils schlecht befahrbar. Alternativ können Sie auf der verkehrsreichen, aber asphaltierten Straße fahren. Dafür biegen Sie an dieser Stelle links ab, überqueren die Gleise und wenden sich nach rechts.**

Für die unbefestigte Hauptroute hier geradeaus bis zu den letzten Häusern ⇝ über die Bus-Endhaltestelle geradeaus und in den unbefestigten Feldweg ⇝ Sie kommen in ein kleines Waldstück ⇝ dann parallel zur Hauptstraße ⇝
19 bei der nächsten Kreuzung links ab ⇝ über den Bahnübergang und an der Hauptstraße nach rechts auf den Radweg ⇝ kurz darauf der gelben Radmarkierung nach links über die Straße folgen ⇝ rechts und vorbei am Industriegelände ⇝ durch die Felder nach **Koppánymonostor**, ein Vorort von Komárom ⇝ an der T-Kreuzung rechts in die **Koppányvezér út** ⇝ dem Straßenverlauf folgen ⇝ noch im Ort beginnt auf der rechten Straßenseite ein Radweg ⇝ über den Bahnübergang ⇝ an der T-Kreuzung die Hauptstraße überqueren und links weiter ⇝ dem Radweg folgen, der auf der rechten Straßenseite nach Komárom hineinführt ⇝ der Radweg endet nach dem Bahnübergang ⇝ in die erste Straße nach dem Bahnübergang rechts ⇝ in die nächste Straße links ⇝ an der T-Kreuzung erneut links ⇝ zurück an der Hauptstraße rechts auf den zweispurigen Rad- und Fußweg ⇝ am Kreisverkehr im Zentrum von Komárom geradeaus weiter, um der Hauptroute auf der ungarischen Donauseite zu folgen **20**.

TIPP **Am Kreisverkehr links gelangen Sie zur Donaubrücke und ins slowakische Komárno (s. S. 52).**

Komárom

Vorwahl: 034

Tourinform, Igmándi út 2, ✆ 540590, ✆ 0630/5172068, @ xnx526

C10
Veľký Lél
Arcibiskupský Lél
Malé Kosihy
Duna/Dunaj
Donau
Slovenská republika
Magyarország
Koppánymonost
Fenyves u.
Pénzásás
Etelkatelep
Kossuth Lajos u.
Ács
Nagyszentjános
Vörösmajor
Concó
17
18
19
7
4
2,2
1,8
3
1
C9
C11
8147
8151

Komárom, Fort Monostor

Hadtörténeti Kiállítás (Militärhistorische Ausstellung), Dunapart 1, bei der Festung Monostor, 0630/2114166 Geschichte Komároms und seiner Wehranlagen vom 16. Jh. bis zum Zweiten Weltkrieg. Das Museum zeigt auch ein Modell der Donaubastion. @ mqk323

Klapka György Múzeum (Klapka György Museum), Kelemen László u. 22, 0630/344697 In der ständigen Ausstellung sind die Fresken und Sachfunde der ehemaligen römischen Bürgerstadt Brigetio zu sehen. Die im Jahre 1998 ausgegrabenen Sarkophage mit den darin gefundenen Skeletten, Goldschmuck und Gegenständen aus Glas und Bronze zählen zu den wertvollsten Stücken des Museums. @ mrw364

Magyar Tengerésztörténeti Gyűjtemény (Ausstellung der ungarischen Seefahrtsgeschichte), Szabadság tér 1, im Rathaus, 541340 Die Ausstellung hat die Geschichte der ungarischen Seefahrt zum Thema. Die zwei, am Eingang aufgestellten, Schiffsanker sind ein Andenken an die ersten beiden Donau-Dampfschiffe „Budapest" und „Szeged". @ our822

Jézus Szíve-templom (Herz-Jesu Kirche), Szent László u. 9, 340576. Die 1935-37 erbaute Kirche ist ein bedeutendes Werk der modernen ungarischen Kirchenbaukunst. @ rnu153

Igmándi Erőd (Festung Igmándi), Duna part 1, 540582. Römisches Lapidarium. Gezeigt werden aus dem Altertum stammende Steinmetzarbeiten, beschriftete Grabsteine sowie Sarkophage und Altarsteine. Voraussichtlich bis Sommer 2023 geschlossen! @ mcc521

Monostori Erőd (Festung Monostor), Duna-part 1., 540582 Die Festung Monostor – die größte neuzeitliche Festung in Mitteleuropa – wurde zwischen 1850 und 1871 erbaut. Die als militärkulturelles Denkmal geltende Anlage beherbergt kompliziert angelegte Festungsmauern, Basteien, 3-4 m dicke Erdwälle und unterirdische Kasematten. @ oak856

Városháza (Rathaus), Szabadság tér 1. Das Neorenaissancegebäude wurde 1875 an Stelle des alten Rathauses errichtet. Die Fenster des Turms öffnen sich täglich um 10, 12, 14 und 16 Uhr und zeigen einen Husaren, der auf der Trompete spielt.

Brigetio Gyógyfürdő (Brigetio Heilbad), Táncsics Mihály u. 34-36, 342551, @ qup788

Nach dem Ersten Weltkrieg wurde die Grenze zwischen der damals neu entstandenen Tschechoslowakei und Ungarn entlang der Donau gezogen. So kam es auch zur Teilung der Stadt Komorn in das slowakische Komárno und das ungarische Komárom, welche die „Brücke der Freundschaft" (Elisabethbrücke) verbindet.

In römischer Zeit lag auf dem Gebiet des heutigen Komárom das Legionslager Brigetium. Bei Ausgrabungen stieß man auf zahlreiche Funde wie Sarkophage und Goldmünzen. All diese Schätze sind heute in der Igmand-Festung zu besichtigen.

Die drei Befestigungsanlagen Festung Csillag, Festung Igmánd und Festung Monostor, die im Königreich Ungarn von großer Bedeutung waren, sind heute noch recht gut erhalten. Ihre Standfestigkeit konnten sie im Jahr 1848, dem Jahr der Revolutionen, unter Beweis stellen: Da das Befestigungssystem stark und die vorhandenen Winterreserven ausreichend waren, konnte die Burg von den Aufständischen nicht eingenommen werden.

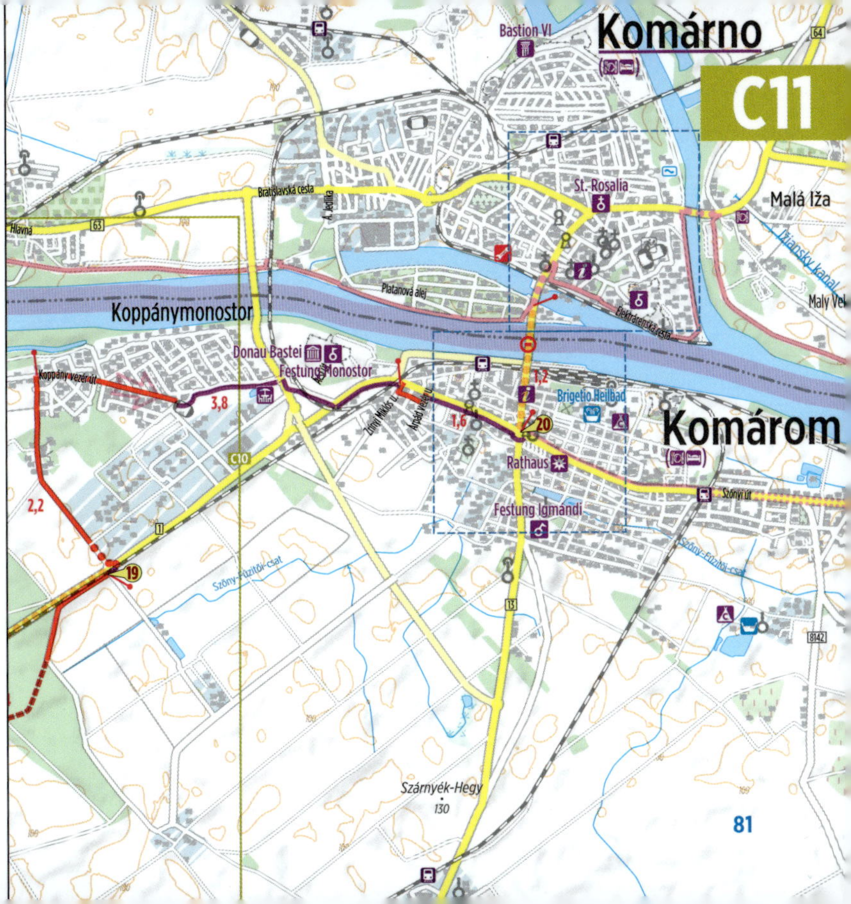

Von Komárno nach Esztergom (SK)

56,5 km

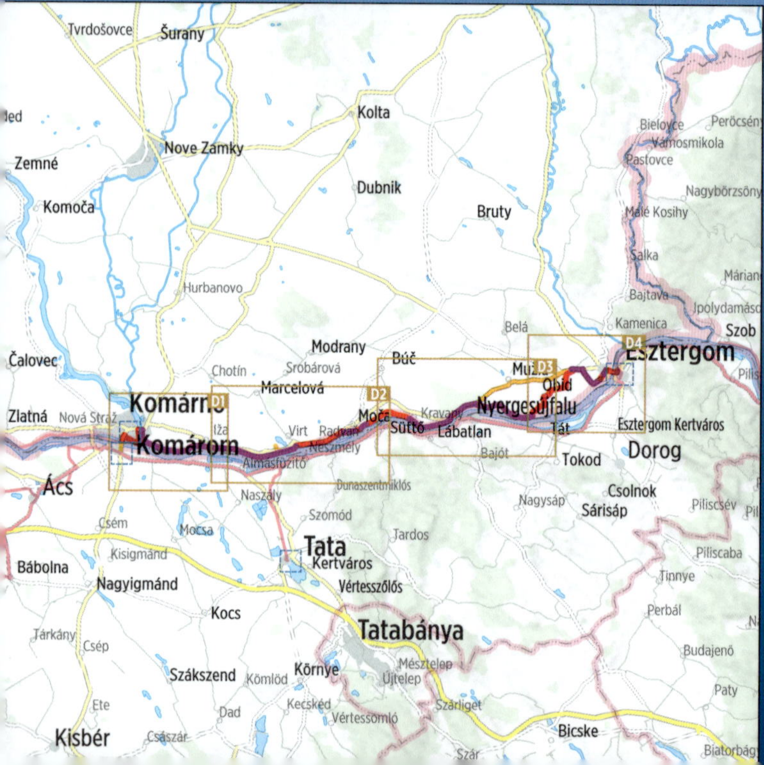

HM/km: ↗ 0,4 (22m) ↘ 0,4 (25m) Radweg: 60 % Unbefestigt: 14 % Verkehr: 10 %

Dieser Abschnitt beschreibt die Strecke von Komárno nach Esztergom am slowakischen Ufer. Die kulturellen Höhepunkte dieser Route sind Komárno, die bedeutende archäologische Fundstätte „Kelemantia" und natürlich Esztergom. Ein beliebtes Ausflugsziel sind die beidem Thermalwasser-Seen bei Patince. Das Ziel und zugleich der kulturell glanzvollste Teil dieser Etappe ist Esztergom, das „Ungarische Rom".

Der letzte Abschnitt in der Slowakei überrascht mit kleinen, gemütlichen Dörfern und ruhigen Abschnitten in Donaunähe. Die Route verläuft teils auf der Bundesstraße und teils auf dem Damm entlang der Donau, allerdings ist dieser immer wieder unbefestigt.

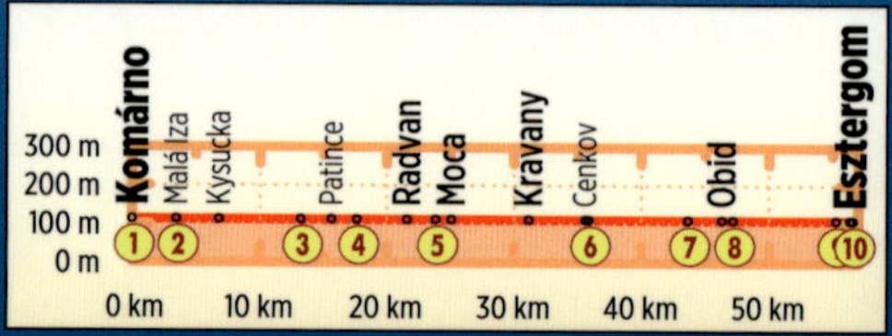

Von Komárno nach Iža *12,6 km*

1 Nach der Brücke rechts in die erste Straße abbiegen, **Lehárova** ~ dem Rechtsbogen folgen ~ anschließend links, **Dunajské nábrežie** ~ geradeaus weiter in die **Elektrárenská cesta** ~ immer der Uferstraße folgen ~ rechts über die Brücke über den Fluss Váh (Waag) ~ **2** gleich nach der Brücke, noch vor der Tankstelle, im spitzen Winkel nach rechts auf den Damm ~ der Weg führt in einem langen Linksbogen zur Donau hin ~ auf diesem Dammweg direkt an der Fundstätte Kelemantia vorbei.

Iža (SK)

Tábor Kelemantia (Kastell Kelemantia) (24) Eine bedeutende archäologische Fundstätte liegt direkt an der Hauptroute. Es wurden hier Überreste eines römischen Militärlagers aus dem 2.-4. Jh. entdeckt. Auf einer Fläche von 175 x 175 m standen hier 20 Türme und vier Tore. @ srs141

Von Iža nach Moča *14,6 km*

3 Für die Hauptroute fahren Sie stets am Damm entlang.

AUSFLUG **4** Wenn Sie hier links abbiegen und der orangen Route folgen, können Sie einen Abstecher ins Feriendorf Kúpele Patince mit seinen Thermalwasser-Seen machen.

Kúpele Patince (Patince) (SK)

Vorwahl: 035

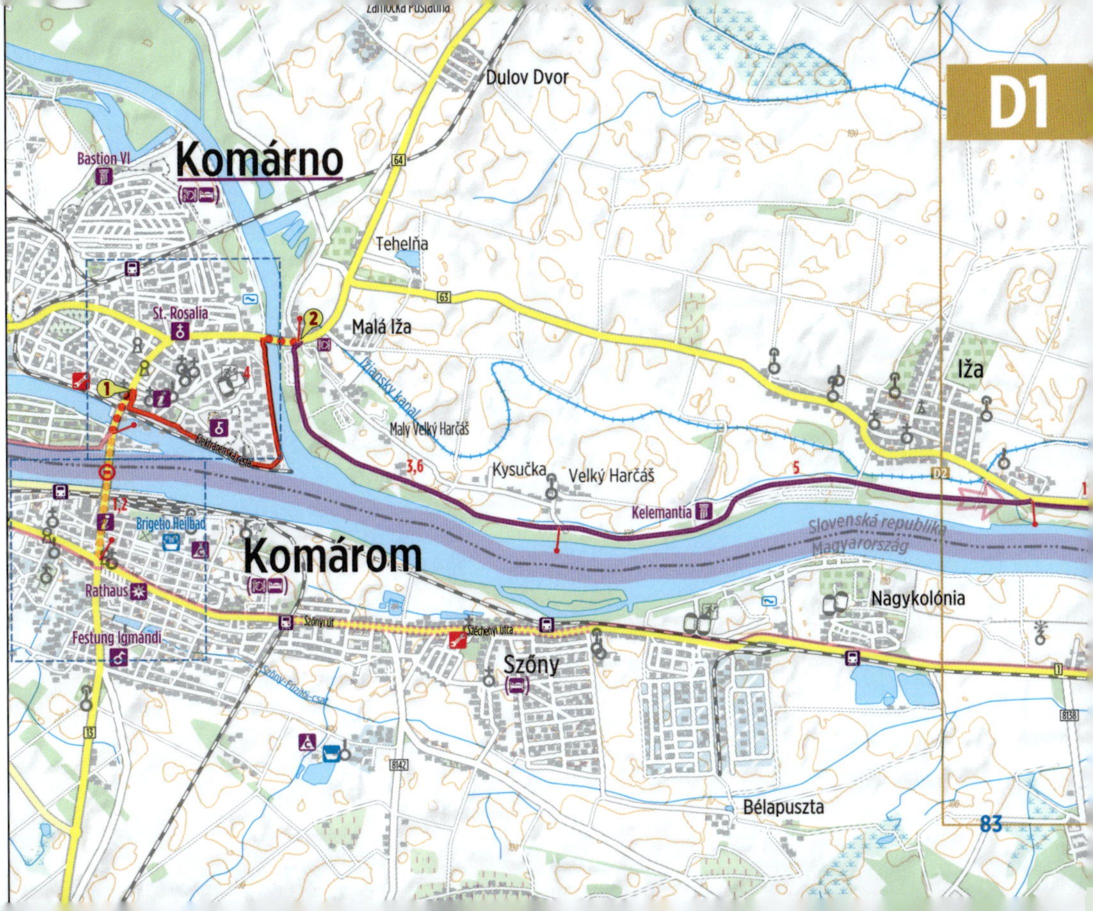

Komárno, General Klapka Platz

Kúpalisko Patince, KúpelePatince 147, ✆ 7731444, ✆ 0902/179079, @ lio156

Der Dammradweg führt Sie weiter nach Žitava.

Žitava SK

Den Dammradweg verlassen und rechts auf die Hauptstraße **63** fahren ~ radeln Sie auf der mäßig stark befahrenen Hauptstraße geradeaus bis Radvaň nad Dunajom, einem sehr schmucken Städtchen.

Radvaň nad Dunajom SK

5 Kurz vor Moča biegen Sie rechts ab und passieren den Ort entlang der Donau.

Moča

Von Moča nach Esztergom *30,5 km*

300 m nach dem Ortsbeginn von Moča die Hauptstraße verlassen und rechts abbiegen ~ dem Ortsstraßenverlauf folgend weiter ~ rechts halten ~ Sie stoßen nun zum Damm, auf dem Sie weiterradeln ~ Sie erreichen den Ort Kravany nad Dunajom.

Kravany nad Dunajom SK

Sie fahren auf der Straße neben dem Damm weiter ~ am Ortsbeginn auf den asphaltierten Dammweg ~ Sie fahren nun am Damm immer geradeaus ~ an einem wasserwirtschaftlichen Gebäude ist der Weg kurz unterbrochen ~ Sie stoßen kurz vor Čenkov wieder auf die Hauptstraße **63** ~ dem Straßenverlauf folgen und in den Ort hinein.

Čenkov SK

VARIANTE **6** Hier können Sie sich zwischen der Hauptroute am Damm entlang und durch den Ort Obid, oder der Variante auf der Hauptstraße **63** und durch Mužla entscheiden. Der Dammweg ist teilweise schlechter befahrbar, vor allem bei Regenwetter, aber verkehrsfrei. Die Variante verläuft auf der mäßig stark befahrenen Hauptstraße.

Variante über Mužla *12 km*

Wenn Sie sich für die Variante entscheiden, dann radeln Sie immer auf der mäßig stark befahrenen Hauptstraße **63** geradeaus ~ nach rund 6,5 km erreichen Sie den Ort Mužla.

Mužla SK

Im Ort an der Kreuzung rechts Richtung Štúrovo abbiegen ~ nach rund 5,5 km treffen Sie beim Bahnhof in Štúrovo wieder auf die Hauptroute.

6 Für die Hauptroute biegen Sie bei Čenkov nach einem Rastplatz auf der linken Seite rechts ab, ⚠ die Abzweigung ist leicht zu übersehen ~ auf den Dammweg, der anfangs noch parallel zur Hauptstraße 63 führt ~ **7** vor dem Pumpwerk links das Ufer verlassen ~ dem Wegeverlauf folgend durch die Felder nach Obid hinein.

Obid SK

Bei der Kirche rechts abbiegen, **Kráľa Štefana**, und dem Straßenverlauf folgen ~ **8** rechts in eine kleine Straße einbiegen ~ an der T-Kreuzung links ~ entlang der asphaltierten Straße bis zu den Eisenbahnschienen ~ danach weiter auf einem Betonplattenweg ~ rechts abbiegen und entlang der Straße **Janka Král'a** fahren ~ danach links und gleich wieder rechts ~ entlang der Hauptstraße **63** führt ein straßenbegleitender Weg weiter ~ bei der

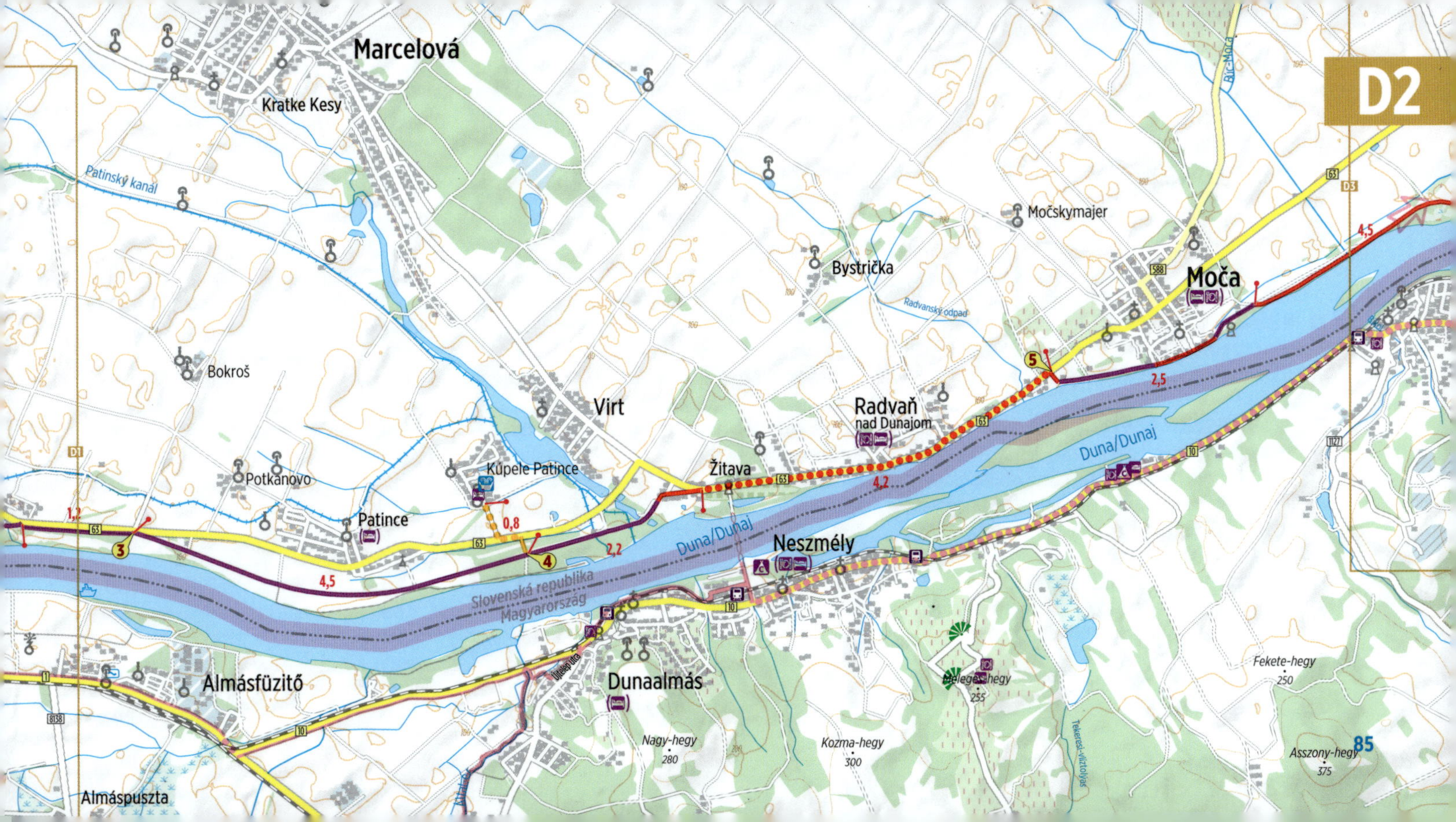
D2
Marcelová
Kratke Kesy
Patinský kanál
Bokroš
Potkanovo
Kúpele Patince
Patince
Virt
Žitava
Bystrička
Močskymajer
Moča
Radvaň
nad Dunajom
Neszmély
Duna/Dunaj
Slovenská republika
Magyarország
Almásfüzitő
Dunaalmás
Almáspuszta
Nagy-hegy
280
Kozma-hegy
300
Meleges-hegy
255
Fekete-hegy
250
Asszony-hegy
375
Radvanský odpad
Ríč-Moča
Tekeresi-vízfolyás
D1
D3
1,2
4,5
0,8
2,2
4,2
2,5
4,5
63
588
10
1127
1
8138

großen Kreuzung rechts abbiegen ⤳ nun fahren Sie etliche Kilometer parallel zur Straße 63 nach Štúrovo ⤳ beim Kreisverkehr geradeaus in die Straße **Svätého Štefana** ⤳ es beginnt ein breiter Radwegstreifen ⤳ **9** auf Höhe des Friedhofes rechts, **Jozefa Bema**.

TIPP: Nehmen Sie sich in Štúrovo etwas Zeit und genießen Sie den traumhaften Blick auf die Basilika von Esztergom.

Štúrovo (SK)

Vorwahl: 036

- **TIK Štúrovo**, Hlavná 8, ✆ 7560199, ✆ 0915/755888, @ aha154
- **Mestské múzeum (Stadtmuseum)**, Pri colnici 2, ✆ 7524002 Die Ausstellungen zeigen die kulturelle und wirtschaftliche Entwicklung Štúrovos. @ uoq364
- **Thermal Resort Vadas**, Pri Vadaši 2, ✆ 7560230, @ pik161

Diese Stadt verdankt ihren Namen einer sehr interessanten Persönlichkeit: L'udovít Štúr ist Begründer der auf dem mittelslowakischen Dialekt beruhenden slowakischen Schriftsprache. Weiters war er Politiker, Schriftsteller, Lehrer und Revolutionär. Er verstarb 1856 in Modra (nördlich von Bratislava).

An der Vorfahrtsstraße rechts und nach wenigen Metern links auf die Brücke über die Donau.

TIPP: Am anderen Ufer auf Höhe des Sandsteinhauses links über den Zebrastreifen schieben und über die Rampe hinunter.

Geradeaus über die Straße und die Brücke in die Stadt **10**.

Esztergom

Vorwahl: 033

- **Irány Esztergom**, Széchenyi tér 5, @ bnd538
- **Balassa Bálint Múzeuma (Balassa Bálint Museum)**, Mindszenty hercegprímás tere 5, ✆ 500175 Überblick über die 1.000-jährige Geschichte der Stadt. @ ovo645
- **Duna Múzeum (Donaumuseum)**, Kölcsey u. 2, ✆ 500250 Das Museum bietet einen historischen und wasserwirtschaftlichen Überblick über die Gewässer in Ungarn und gibt Einblicke in die Wasserversorgung, Hochwasserschutz u. v. m. @ dkw427
- **Főszékesegyházi Kincstár (Domschatzkammer)**, Szent István tér 1, ✆ 402354 Hier findet man die reichste Sammlung kirchlicher Kunstwerke in Ungarn mit byzantinischen, ungarischen und italienischen liturgischen Requisita. @ gtn626
- **Keresztény Múzeum (Christiliches Museum)**, Mindszenty tér 2, ✆ 413880 Das Museum ist im ehemaligen Erzbischöflichen Palast untergebracht und beherbergt Gemälde, Skulpturen, Gobelins, Stickereien und Porzellan bedeutender ungarischer, aber auch deutscher, österreichischer und italienischer Meister. @ ljd852
- **Magyar Nemzeti Múzeum Vármúzeuma (Burgmuseum)**, Szent István tér 1, ✆ 415986, ✆ 0670/5039664 Thema: Geschichte der Esztergomer Burg. @ ipr543
- **Bazilika (Basilika)**, Szent István tér 1, ✆ 402354, ✆ 0620/2681553 Die ursprüngliche, von König Stephan gestiftete Adalbert-Kathedrale wurde während der Türkenkriege schwer beschädigt. 1822 begann man mit einem Neubau, der – gemäß der Bedeutung des Erzbistums Gran – das größte Gotteshaus Ungarns werden sollte. Franz Liszt schrieb für die Einweihung 1856 die „Graner Messe". Der Hochaltar aus Carrara-Marmor ist ein Werk von Pietro Bonani. @ abh353
- **Királyi palota (Königspalast)**, Szent István tér 1, ✆ 500095 Von dem eigentlichen Palast König Belas III. (1172-96) ist ein Lapidarium erhalten geblieben. Die Palastkapelle mit ihrer Fensterrose gehört zu den schönsten romanischen Denkmälern Ungarns. Im Obergeschoss sind Renaissanceräume von János Vitéz, Humanist und Erzbischof, zu besichtigen. @ dqw122
- **Prímás Pince (Primas Keller)**, Szent István tér 12, unter der Basilika, ✆ 541965 Interessierte Weinliebhaber kommen hier ganz auf ihre Kosten, es gibt auch ein Weinbau-Ausstellung. @ nyt223
- **Víziváros (Wasserstadt)**, unterhalb des Burgberges und entlang der Kleinen Donau. Von den zahlreichen wertvollen Bauten der alten Innenstadt seien die Wasserstädtische Pfarrkirche aus dem 18. Jh. (Pázmány Péter út), die Innerstädtische Kirche (Pór Antal tér), eine der schönsten Barockbauten der Stadt (1757-62), und die Griechisch-

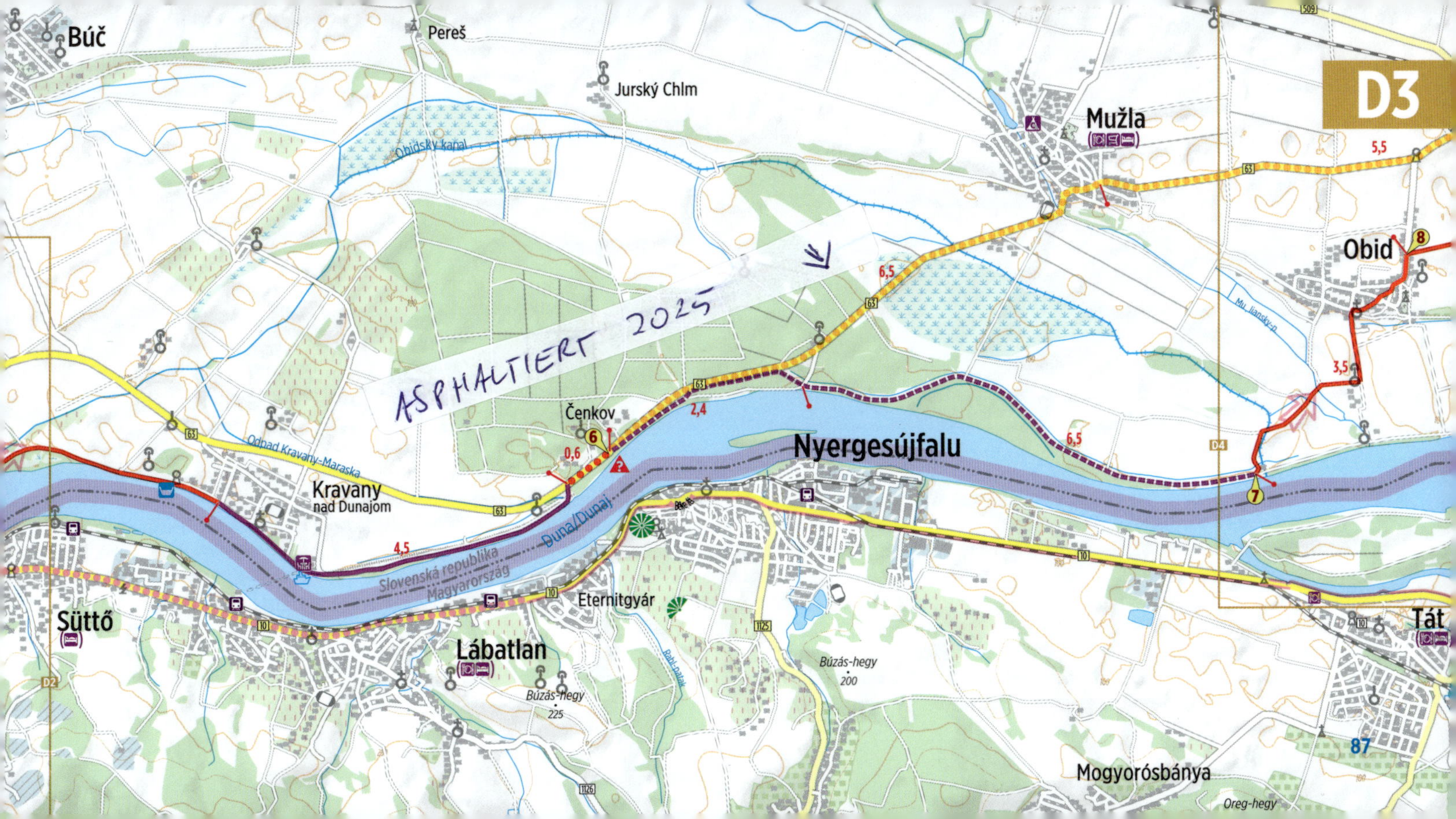

D3
Búč
Pereš
Jurský Chlm
Mužla
Obid
Obidský kanál
ASPHALTIERT 2025
Čenkov
Kravany nad Dunajom
Odpad Kravany-Maraska
Nyergesújfalu
Duna/Dunaj
Slovenská republika
Magyarország
Süttő
Lábatlan
Eternitgyár
Búzás-hegy 225
Búzás-hegy 200
Mogyorósbánya
Tát
Öreg-hegy
Rabl-patak
5,5
6,5
2,4
0,6
4,5
3,5
6,5
6
7
8
63
10
1125
1126
509
D2
D4
87

orthodoxe Kirche (Kossuth Lajos u. 60), ebenfalls aus dem 18. Jh., erwähnt.

- **Szent István Strandfürdő**, Bajcsy-Zsilinszky u. 14., ✆ 312249, @ pcd815
- **Aquasziget**, Táncsics Mihály u. 5, ✆ 030/6123131, @ jxb368

Der ungarische Schriftsteller Mihály Babits nannte es „das Ungarische Rom". Andere, wie etwa die Kommunisten, sehen in Esztergom „Die Stadt der schwarzen Reaktion". Beide Behauptungen haben ihren Grund darin, dass Esztergom, zu deutsch Gran, nach wie vor seine Bedeutung als „katholische Hochburg Ungarns" nicht eingebüßt hat. Bis heute ist der Erzbischof von Esztergom, dessen Sitz sich seit dem 11. Jh. hier auf dem Burgberg befindet, der Primas der ungarischen Kirche. Ausgrabungen lieferten den Beweis, dass die erste Besiedelung des Burgberges und seiner Umgebung schon in der Steinzeit stattgefunden hatte. Die Römer bauten den Burgberg zu einer Befestigungsanlage zum Schutz ihrer Grenzen aus. Unterhalb, in der heutigen Wasserstadt, lag die zivile Siedlung Solva mansio. Esztergom ist eine der ältesten Städte Ungarns. Es wird sogar im Nibelungenlied erwähnt und dort mit der „Etzelsburg" in Zusammenhang gebracht.

Nach der Landnahme durch die Magyaren im 10. Jh. wurde Esztergom zum Zentrum des ungarischen Staates. Hier wurde um das Jahr 1000 der erste ungarische König, Stephan der Heilige, gekrönt. Zur Zeit der Herrschaft des Königs Béla IV. erlebte Esztergom eine erste Blütezeit. Er ließ seinen Palast von berühmten ausländischen Baumeistern errichten, und auch die Burgkapelle mit dem schönen Rosenfenster, die eines der vielen katholischen Wahrzeichen der Stadt darstellt, stammt aus seiner Zeit. Nach dem Mongoleneinfall verlegte allerdings König Bela VI.

im Jahr 1249 die Residenz von Esztergom nach Buda. Der Erzbischof von Esztergom und gleichzeitige Primas von Ungarn zog in den verwaisten Palast ein. Die geistlichen Oberhirten bemühten sich in der Folge immer wieder, den Königshof in Buda an Prunkentfaltung noch zu übertreffen. Vor allem zur Zeit des János Vitéz, des hochgebildeten Erzbischofs der Renaissance, erlebte die Stadt erneut eine Blüte. Sein Hof wurde zum Zentrum humanistischer Kultur. Im 13. Jh. wurde Esztergom von den Tataren besetzt und im 16. Jh. von den Türken, die dann 140 Jahre lang blieben. Nach ihrer Vertreibung fand man eine Ruinenstadt mit nicht mehr als 400 der ursprünglichen Bewohner vor. Erst mit dem Bau der Basilika, nachdem man den Sitz des Erzbistums wieder hierher zurückverlegt hatte, erlebte die Stadt wieder einen langsamen Aufschwung.
Die Basilika ist das herausragendste Bauwerk der Stadt. Sie ist die größte Kirche Ungarns und in ihrer ganzen Pracht von allen Stellen der Stadt gut sichtbar. Die Bauarbeiten dauerten von 1822 bis 1869. Sie wurde jedoch schon 13 Jahre vor der Fertigstellung eingeweiht. Franz Liszt komponierte dafür die berühmte Graner Messe.
Im Zweiten Weltkrieg wurde die Kirche schwer beschädigt. Wenn man die Basilika betritt, findet

Esztergom, Innenraum der Basilika

man auf der linken Seite die Bakóczkapelle, ein kostbares Beispiel toskanischer Renaissance-Baukunst. Deren ursprünglicher Standort war Süttö. Da man zur Zeit des Kathedralenbaus ihren großen Wert schon erkannte, wurde sie dort in 1.600 nummerierte Einzelteile zerlegt, hierher gebracht und wieder zusammengesetzt. In der Krypta der Basilika befindet sich außerdem die Gruft des früheren ungarischen Kardinals Mindszenty.

Im Chor ist das mit 13 mal 6,5 Metern wohl größte auf Leinwand gemalte Altarbild der Welt zu sehen. Der Italiener Grigoletti hat es nach dem in der Frari-Kirche in Venedig befindlichen Tizian-Bild „Mariae Himmelfahrt“ gemalt.

Im Sommer ist es auch möglich, die Kuppel der Basilika zu besteigen und die fantastische Aussicht zu genießen. Die Basilika beherbergt die größte Sammlung kirchlicher Kunstschätze in Ungarn, die Diözesanbibliothek zählt zu den bedeutendsten des Landes. Sie besitzt 200.000 Bände, einige davon schon 800 Jahre alt. Die Bibliothek kann leider aus sicherheitstechnischen Gründen nicht besichtigt werden. Die Sehenswürdigkeiten im Burgmuseum stammen hauptsächlich von den Ausgrabungen des Königspalastes in den dreißiger Jahren des 20. Jahrhunderts.

Ein weiteres markantes Bauwerk ist die 1895 eröffnete Maria-Valeria-Brücke über die Donau. Im Zweiten Weltkrieg ist sie gesprengt worden, 2001 wurde sie wieder aufgebaut und dient nun als Grenzübergang nach Štúrovo in der Slowakei. Auf der Esztergomer Seite weist der erhaltene Brückenkopf ein eigenartiges Monument auf. Auf einem 1991 errichteten Metallpfeiler ist der lapidare Satz zu lesen: „Die Brücke verbindet“.

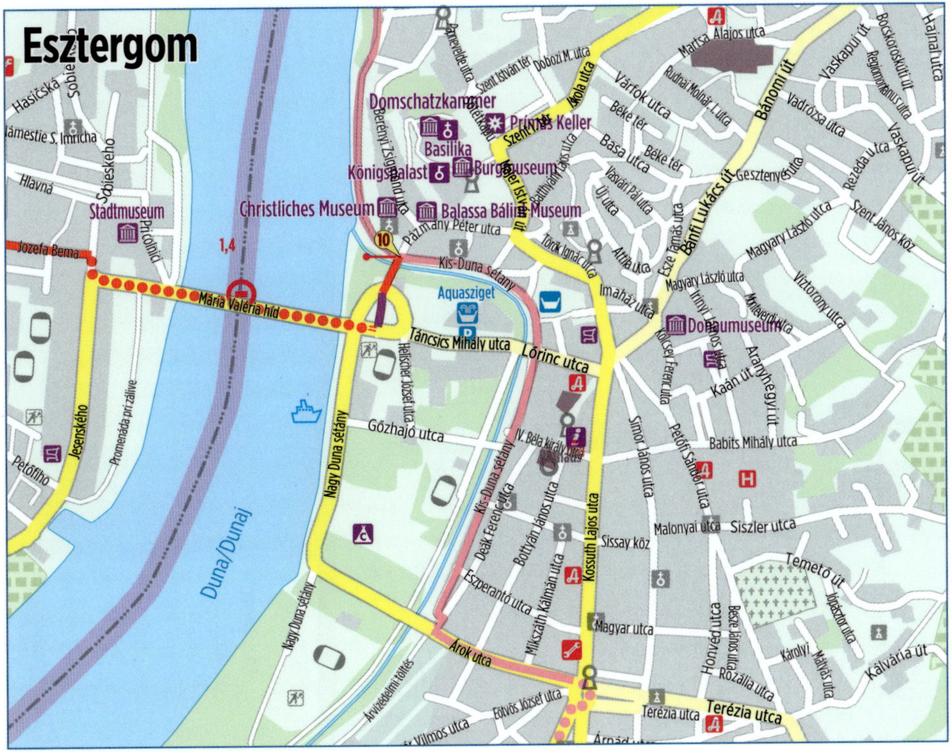

Von Komárom nach Esztergom (H)

53,2 km

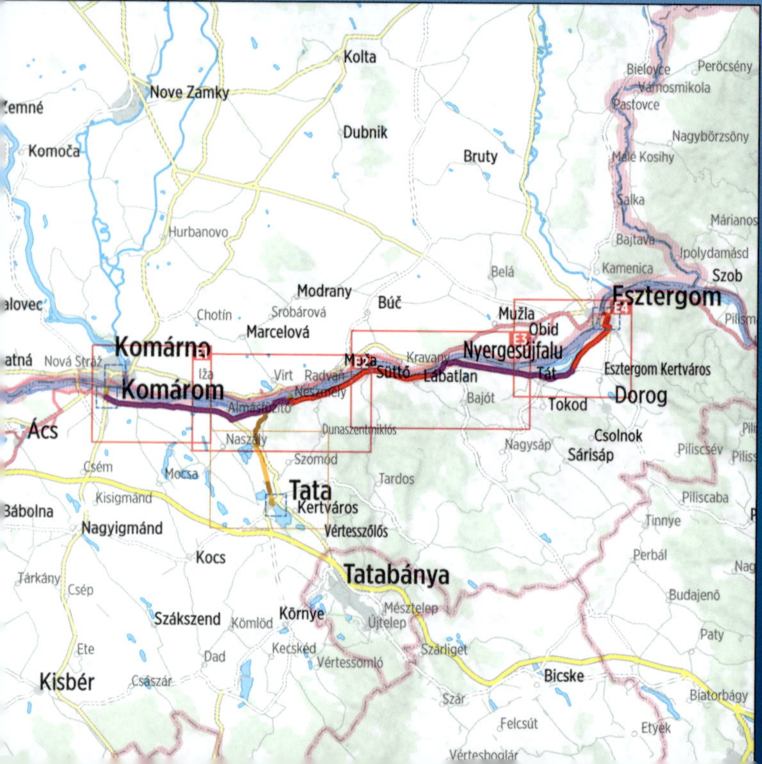

HM/km: ↗ 0,3 (15m) ↘ 0,4 (21m) **Radweg:** 58 % **Unbefestigt:** 0 % **Verkehr:** 42 %

Die Strecke führt immer in Flussnähe durch das flache Donautal, durch verschiedene Ortschaften und an zahlreichen Industrieflächen vorbei. Von der Seite grüßen immer wieder die Weinberge des Hinterlandes. Ein Ausflug Richtung Süden führt Sie in das altehrwürdige Tata am Fuße des Gerecse-Gebirges. Schließlich erreichen Sie das „Ungarische Rom", wie Esztergom auch genannt wird.

Zwischen Komárom und Esztergom fahren Sie leider immer noch auf längeren Strecken auf verkehrsreichen Straßen. Mit der Zeit werden jedoch Radwege entlang der Hauptstraßen gebaut. Straßenbegleitende Radwege gibt es bisher zwischen Komárom und Neszmely sowie von Eternitgyár bis kurz vor Esztergom. Steigungen gibt es im Donautal keine.

Von Komárom nach Lábatlan 29,6 km

1 Komárom entlang der Bundesstraße **1** verlassen ~ Sie fahren teils auf einem Radweg, teils auf einem Radstreifen ~ die Schienen der Eisenbahn überqueren und weiter auf dem Radstreifen ~ das Örtchen Szőny durchqueren.

Szőny (Komárom)

2 Kurz nach dem Bahnhof beginnt ein Radweg auf der linken Seite der Straße ~ diesem weiterhin folgen ~ linker Hand befindet sich **Nagykolónia**.

Komarom, Fort Monostor

Tata, Kalvarienberg

TIPP Kurz vor Almásfüzitő wandelt sich der bisher schon recht schmale, aber asphaltierte Radweg zu einem noch schmaleren Betonplattenstreifen. Die Straße selbst ist aber weiterhin für Radfahrer nicht erlaubt. Hier müssen Sie für gut 2 km auf diesem schmalen Weg weiterfahren. Beim Ortsausgangsschild endet auch dieser Weg, es geht auf der Straße weiter. Linker Hand wird jedoch schon an einem Radweg gebaut.

Almásfüzitő

3 Bei nächster Gelegenheit links abbiegen ~ rechts der Straße gibt es einen Radweg, der bis nach Dunaalmás führt.

Dunaalmás

VARIANTE **4** Hier haben Sie die Gelegenheit die Stadt Tata am Fuße des Gerecse-Gebirges zu besuchen. Dafür zweigen Sie an dieser Stelle im spitzen Winkel nach rechts vom Radweg ab und folgen dem Verlauf des Baches Által-ér. ⚠ Geben Sie beim Überqueren der Bundesstraße 1 Acht!

Ausflug nach Tata 10,9 km

4 Vor der Querstraße rechts im spitzen Winkel abbiegen ~ der Straße **Újtelep utca** folgen ~ an der T-Kreuzung rechts abbiegen und links entlang des Radweges über den kleinen Bach **Által-ér**, der Sie vorerst zur B 1 geleitet ~ ⚠ vorsichtig die Bundesstraße überqueren ~ geradeaus zu den Bahngleisen und danach gleich nach links ~ der Landwirtschaftsweg ist hervorragend ausgebaut und führt schnurgerade ins Zentrum von Tata ~ derÁltal-ér Bach dient als gute Orientierungshilfe.

TIPP Das Tourinform-Büro in Tata bietet verschiedene, teils auch geführte, Fahrradtouren in und um Tata an. Toureninformationen finden Sie auch auf der Website der Infostelle.

Tata

Vorwahl: 034

Tourinform, Bercsényi u. 1, ✆ 588633, @ vbc414

Kuny Domokos Múzeum (Kuny-Domokos Museum), Váralja u. 1-3, ✆ 381251 Das Museum erstreckt sich über drei Stockwerke. Im ersten Raum sind die Erzeugnisse der im 18. Jh. gegründeten Fayencemanufaktur untergebracht. Im oberen Stock des Museums befinden sich diverse Kunstausstellungen. Im Rittersaal im untersten Geschoss kann man sich mit der Geschichte Tatas und seiner Umgebung, von der Urzeit bis ins 19. Jh., vertraut machen. @ xat768

Német Nemzetiségi Múzeum (Ungarndeutsches Museum), Alkotmány u. 1, ✆ 381251 Das Museum in der Nepomuk-Mühle beleuchtet die Geschichte der Ungarndeutschen. Die Mühle aus dem Jahr 1758 steht unter Denkmalschutz und erinnert an die einst sehr wichtige Rolle der Mühlenindustrie der Stadt. Das Museum beleuchtet die kulturellen Unterschiede zwischen den Deutschen, den Ungarn und den ebenfalls hier lebenden Slowaken. Diese betreffen nicht nur Volkstrachten und Arbeits-

E2
Moča
Bystrička
Mocskymajer
Radvanský odpad
Bokroš
Virt
Radvaň
nad Dunajom
Potkanovo
Kúpele Patince
Žitava
Patince
Duna/Dunaj
Neszmély
Slovenská republika
Magyarország
Almásfüzitő
Dunaalmás
Újtelep utca
Nagy-hegy
280
Kozma-hegy
300
Meleges-hegy
255
Fekete-hegy
250
Asszony-hegy
375
Almáspuszta
Gombás-hegy
315
Csucsos-hegy
280
Dunaszentmiklós
Nagy-Tek
345
Fényes-p.
Mikovinyi-árok
Naszály
Les-hegy
235
Új-hegy
220
Hosszú-Vontató
455
Nyerges-hegy
302
Tekeresi-víztolyás

Burg Tata

geräte, sondern auch die geistigen Traditionen der verschiedenen Völker. @ gao715

Szent Kereszt Plébániatemplom (Heilig-Kreuz-Pfarrkirche), Kossuth tér 15, ✆ 588163. Die zweitürmige spätbarocke Kirche wurde 1751-85 von Anton Pilgram, Jakob Fellner und Josef Großmann erbaut. @ kkn812

Esterházy-kastély (Schloss Esterhazy), Hősök tere 9/A, Seeuferpromenade, ✆ 0630/7426075 Mitte des 18. Jhs. vom Architekten Jakob Fellner, der im Dienst der Fürstenfamilie das Stadtbild mitgeprägt hat, errichtet. @ bqr532

Tatai vár (Burg Tata), Váralja u. 1-3, an der Seeuferpromenade, ✆ 381251 Das erste gotische Gebäude aus dem 13. Jh. wurde von König Matthias Corvinus (1440-90) im Stil der Renaissance erweitert und im 19. Jh. historisch erneuert. @ jsc418

Harangláb (Uhrturm), Országgyűlés tér. Der achteckige Turm aus Holz (1763), ehemaliges Stadtgefängnis, ist ein Werk des Zimmermeisters Josef Eder.

Vízimalmok (Wassermühlen), Tópart u., Ady Endre u. 26. Am Nordufer des Sees steht die barocke Cifra-Mühle (1753), unweit davon die 1760 von Fellner erbaute Miklós-Mühle.

Kálvária-domb (Kalvarienberg) 24 Ölbergszene, Kapelle und Aussichtsturm. @ huy338

Angolkert (Englischer Garten), Erzsébet királyné tér 10, östlich von Altsee, ✆ 0630/8751413 7d Naturschutzgebiet und Erholungspark gehen auf einen englischen Garten zurück, der 1782 von der Familie Eszterházy gegründet wurde. @ jlo882

Fényes Tanösvény (Fényes Naturlehrpfad), Fényes Fasor, ✆ 0630/5927373 7d Der Ökotourismuspfad präsentiert auf 1,5 km die Naturschätze des Kurparks auf interaktive Weise. @ vaj381

- **Fényes Fürdő**, Fényes fasor, ✆ 588144, @ wjc874
- **Tatai szabadstrand**, Nyírfa u. 1

Am Fuße des Gerecse- und Vértesgebirges liegt die alte Stadt Tata. Wegen der vielen Seen, Quellen und Kanäle erfreut sich diese Stadt am Wasser eines sehr bekömmlichen Klimas. Den Mittelpunkt des Städtchens bilden der Alte See (Öreg-tó) und die Burg von Tata. Die Gegend war schon in der Steinzeit besiedelt, wie ein historischer Fund im fünf Kilometer entfernten Vértesszölös beweist. Die warmen Quellen, die es hier gibt, waren seitdem immer ein Anziehungspunkt für die Menschen der Umgebung.

Ab dem 10. Jh. siedelten sich dann die Ungarn um die Seen an. Die erste urkundliche Erwähnung der Stadt stammt aus dem 11. Jh.; hier wurde eine Siedlung und eine Benediktinerabtei erwähnt. Im 14. Jh. existierten bereits zwei Siedlungen mit dem Namen Tata, die durch ein tief liegendes Sumpfgebiet getrennt waren. Die Burg war Sitz der Feudalherren. Tata war seit 1397 neben Buda und Visegrád der Lieblingsaufenthaltsort der Könige.

Am Ufer des Öreg-tó wurde im 14. Jh. die einzige Wasserburg Ungarns errichtet. Nach dem ersten Türkeneinfall im Jahr 1526 fiel Tata in die Hände

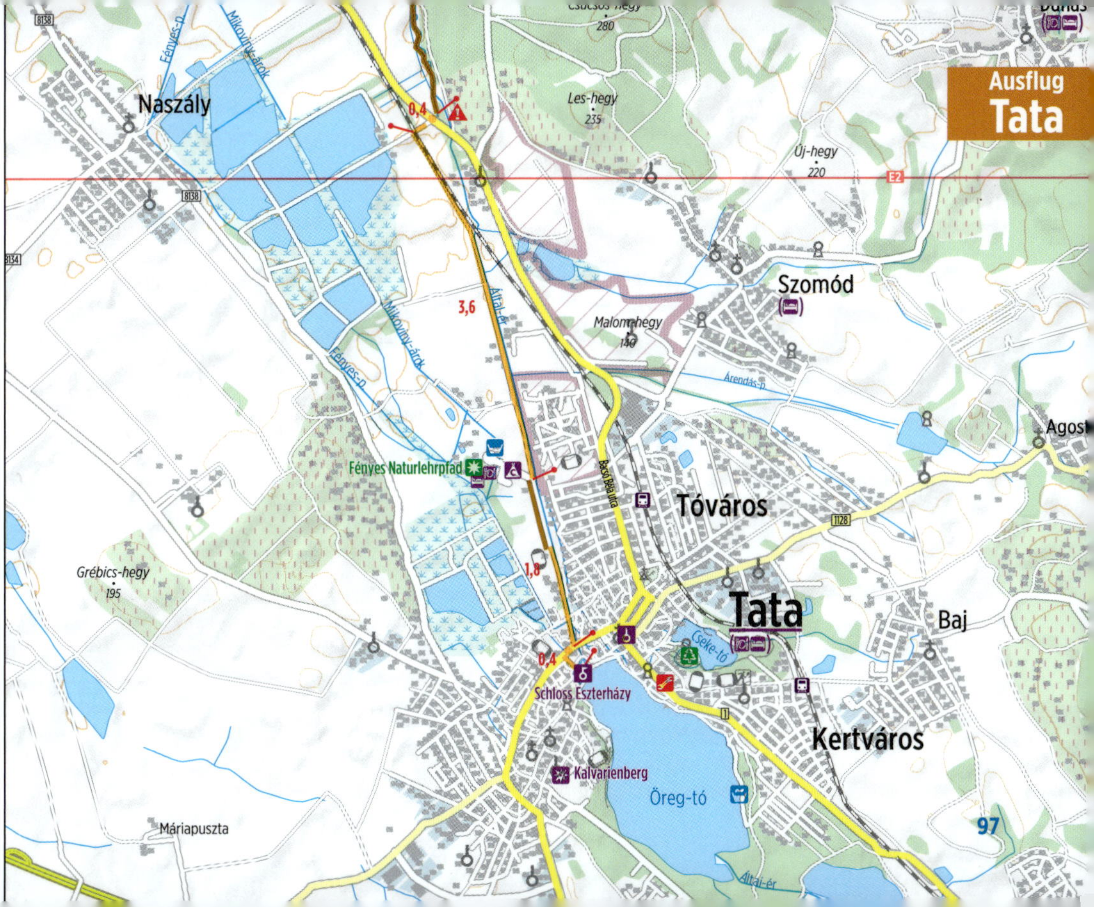

der Türken, wurde vom Kaiser zurückerobert, dann aber mehrmals wieder von den Türken eingenommen. Wegen der heftigen und häufigen Kämpfe erlitten sowohl die Burg als auch die Stadt und die vielen Mühlen, die es damals gab, schwere Schäden. Eine andere wichtige Einnahmequelle war zu dieser Zeit übrigens die Fischerei an den zahlreichen, zur Burg gehörenden Teichen. Die Burg wurde schließlich gegen Ende des 17. Jhs. nur mehr unter der Bezeichnung „puszta vár" (verödete Burg) erwähnt.

Die Familie Esterházy, der die Stadt ab 1727 gehörte, wollte die Burg schleifen, um an ihrer Stelle einen Barockpalast errichten zu lassen. Dieses Vorhaben kam jedoch wegen plötzlicher Geldknappheit der Esterházys nicht zustande, und so wurde nur an den bestehenden Teil ein Neubau angeschlossen. Der Habsburger Kaiser Franz I. hielt sich im Herbst 1809, als er vor Napoleon flüchtete, für längere Zeit auf der Burg auf und unterzeichnete hier den „Frieden von Schönbrunn".

Bis 1945 waren die Burg und das gesamte Gelände Privateigentum der Familie Esterházy, 1965 wurden sie Eigentum des ungarischen Museums. Man begann sogleich mit Ausgrabungen und der genauen Erforschung der Burg. Im Bereich des Burggrabens stieß man auf besonders wertvolle Funde, die eine sehr viel konkretere Vorstellung vom mittelalterlichen Leben in dieser Stadt möglich machten. Da der Burggraben im Mittelalter zum Teil als Abfallgrube Verwendung gefunden hatte, konnte man dort Waffen, zerrissene Eisenhemden, Kanonen- und Bartgewehrkugeln, Sporen und eine Menge zerfetzter Stiefel und Schuhe finden.

Heute befindet sich auf der Terrasse vor dem Burgmuseum das Museumscafé. Vom Café genießt man eine wunderbare Aussicht auf den Alten See, einen Teil der Stadt und auf das transdanubische Mittelgebirge. Der türkische Geschichtsschreiber Mustafa Dzselalzade beschrieb Tata so: „In dieser Gegend haben die bösen Giaurs eine mit himmelhohen Mauern umgebene Festung gehabt .., die von allen Seiten mit wohlschmeckendem Wasser und mit Tulpen und Rosenhainen umgeben war; deren Ecken und Enden alle dem Paradiese ähnlich waren." Vor der Burg führt entlang des Alten Sees mitten durch das Burggelände eine herrliche Promenade, die man auch mit dem Rad befahren kann.

Der französische Meister der Fayence, Dominique Cuny, erlernte in Tata das Keramikgewerbe und gründete dann in Buda einen Betrieb, der sehr rasch zu einem Großbetrieb wurde. Fayencen sind weißglasierte und bemalte Tonwaren, spezielle Verfahren verhelfen den Farben zu besonderer Leuchtkraft.

In der Zeit der Türkenkriege wurde die Bevölkerung von Tata sehr stark dezimiert, unter den Esterházys wurden dann viele Deutsche angesiedelt.

Am Cseke-tó, dem kleineren See, befindet sich der Volkspark, der als englischer Park mit kleinen Wasserfällen und einem sehr lieblich gestalteten Wegnetz angelegt ist. Hier wurde aus alten römischen Grabsteinen und romanischen Werksteinen der Benediktinerabtei von Vértesszentkereszt die Ruine einer dreischiffigen Kirche nachgebaut.

Von den vielen Wassermühlen sei die barocke „Cifra-Malom" als die älteste erwähnt. Den achteckigen Uhrturm am Landtagsplatz hat der Zimmermeister Josef Eder 1763 gebaut, ohne dazu auch nur ein einziges Stück Eisen zu verwenden.

4 Geradeaus über die Querstraße weiter dem Weg folgen ~ nach links die Hauptstraße überqueren ~ über die Gleise und vor dem Gasthaus rechts in den Radweg ~ weiter in den angrenzenden Ort Neszmély.

Neszmély

Komp Neszmély-Radvaň nad Dunajom (Fähre Neszmély-Radvaň nad Dunajom), Vízimolnár utca (7d) Voraussichtliche Fertigstellung Juli 2022.

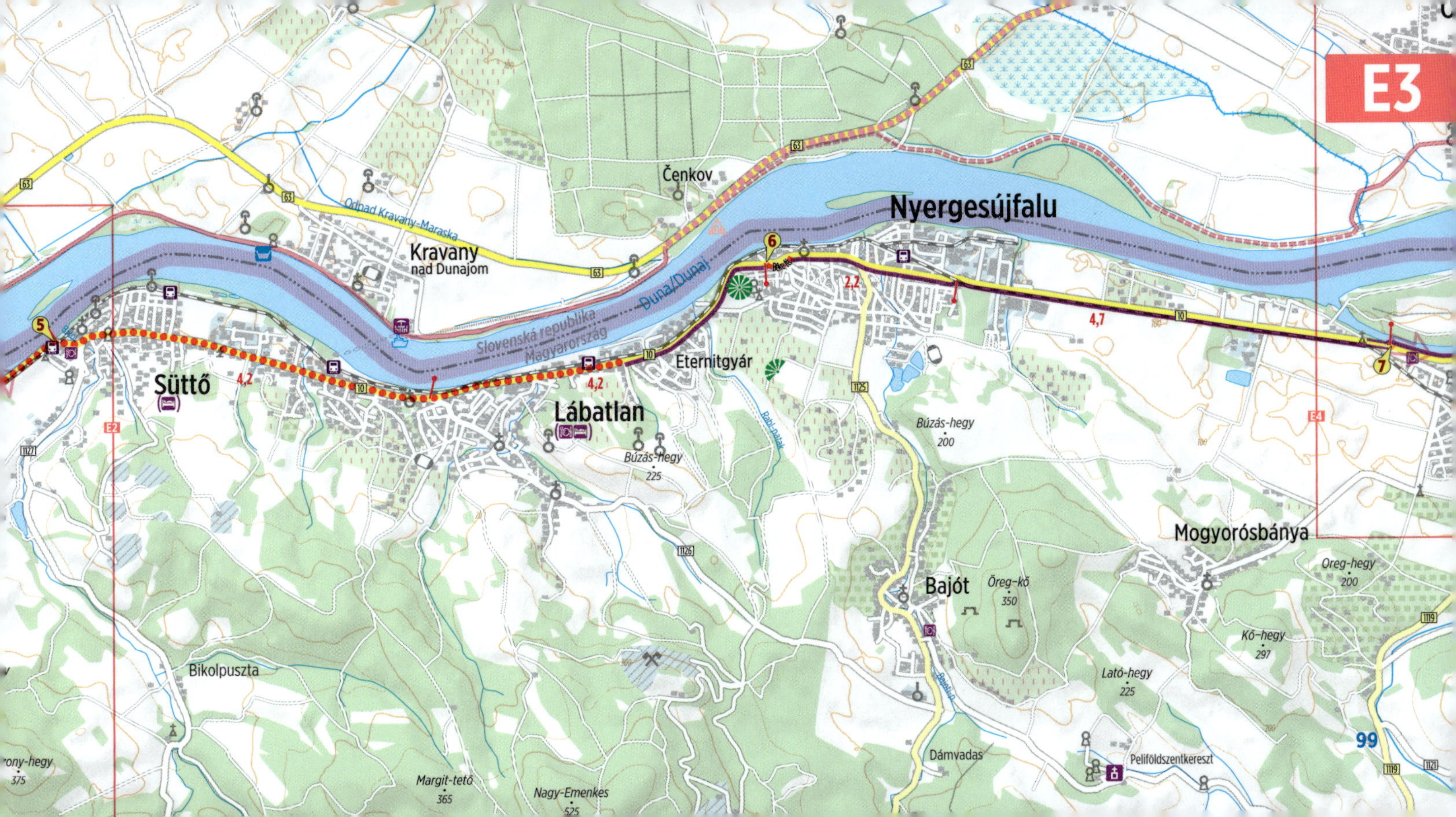
E3
Nyergesújfalu
Kravany
nad Dunajom
Čenkov
Odpad Kravany-Maraska
Duna/Dunaj
Slovenská republika
Magyarország
Süttő
Lábatlan
Eternitgyár
Búzás-hegy
225
Búzás-hegy
200
Mogyorósbánya
Bajót
Öreg-kő
350
Öreg-hegy
200
Kő-hegy
297
Lató-hegy
225
Bikolpuszta
Dámvadas
Pelifoldszentkereszt
Margit-tető
365
Nagy-Emenkes
525
375
4,2
4,2
2,2
4,7
5
6
7
63
10
1125
1126
1127
1119
1121
E2
E4

Esztergom, Basilika

TIPP In Neszmély kommen Sie zur neuen Fähre über die Donau. Ab hier gilt es zu entscheiden, ob Sie ans slowakische Ufer wechseln oder auf der ungarischen Donauseite bleiben. Auf ungarischer Seite wird noch am Radweg nach Esztergom gebaut. Vorerst müssen Sie jedoch auf der verkehrsreichen Bundesstraße bis Labatlan weiterfahren.

An der Querstraße zur Fähre rechts.

TIPP Geradeaus sehen Sie schon den Radweg in Bau. Der Zeitpunkt der Fertigstellung ist noch nicht klar.

An der Hauptstraße links ~ kurz vor Süttő führt die vielbefahrene Straße direkt an der mächtigen Donau entlang ~ **5** die Rechtskurve bringt Sie über die Bahngleise und in den nächsten Ort.

Süttő

Der Hauptstraße durch den Ort folgen ~ nach dem Ort passieren Sie ein Umspannwerk und Industrieanlagen ~ schließlich erreichen Sie Lábatlan.

Lábatlan

Von Lábatlan nach Esztergom — *23,4 km*

Auf der Hauptstraße durch den Ort ~ nach dem Friedhof nähert sich die Straße wieder der Donau ~ Sie fahren an Bahnanlagen und einem Industrieareal entlang, das sich fast 3 km lang zwischen Donau und Straße erstreckt ~ auf der rechten Straßenseite beginnt ein Rad- und Fußweg ~ die Straße führt an einem steilen Hügel entlang ~ anschließend erreichen Sie Nyergesújfalu.

Nyergesújfalu

6 Der Rad- und Fußweg endet und Fahrradfahrer müssen rechts in die Nebenstraße einbiegen ~ folgen Sie der Linkskurve der Straße ~ wenn Sie die Hauptstraße wieder erreicht haben, biegen Sie rechts ab und folgen dem Rad- und Fußweg ~ die Eisenbahn überqueren ~ Sie verlassen den Ort und fahren zwischen Straße und Eisenbahn durch die Felder ~ **7** bei den ersten Häusern von Tát wechselt der Radweg auf die linke Straßenseite.

Tát

Auf dem Damm an Tát vorbei ~ der Radweg endet an einer Seitenstraße ~ **8** links in die schmale und stark befahrene Straße Richtung Esztergom einbiegen ~ Sie folgen dieser Straße bis zum Kreisverkehr in Esztergom ~ **9** am Kreisverkehr links in die **Àrok utca** ~ Sie stoßen auf eine Brücke, hier rechts abbiegen ~ entlang der **Kis-Duna** ins Zentrum von Esztergom ~ Sie queren die Lörinc utca ~ rechter Hand befindet sich nun das Zentrum ~ geradeaus bis zur **Kossuth hid**.

Esztergom s. S. 86

Von Esztergom nach Budapest

81,4 km

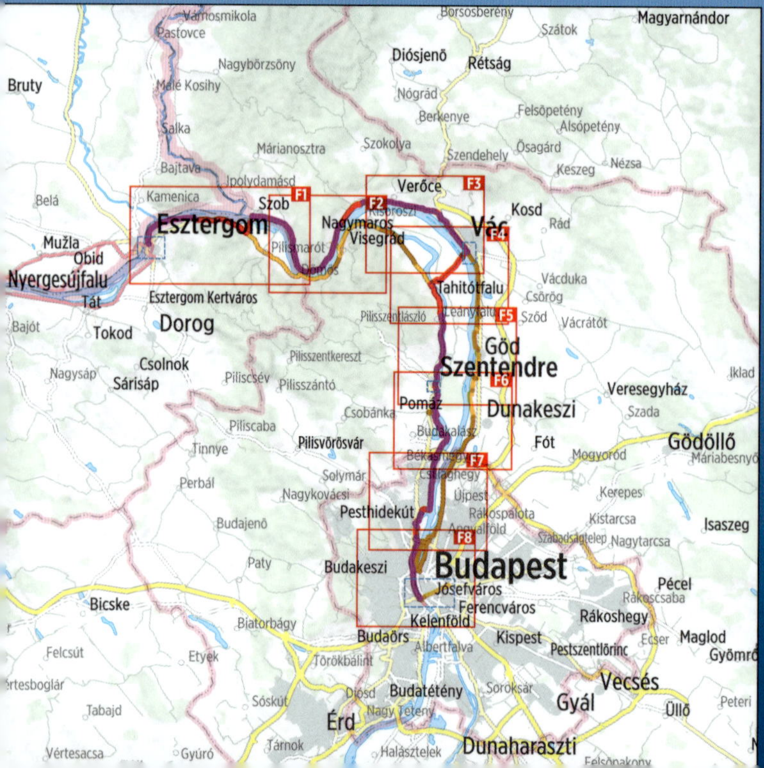

HM/km: ↗ 0,8 (62m) ↘ 0,8 (67m) **Radweg:** 68 % **Unbefestigt:** 0 % **Verkehr:** 12 %

Hinter Esztergom erreichen Sie das Donauknie. Hier bahnt sich der Fluss seinen Weg durch das Visegráder Gebirge mit einem schleifenartigen Verlauf und einer beinahe rechtwinkligen Biegung. Die Donau fließt nun nicht mehr nach Osten sondern nach Süden, geradewegs auf die ungarische Hauptstadt Budapest zu. Doch davor liegen auf einem Felsen am rechten Donauufer in beherrschender Lage der Königspalast und die Burg von Visegrád. Kurz vor dem eigentlichen Ziel, der ungarischen Hauptstadt und Donaumetropole Budapest, laden das Freilichtmuseum und der barocke Stadtkern von Szentendre zum Verweilen ein.

Im Donauknie müssen Sie teilweise auf stärker befahrene Straßen ausweichen, an vielen Stellen wurden aber mittlerweile asphaltierte Radwege angelegt. Überraschend verkehrsarm, entlang kleiner Nebenstraßen und neuer Radwege, gelangen Sie ins Zentrum der Hauptstadt Budapest. Den einzigen unbefestigten Weg in diesem Abschnitt können Sie problemlos umfahren.

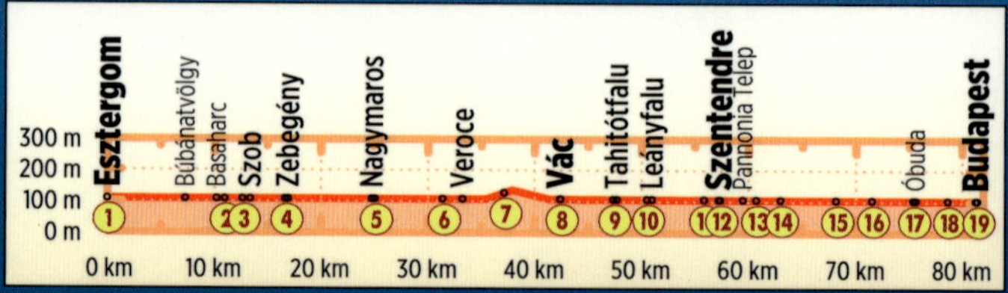

Von Esztergom nach Szob 12,6 km

Für die Weiterfahrt kehren Sie an den Radweg unterhalb der Basilika zurück **1** dieser etwas holprige, aber asphaltierte Radweg führt nun einige Kilometer am Donauufer dahin Sie fahren geradeaus, bis Sie wieder auf die Bundesstraße 11 treffen auf der **B 11** im Verkehr weiter.

VARIANTE **2** Sie können auch am rechten Donauufer weiterfahren und der alten Königstadt Visegrád einen Besuch abstatten. Auf dem rechten Ufer müssen Sie allerdings mit mehr Verkehr rechnen, eine durchgehende Radwegbeschilderung gibt es hier nicht.

Variante über Visegrád 24,7 km

Nach rund 2,6 km entlang der Bundesstraße **11** kommen Sie nach Pilismarót.

Pilismarót

TIPP Wenn Sie in Pilismarót bei der Kirche nach links zur Donau abzweigen, kommen Sie zum Strandbad und zum Campingplatz.

Wieder der Bundesstraße folgend, gelangen Sie in die nächste Ortschaft.

Dömös

Vorwahl: 033

Dömösi Galéria és Helytörténeti Kiállítás (Galerie und Heimatmuseum), Táncsics M. út 2., im Kulturheim, 507050, 0630/9444982 Ortsgeschichtliche Ausstellung sowie Ausstellung bildender Kunst.

Weiter auf der **B 11** direkt an der Donau entlang.

Lepence (Visegrád)

Lepence Spa, Lepence völgy 2, 026/801963, @ kcc282

Kurz nach dem Spa-Komplex beginnt links neben der Fahrbahn auf tieferem Niveau ein Radweg von hier kann man schon die Burg von Visegrád sehen anschließend ein kurzes Stück auf der Bundesstraße kurz vor dem Sportplatz zweigt nach rechts die **Fö út** ab sie führt ins Zentrum von Visegrád und am Königspalast vorbei.

Visegrád

Vorwahl: 026

Visegrád INFO, Duna-parti út. 1, 397188, @ mrf733

Visegrád-Nagymaros komp (Fähre Visegrád-Nagymaros), Révkikötő, 398344, 0630/9218076. Stündliche Überfahrt. @ swg367

Mátyás-Király-Múzeum (König Matthias-Museum), Fő út 23, 597010 Archäologische und lokalgeschichtliche Sammlung. @ hdk566

Zugfőzde Pálinkamúzeum (Zugfőzde Schnapsmuseum), Rév u. 1, 0620/9391790 Das Verbot des Schnaps-Brauens in Ungarn erstreckte sich von der Zeit nach der Räterepublik bis 2010. Das Zugfőzde (Schwarzbrennerei) Museum zeigt die Geschichte der ungarischen Schnapsbrennerei und die Tricks der verbotenen Schnapsbrennerei. @ bnl447

Fellegvár (Hochburg), Várhegy, 398101 Erbaut im 13. Jh. mit mittelalterlicher Folterkammer. Die Zitadelle wurde zum Sitz der ungarischen Könige des 14. Jhs. @ xsi437

Királyi Palota (Königspalast), Fő utca 29, 597010 600 m lange und 300 m breite Anlage auf vier Terrassen, besonders schön sind der Löwenbrunnen aus rotem Marmor und der rekonstruierte Säulenhof mit Herkulesbrunnen. @ vjc744

Salamon torony (Salomonturm), Salamontorony u. Von der Dachterrasse hat man einen schönen Ausblick auf beide Donauufer. Im Turm befindet sich eine ortsgeschichtliche Ausstellung mit originalen Funden aus dem Jahre 3500 v. Chr. bis zum 17. Jh. @ ajb734

Nyári Bob Pólya (Sommerrodelbahn), Mátyás király u. 37, an der Panoramastraße, 397397, 398169, @ cqk633

Ritterspiele, im Salamon-Turm, 398081 Eine, dem mittelalterlichen Kämpfen entsprechende, Vorführung vom Ritterorden St. Georg. Die Zuschauer werden eingeladen, bei der Vorführung aktiv mitzuwirken. @ rpw727

Pilisi Parkerdő (Pilis-Waldpark), Mátyás király u. 6, 598000 Beliebtes Ausflugsziel mit Wildgarten und Haustierschau, Waldklubhaus, Rekonstruktion der Hauptburg und Thermalbad. @ gdi826

Zsitvay-kilátó (Zsitvay-Aussichtsturm), Nagyvillám-hegy, 397099, 2984739 Von dem 378 m hohen Turm (1933) kann man bei klarem Wetter bis zum 100 km entfernten Zsámbék-Becken sehen. @ yxj116

Visegrád liegt direkt am berühmten „Donauknie", dem engen Durchbruch zwischen dem Visegráder und dem Börszöny-Gebirge.

Visegrad, Hochburg

Seit dem 1. Jahrhundert nach Christus, als Kaiser Trajan begann, an der Grenze Pannoniens, also am rechten Donauufer, die militärischen Anlagen des Limes zu errichten, spielte Visegrád eine wichtige strategische Rolle. Schon die Römer bauten hier Festungen zur Sicherung und Kontrolle dieser Seite der Donau und der Straßen und Wasserwege. Im 4. Jahrhundert errichteten sie auf dem 180 Meter hohen Sibirik-Hügel ein befestigtes Militärlager, das später zur Gespansburg werden sollte. Die Burg hat einen unregelmäßigen Grundriss und ist mit über einem Meter dicken Mauern und hufeisenförmigen Türmen ausgestattet.

Im 10. Jahrhundert entwickelte sich Visegrád zu einem Gespanschaftszentrum und war, neben Esztergom und Buda, eines der frühesten Zentren königlicher und kirchlicher Macht. Der „Gespan" war in Ungarn der oberste Amtsträger eines Verwaltungsbezirkes und somit Vertreter des Königs, später dann der Regierung. Die Bezeichnung wurde erst 1950 abgeschafft. Immer wieder mussten die ungarischen Könige Visegrád vor den Einfällen von Völkern aus dem Osten schützen und zu diesem Zweck die Befestigungen ausbauen. So wurde nach dem Tatareneinfall im 13. Jahrhundert die Untere Burg errichtet. Der Sage nach wurde in der Unteren Burg König Salomon gefangen gehalten, als er zum zweiten Mal versuchte, den Thron und die Krone seines Cousins für sich zu sichern. Im Jahr 1246 begann unter König Béla IV. der Bau der Hochburg, die sich auf dem 350 Meter hohen Berggipfel befindet. Finanziert wurde dieser Bau von Königin Maria, die ihre gesamten Juwelen dafür veräußerte. Die Burg wurde an dieser sicheren Stelle zum Schutz der umliegenden Bürgerhäuser und des Nonnenklosters auf der ehemaligen Haseninsel erbaut. Das Kloster auf der heutigen Margaretheninsel bei Budapest ist nach Prinzessin Margit (Margarethe) benannt, die wegen eines Schwures ihrer Eltern ab dem vierten Lebensjahr dort erzogen wurde.

In der Hochburg wurde lange Zeit die heilige königliche Krone aufbewahrt. Als König Albert von Habsburg nach kurzer Regierungszeit im Jahr 1439 starb, wollte seine schwangere Gemahlin, Königin Erzsébet (Elisabeth), der die Ärzte einen Sohn prophezeiten, diesem den ungarischen Thron sichern und ließ die Krone aus der Burg stehlen. Erst 20 Jahre später wurde die Krone wieder nach Ungarn zurückgebracht. Man verstärkte dann die Befestigung der Burg noch und baute eine Umfriedungsmauer, die von der Hochburg hinunter über die Untere Burg bis zum Donauufer reicht. Diese Mauer ist heute noch teilweise erhalten. Man kann auf ihr bis zur Unteren Burg hinaufsteigen. Die Untere Burg blieb nach dem Türkeneinfall dem Verfall überlassen. Im Jahr 1871 wurde mit der Wiederherstellung des Wohnturmes begonnen, um die Burg zum königlichen Jagdschloss auszubauen. Die

FÄHRE NICHT MEHR IN BETRIEB 2025
F1
Burdov
385
Kamenica nad Hronom
Chl'aba
Kováčovo
Szob
Helemba-sziget
Slovenská republika
Magyarország
Duna/Dunaj
Malom-hegy
229
Újvölgy
3,2
Sas-hegy
318
Búbánatvölgy
Szamár-hegy
305
Basaharc
1,6
Esztergom
Zebegény
Dunapart
Kerektó
Vasarc
340
Közép-hegy
297
2,6
Stadtmuseum
Basilika
Donaumuseum
Duna/Duna
Dobogó
387
4,5
Pilismarót
Vaskapu
405
Árok utca
Visegrádi Hegység
Ó-hegy
366
4,2
Szent Mihály
Dobozi-orom
315
Kis-Duna
Kincses-hegy
Szekrény-hegy
305
Pallag-bükk
366
Dömös
105
Heimatmuseum
Disznós-hegy
356
Szentléleki-p.
Poszogó-hegy
Csenke-p.

vollständige Rekonstruktion des Wohnturmes erfolgte 1964. Sehr viel Mühe hat man sich dabei jedoch nicht gemacht, die Außenmauer wurde einfach mit Fertigbeton aufgemauert. Heute befindet sich in diesem Turm ein Museum, in dem in regelmäßigen Abständen Sonderausstellungen zu besichtigen sind. Im Jahr 1323 übersiedelte der königliche Hof von Temesvár (im heutigen Rumänien) nach Visegrád, und dieses wurde kurzfristig zum Sitz des Königs und zum politischen Zentrum des Landes. Anfangs wohnten die Mitglieder des Hofstaats in der Burg, bis am Fuße des Burgberges dann der Königspalast errichtet wurde. Auf vier aus dem Berg gehauenen Terrassen begann man hier einen Palast zu errichten, der zum prächtigsten der ungarischen Architekturgeschichte werden sollte, ein Bauwerk, das in beeindruckender Weise die Macht und den Reichtum des Königs widerspiegeln sollte. Der Königshof wechselte bald wieder nach Buda. Aber der Palast wurde dann noch als Sommersitz prächtig ausgebaut und erhielt in der Renaissance unter König Matthias Corvinus seine endgültige Gestalt, die die Geschichtsschreiber zu Lobgesängen hinriss. Die Innenhöfe zierten zahlreiche gotische Brunnen, von denen sich nur zwei in unsere Zeit herübergerettet haben, einer davon ist der Löwenbrunnen aus herrlichem rotem Marmor.
Die begeisterten Beschreibungen waren lange Zeit alles, was auf den Palast hindeutete, erst 1935 gelang es endlich, die Ruinen zu finden.
Nicht nur den ungarischen Königen, auch den Türken gefiel es sehr gut in dieser Gegend, und so richteten sie sich gleich für längere Zeit hier ein. Angeblich gab es im Jahr 1570 keinen einzigen Ungarn mehr in der Stadt, es waren nur mehr Mohammedaner und griechisch-orthodoxe Bosnier da. Erst im Feldzug von 1686 gelang es, nach der Rückeroberung von Buda auch Visegrád zu befreien. Nach dem Abzug der Türken musste das verlassene Gebiet wieder besiedelt werden. Die neuen Bewohner waren in der Mehrzahl Deutsche, zu geringeren Teilen auch Ungarn und Slawen.
Wer die zahlreichen Sehenswürdigkeiten von Visegrád besichtigen will, der wird einige Anstrengung auf sich nehmen müssen. Zur Unteren Burg (Salomonturm) kann man zu Fuß über die schon beschriebene Befestigungsmauer hinaufsteigen oder die Strecke mit dem Rad über die Panorama-Autostraße bewältigen. Diese erste Etappe ist noch nicht so anstrengend. Für die zweite Etappe, den fünf Kilometer langen Anstieg zur Hochburg, werden Sie die letzten Kräfte aufbieten müssen. Als Belohnung für Ihre Anstrengung erwartet Sie ein herrlicher Ausblick. Die Sicht reicht bis weit über die Donau hinaus, das Donauknie liegt Ihnen zu Füßen.

Donauknie

Die **Fö út** weiterfahren ~ Sie stoßen wieder auf die **B 11** ~ auf diese rechts auffahren ~ die Straße folgt bis Dunabogdány einem Seitenarm der Donau und fährt im Bogen an einem steilen Hügel entlang.

Dunabogdány

Ein Verkehrsschild weist Radfahrer nach links, wo ein breiter Radweg immer am Ufer entlang bis fast zum Ortsende führt ~ rechts auf die schmale

Straße auffahren ⤳ an der Hauptstraße links ⤳ auf dem Radweg Dunabogdány verlassen ⤳ am Ende des Radweges weiter auf der Bundesstraße nach Tahitótfalu, wo Sie wieder auf die Hauptroute treffen.

Tahitótfalu

2 Auf der Hauptroute links abbiegen ⤳ weiter zur Fähre („rév") nach Szob und auf die andere Donauseite übersetzen.

Szob

Komp Pillismarót-Szob (Fähre Pillismarót-Szob), Rév utca 12, ✆ 0630/9491833 od. 0630/9487643. Fährt stündlich. @ oyn624

Von Szob nach Vác — *29,6 km*

3 An der Anlegestelle der Fähre in Szob sofort nach rechts auf den breiten Rad- und Fußweg entlang der Donau ⤳ zwischen Donau und Eisenbahnlinie in das Villenstädtchen Zebegény.

Zebegény

4 Am Bahnhof vorüber ⤳ auf dem Radweg weiter nach Nagymaros.

5 Nagymaros

Visegrád-Nagymaros komp (Fähre Nagymaros-Visegrád), Révkikötő, ✆ 026/398344, ✆ 070/9305754 Stündliche Überfahrt. @ hdy128

ANSCHLUSS **5** Hier kann man auf die andere Donauseite wechseln, es gibt eine Fähre direkt nach Visegrád.

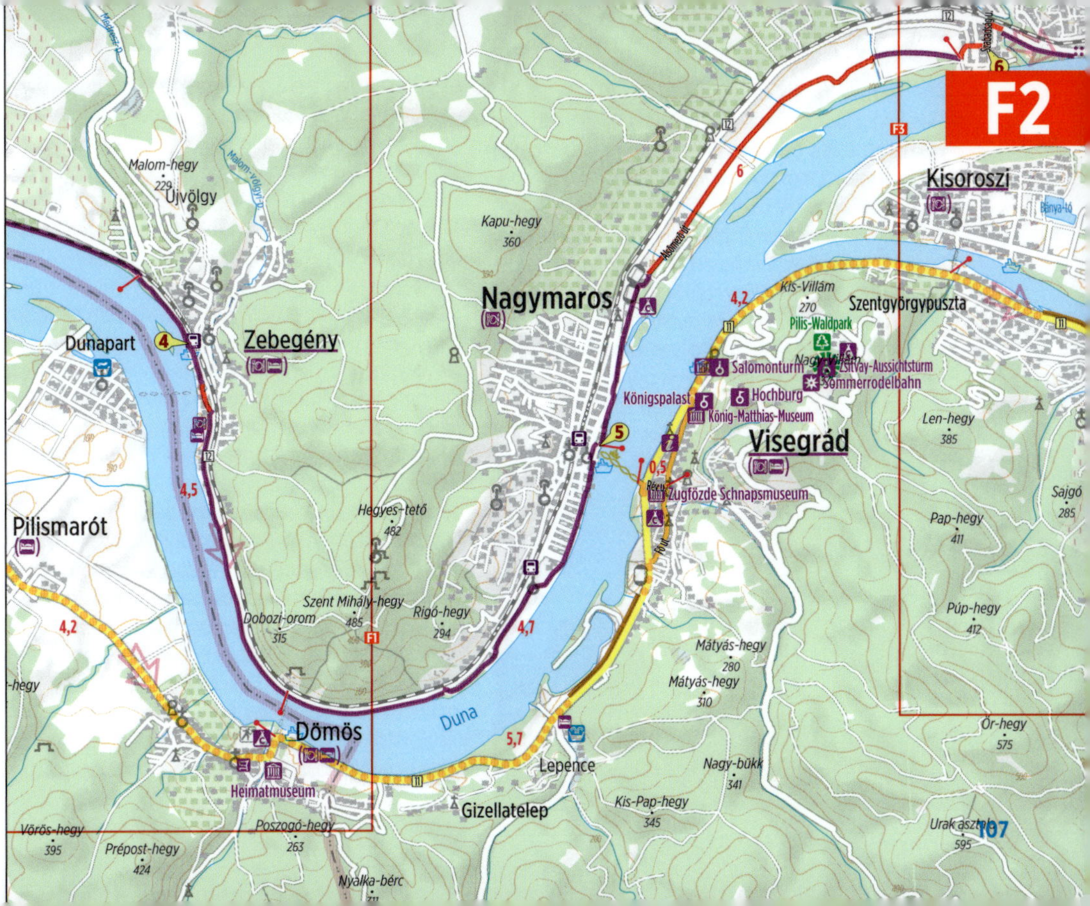

Das Donauknie

Das Donauknie ist neben dem Balaton sicherlich eine der reizvollsten Landschaften Ungarns. Über einen 20 Kilometer langen Abschnitt zwängt sich die Donau zwischen steilen Berghängen hindurch, die zum Teil aus vulkanischem Gestein und zum Teil aus dem nachgiebigen Kalkstein bestehen. Schon vor Urzeiten hat sie sich auf ihrem Weg zum Schwarzen Meer diese tiefe Schlucht gegraben. Die dunklen Berghänge und seltsam geformte Felsen bieten ein romantisches Bild. Der Fluss bahnt sich so in einem riesigen Bogen seinen Weg durch das ungarische Bergland und fließt dann nach Süden weiter, wo sich die Donau in zwei Arme teilt und so die Insel Szentendre (Sankt Andrä-Insel) umschließt. Der Hauptarm, auch Vacer-Arm genannt, wird von der internationalen Schifffahrt benutzt, der schmalere Szentendre-Arm führt nur ein Drittel der Wassermenge mit sich.

Am rechten Ufer ragen die Visegrader Berge und das Pilis-Gebirge in den Himmel, am linken Ufer erstrecken sich die Ausläufer des Börzsöny-Gebirges. Die Berge sind mit schattigen Laubwäldern bedeckt, deren volle Buchenkronen an heißen Sommertagen die brennende Sonne fernhalten. Die blaugrauen Stämme tauchen die Wege in einen milden Schimmer. Hin und wieder ist das Glucksen einer Quelle zu hören. Schmale Wanderwege durchziehen das Gelände, es gibt Rastplätze und Feuerstellen. Wie das gesamte ungarische Bergland vermittelt diese Landschaft einen völlig anderen Eindruck, als man ihn vom Ungarn der weiten Pusztaebenen gewohnt ist. In diesem Teil Ungarns befinden sich auch die meisten historischen Baudenkmäler, denn das Donauknie ist gewissermaßen die Wiege des magyarischen Staates und ein Spiegel seiner Geschichte und Kultur.

Im ersten vorchristlichen Jahrhundert siedelten sich die illyrisch-keltischen Ewarisker hier an, auf die der lateinische Name der Stadt Szentendre (Ulcisia castra, vom keltischen „Ulk") verweist.

Die Römer waren aber die ersten, die das Gebiet nachhaltig prägten. Ihr Einfluss veränderte das Leben des ansässigen Volkes und gab der Donau eine neue Bedeutung. Vorher war der Strom nur für die an seinen Ufern lebenden Volksstämme wichtig gewesen. Im Römischen Reich wurde er zur Grenzlinie, zum Limes, den es gegen die Anstürme der Barbaren zu befestigen galt.

Vác, Kathedrale

5 Der Radweg geleitet an der Donau entlang aus dem Ort hinaus ~ zwischen Bundesstraße und Donau auf einem Betonplattenweg durch die Felder ~ auf die Brücke auffahren und anschließend auf dem Dammweg entlang ~ in einer Linkskurve in den Ort **Kismaros** ~ geradeaus in die Anliegerstraße, wo der Radweg schließlich endet ~ **6** an der nächsten Kreuzung links in die **Szabadság utca** ~ zur Bundesstraße und dort rechts auf den Fußweg, der kurz darauf zu einem Radweg wird ~ der Radweg endet und Sie müssen im Verkehr durch Verőce fahren.

Verőce

Am Ortsende beginnt der Radweg auf der linken Straßenseite ~ **7** es geht unter der Straßenbrücke der **B 12** hindurch ~ rechts der Bahn bleiben ~ kurz vor der Hauptstraße rechts abbiegen ~ dem Radweg folgen ~ an der T-Kreuzung rechts ~ der Linkskurve der Straße folgen ~ einer weiteren kleinen Straße folgen, hier biegen Sie rechts auf den markierten Rad- und Fußweg ein ~ der Weg führt durch einen Einschnitt ~ an der nächsten Straße links halten und gleich danach rechts in den Rad- und Fußweg, der einer Nebenstraße folgt ~ der Weg führt zu einem Gewässer und durch einen kleinen Park ~ an der nächsten Straße die Seite wechseln und rechts abbiegen ~ dem Rad- und Fußweg auf der linken Straßenseite folgen ~ der Weg führt hinunter zur Donau und direkt am Wasser entlang zur Fähranlegestelle **8**.

Vác

Vorwahl: 027

- **Tourinform**, Március 15 tér 17, ✆ 316160, @ lbt273
- **Váci Komp (Fähre zur Szendendrei Sziget)**, Váci-rév, ✆ 026/386560. Abfahrten zw. 6 und 20 Uhr zur vollen Stunde. @ hhh432
- **Egyházmegyei Múzeum (Diözesanmuseum)**, Március 15. tér 4, ✆ 319494 Das Museum zeigt Gegenstände aus der 1771 gegründeten Schatzkammer der Kathedrale. Die Sammlung umfasst Schmuck, Textilien, Gemälde, Skulpturen und Möbel. @ kxb876
- **Modern Művészeti Gyűjtemény (Moderne Kunstsammlung)**, Káptalan u. 16, ✆ 0630/2580269 Zeitgenössische Kunst der letzten 40 Jahre, wobei der Schwerpunkt auf den 60er und 70er Jahren liegt, u. a. Werke von: Vladimir Szabó, Erik Scholz, János Józsa, Ernő Tóth, Lelly Dombay, Ferenc Sajdik. @ gag852
- **Tragor Ignác Múzeum (Tragor Ignác Museum)**, Köztársaság út 19, ✆ 200868, ✆ 0630/5557620 Die Dauerausstellung Ars Memorandi

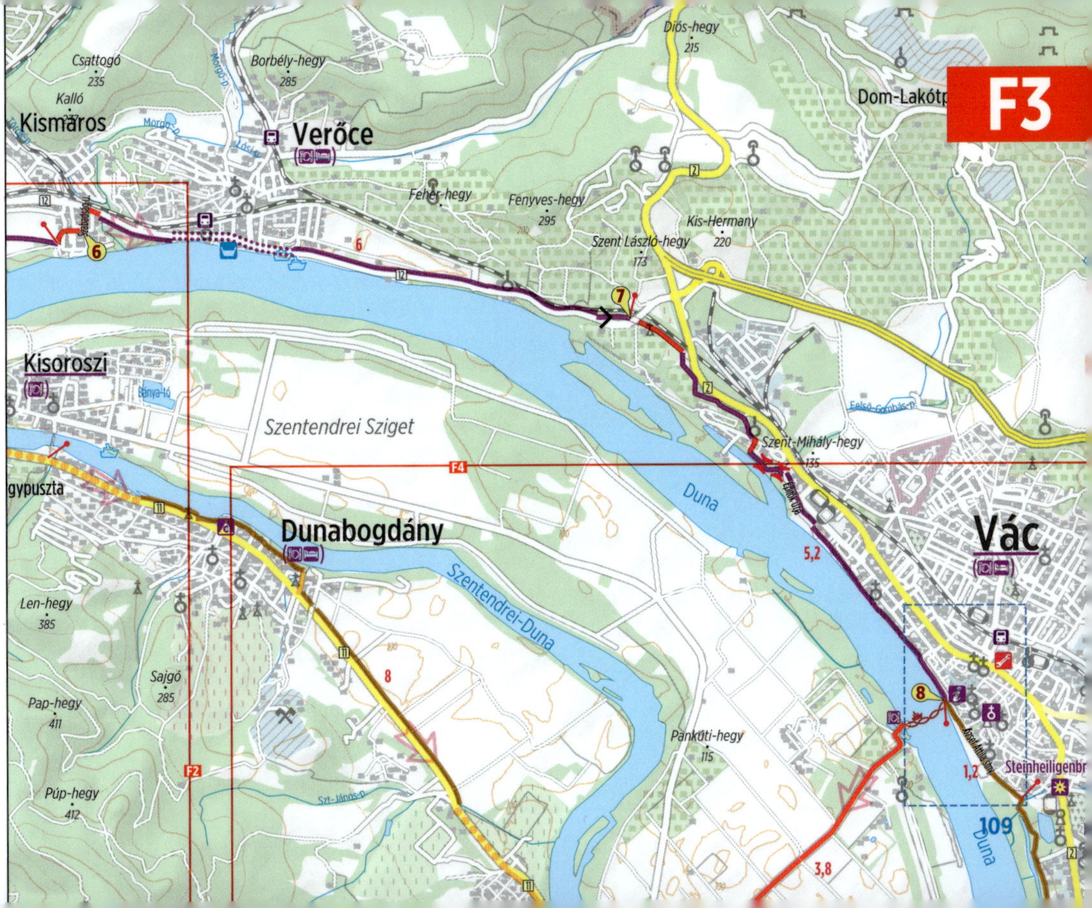

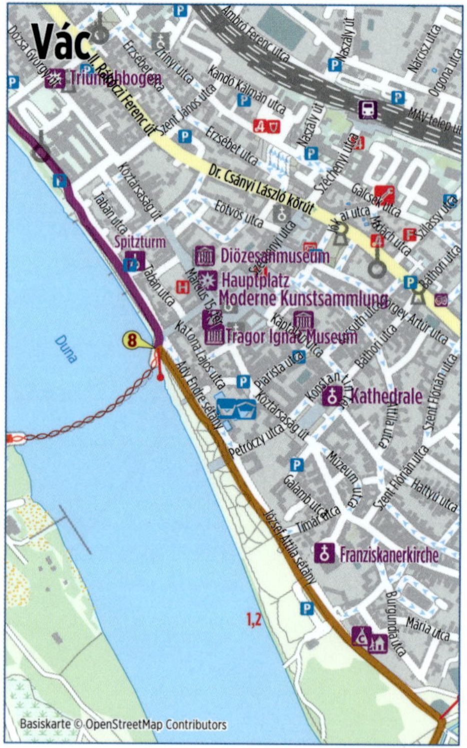

zeigt die „Die Tore zur Vergangenheit", die Geschichte von Vác. Im Rahmen der Ausstellung Memento Mori werden Funde aus der ehem. Kirche der Dominikaner (mumifizierte Leichen und Särge) präsentiert. @ nxe387

Ferences templom (Franziskanerkirche), Géza király tér. Der Bau der sehenswerten barocken Kirche begann 1721 und dauerte etwa 30 Jahre. @ kjg831

Székesegyház (Kathedrale), Konstantin tér 11. Der Stolz der Stadt wurde 1761-72 von Isidore Canevale errichtet, die Fresken im Chor und in der Kuppel sind ein Werk von Franz Anton Maulbertsch. Die Krypta weist wertvolle Schmiedearbeiten aus der Renaissance und dem Barock auf. @ srx813

Hegyes torony (Spitzturm), Liszt Ferenc sétány 12. Der nördlichste Eckturm der Stadtmauer ist das einzige mittelalterliche erhaltene Gebäude der Stadt. @ puw113

Diadalív (Triumphbogen), Köztársaság út 65. Der von den Stadtbewohnern einfach „Steinernes Tor" (Kőkapu) genannte Bogen ist das einzige Bauwerk dieser Art in Ungarn. Er wurde 1764 anlässlich des Besuches Maria Theresias im Stil des klassizistischen Barock errichtet. @ bku212

Főtér (Hauptplatz), Március 15. tér. Der Platz mit seiner einzigartigen langgezogenen Dreiecksform wurde Anfang des 18. Jhs. als Barockplatz auf mittelalterlichen Fundamenten errichtet. 2006 wurde er völlig neu gestaltet. Hier sind die freigelegten Fundamente der Michaelskirche aus dem 13. Jh. zu sehen. @ aor482

Kőszentes híd (Steinheiligenbrücke), Diadal tér. Die Brücke wurde 1753-57 im Auftrag von Bischof Mihály Károly Althann, zur Ehren vom Hl. Nepomuk, dem Patron der Brücken und Häfen, gebaut. Sie ist die einzige noch funktionierende barocke Brücke in Ungarn. @ klj142

Váci Strandfürdő és Uszoda, Ady Endre sétány 16, ✆ 510400, @ wmc274

Worauf der Name Vác zurückzuführen ist, darüber gibt es mehrere Theorien: Der Name könnte von einem Eremiten names Vác, der um 1074 in der damals bewaldeten Gegend lebte, stammen. Möglich ist auch, dass sich der Stadtname vom ungarischen Stamm der Vath ableitet oder auch vom Wort Vác, das slawischer Herkunft ist und „wichtige Siedlung" oder „Zentrum" bedeutet.

Das geistliche Zentrum der Diözese richtete König Stephan I. in Vác ein, indem er hier den Bischofssitz der Diözese errichten ließ. Die Stadt ist von barocker Architektur und Kunst geprägt, so findet sich zum Beispiel der einzige barocke Platz Ungarns – der Hauptplatz – in Vác. Ein ebenso bemerkenswerter Bau ist der Triumphbogen am Rande der Oberstadt (Felsövarós), der zum Empfang von Maria Theresia errichtet wurde. Auch eine von Paris inspirierte revolutionäre Architektur findet sich in dieser Donaustadt – der Dom, welcher nach den Entwürfen von Isidore Canevales errichtet wurde.

Alt und neu treffen in Vác aufeinander, denn einerseits wird zwischen den barocken Kunstdenkmälern noch Müßiggang gelebt, andererseits ist Vác eine

Schulstadt mit einem kulturellen und wirtschaftlichen Zentrum sowie einem aufstrebenden Tourismus.

Von Vác nach Szentendre 15 km

VARIANTE Vor der Weiterfahrt mittels Fähre nach Tahitótfalu bietet sich die Gelegenheit bei der Fähranlegestelle in Vác die Variante über Göd zu nehmen. Diese führt auf dem ausgebauten **EV6** Radweg nahe der Donau nach Budapest. Für einzelne Kurzstrecken wechseln Sie vom Radweg auf ruhige Siedlungsstraßen – lediglich in Dunakeszi fahren Sie ein kurzes Stück im Verkehr auf der stark befahrenen Bundesstraße 2.

Variante über Göd 35,8 km

Bei der Fähranlagestelle in Vác auf dem Radweg durch den Deuil-la-Barre Park, dabei folgen Sie den gelben Bodenmarkierungen ~ danach weiter zur **József Attila sétany**, zwischen Straße und Radweg befindet sich eine Baumallee ~ stetig leicht bergab geht's über eine Brücke, mit freier Sicht auf die Donau ~ vorbei an einem Rastplatz ~ linker Hand befindet sich Sződliget.

Sződliget

Weiter am Radweg über eine Brücke ~ für ein kurzes Stück im Siedlungsgebiet von **Kertváros** auf

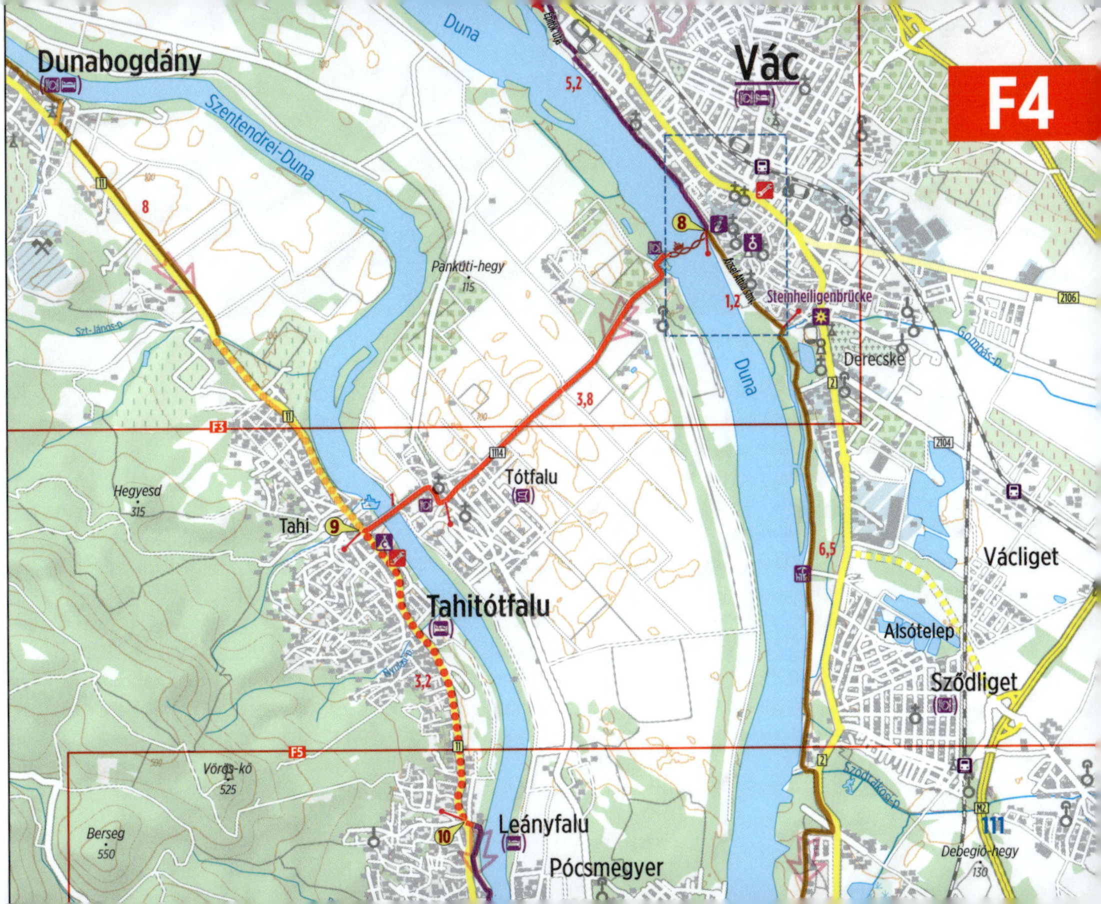

Szentendre

die Straße wechseln ⁓ danach wieder rechts auf den Radweg.

Göd

Huzella Kert (Huzella Garten), Jávorka u. 14, ✆ 0630/3395671 Botanischer Garten mit mehreren Teichen und Aussichtsturm. @ ado565

In Göd und **Alsógöd** folgen Sie dem Radweg entlang der Siedlungsstraße ⁓ am Ende des Siedlungsgebietes von **Révdülö** fahren Sie geradeaus weiter in den Radweg ⁓ am Ende geradeaus in die Straße **Folyam utca** ⁓ am Ende rechts und kurz darauf links in den Radweg, links geht es ins Zentrum von Dunakeszi.

Dunakeszi

Die Bundesstraße 2 queren und weiter am gelbmarkierten Radstreifen entlang der **B 2** ⁓ Sie unterqueren die Autobahn M 0 ⁓ in **Újpest** wechselt der Radweg auf die rechte Straßenseite ⁓ nach dem Unterqueren der Bahngleise noch ein kurzes Stück straßenbegleitend ⁓ danach führt die Route weg von der Straße hin zur Donau.

ANSCHLUSS

Bei der Brücke **Árpád hid** ist der Wechsel auf die andere Uferseite und zur Hauptroute möglich.

Nach Unterquerung der Árpád hid Brücke folgen Sie dem Radweg entlang der Straße **Carl Lutz rkp** nahe der Donau.

TIPP

Mit der nächsten Brücke haben Sie die **Margit hid** erreicht, über die Sie ans andere Ufer zur Hauptroute zurückkehren. Dazu folgen Sie etwas vor der Brücke dem Radwegverlauf zuerst linksherum über die Straße, danach in einem Rechtsbogen um den kleinen Park zur Brücke über die Donau. Am Ende der Margaretenbrücke wieder dem Radwegverlauf rechtsherum folgen, um am Donauufer die Hauptroute zu erreichen.

8 Für die Hauptroute in Vác mit der Fähre auf die **Szentendrei Sziget** übersetzen ⁓ von dort aus auf der Landstraße geradeaus nach Tahitótfalu.

Tahitótfalu

Nach dem Platz mit dem Monument macht die Straße eine scharfe Rechtskurve ⁓ der anschließenden Linkskurve folgen und über die Brücke ⁓ **9** an der T-Kreuzung mit der Hauptstraße links Richtung Budapest ⁓ an dieser Kreuzung treffen Sie auf die Variante, die am rechten Ufer über Visegrád führt.

Auf der verkehrsreichen Hauptstraße durch Tahitótfalu und bis nach Leányfalu.

Leányfalu

10 Die Radwegbeschilderung führt Sie in eine kleine Nebenstraße ⁓ hier beginnt ein Radweg, der immer in Donaunähe entlangführt ⁓ diesem Radweg mehrere Kilometer folgen ⁓ Sie erreichen eine Anliegerstraße neben einem Kanal ⁓ geradeaus weiter am Eingang zum Campingplatz vorbei ⁓ **11** kurz bevor Sie die Hauptstraße erreichen, beginnt auf der linken Seite ein Radweg ⁓ kurzzeitig dem Radweg links entlang der Hauptstraße folgen ⁓ in der Rechtskurve der Bundesstraße geradeaus in die Straße **Dunakorzó** ⁓ am Ende des Radweges erreichen Sie die historische Innenstadt von Szentendre.

TIPP Für Interessierte empfiehlt sich ein Besuch des Freilichtmuseums (Skanzen), in dem verschiedene Typen ungarischer Dörfer vollständig und originalgetreu aufgebaut worden sind. Es liegt rund 3 km außerhalb von Szentendre und ist von der Bundesstraße über die **Szabadság-Forrás út.** zu erreichen.

Skanzen

Der Begriff „Skanzen" (deutsche Schreibweise: „Skansen") bedeutet Freilichtmuseum. Eigentlich ist es ein schwedisches Wort: In Stockholm wurde 1891 das erste derartige Museum errichtet und nach dem Stadtteil benannt, in dem es aufgebaut wurde. Die Bezeichnung wurde dann international übernommen und hat heute in sehr vielen Sprachen Eingang gefunden.

Die Idee von einem ungarischen Freilichtmuseum wurde während der Wiener Weltausstellung im Jahre 1873 geboren, als im Rahmen eines internationalen Dorfes auch ungarische Häuser ausgestellt wurden. Einige Jahre später wurde bei den ungarischen Millenniumsfeierlichkeiten ein ethnographisches Dorf errichtet, das jedoch nach einem halben Jahr wieder abgerissen wurde. Das 1967 gegründete Freilichtmuseum in Szentendre ist heute eine von fünf derartigen Anlagen, die die

bäuerliche Architektur und Wohnkultur Ungarns veranschaulichen und bewahren sollen.

Mit der Verwendung von Originalgebäuden und -gegenständen, die im Rahmen ursprünglicher Siedlungsformen angeordnet wurden, versuchte man, wahrheitsgetreue Nachbildungen zu erstellen. Ein See und ein Bach mit einigen Brücken runden das Bild ab. Insgesamt sind 80 Häuser, drei Kirchen mit traditionellen Kunstgegenständen, etwa 200 Wirtschaftsgebäude sowie einige kleinere Objekte ausgestellt. Die unterschiedliche Art der Bestattung veranschaulichen kleine Friedhöfe.

Die Bauten sind – je nach der Herkunft der einzelnen Gebäudetypen – in zehn dorfähnlichen Siedlungsgruppen aufgebaut worden und spiegeln somit die einzelnen Regionen Ungarns wider. Seit 1972 ist dieses Museum eine eigenständige Institution und wissenschaftliche Forschungsstätte, deren ethnographisches Archiv eine Fülle an Material zur ungarischen Volksarchitektur beinhaltet, wie etwa Planzeichnungen, alte Landkarten und Vermögensinventare.

Der Besuch des Museums ist sehr empfehlenswert. Es sind Ihnen sicherlich auf Ihrem Weg hierher einige solche Bauernhoftypen aufgefallen, wie sie hier versammelt sind. Nun können Sie bei deutschsprachigen Führungen eine ganze Menge mehr über sie erfahren.

Szentendre

Vorwahl: 026

Tourinform, Dumtsa Jenö u. 22, ✆ 317965, @ dkc755

Ferenczy Múzeum (Ferenczy-Museum), Kossuth Lajos u. 5, ✆ 020/7796657 Werke der Künstlerfamilie Ferenczy: Der Vater, Károly Ferenczy, war Ende des 19. Jhs. ein berühmter impressionistischer Maler, Sohn Béni war als Bildhauer und Tochter Noémi für ihre sezessionistischen Gobelins berühmt. @ uif753

Kmetty Múzeum (Kmetty Museum), Fő tér 21, ✆ 0620/7796657 Die Ausstellung präsentiert die verschiedenen Schaffensperioden des Künstlers János Kmetty (1889-1975), der einer der führenden Vertreter der ungarischen Moderne war. @ him815

Kovács Margit Kerámiamúzeum (Margit-Kovács-Keramikmuseum), Vastagh György u. 1, ✆ 0620/7796657 Das barocke Wohnhaus von 1750 ist den Werken der Keramikkünstlerin (1902-77) gewidmet, die zur Künstlerkolonie von Szentendre gehörte. Ihre berühmten Figuren wurden oft biblischen Szenen entnommen. @ atm247

MűvészetMalom (Kunstmühle), Bogdányi út 32, ✆ 0620/7796657. Die ehemalige Sägemühle aus dem 19. Jh. ist ein Zentrum zeitgenössischer Kunst. @ pyg355

Szabadtéri Néprajzi Múzeum-Skanzen (Ethnographisches Freilichtmuseum-Skanzen), Sztaravodai út 75, ✆ 502537 Das Museum skizziert anhand etwa 300 originalgetreuer Bauten das bäuerliche Leben des 18. u. 19. Jhs. @ mhq254

Szamos Csokoládé Múzeum (Szamos Schokoladenmuseum), Dumtsa Jenő u. 12-14, ✆ 311931 Geschichte des Kakaos und der Schokolade, Konsumkultur heißer Schokolade, Aufbewahrungsformen von Pralinen, Verkostungen und Filmvorführungen. @ hkv217

Szentendrei Képtár (Szentendre-Galerie), Fő tér 2-5, ✆ 020/7796657 Wechselnde Ausstellungen zeitgenössischer Kunst. @ qeh736

Vajda Múzeum (Vajda Museum), Hunyadi u. 1, ✆ 0620/7796657 Das Lebenswerk des Malers Lajos Varda (1908-41) illustriert eindrucksvoll die Hoffnungslosigkeit der ungarischen Zwischenkriegszeit, viele Bilder sind auf braunem Packpapier gezeichnet. @ vsd577

Belgrád székesegyház (Belgrad Kathedrale), Alkotmány u. Die serbisch-orthodoxe Bischofskirche wurde 1752 nach den Plänen von András Mayerhoffer errichtet und verfügt über eine geschnitzte Ikonenwand von 1802. @ qqt351

Preobrazsenszka templom (Preobrazsenska Kirche), Bogdányi utca. Die barocke Kirche wurde 1741-46 unter anderem von den aus Bosnien angekommenen Serben erbaut. Die Ikonostase ist die erste Bildwand des serbischen Barocks, die bis an die Decke des Kirchenschiffs reicht. @ wro265

Római Kőtár (Römisches Lapidarium), Dunakanyar krt. 1, ✆ 0620/7796657 © Die Steine, die aus den letzten Jahrhunderten des Römischen Reiches übrig geblieben sind, wurden einst als Baumaterial für Wachtürme und Städte, eine frühchristliche Kapelle und die Grabsteine eines zeitgenössischen Friedhofs verwendet. @ kvk346

Fő tér (Hauptplatz). Den Platz säumen sehenswerte barocke sowie im Rokoko- und Zopfstil erbaute Häuser aus dem 18. Jh.

Wie in der Umgebung von Tata stieß man auch in Szentendre bei Ausgrabungen auf steinzeitliche Siedlungsreste. Im ersten nachchristlichen Jahrhundert gründeten die Römer im heutigen Ortsgebiet die Grenzbefestigung Ulcisia castra.

Viel später haben die Türken die einheimischen Ungarn vertrieben. Nach dem Abzug der Türken haben sich serbische und dalmatinische Einwanderer niedergelassen, die ihre Stadt Sveti Andrej nannten. Seit den zwanziger Jahren gibt es in Szentendre eine Künstlerkolonie, deren Mitglieder hier leben, arbeiten und ihr Schaffen in Ausstellungen und Galerien dem Publikum nahebringen. Diese Künstlersiedlung und der heute noch vorherrschende Barockstil verleihen der Stadt eine besondere Atmosphäre.

Der bei Touristen beliebteste Platz ist der Marx tér, der Marktplatz, in dessen Mitte sich eine Pestsäule befindet, die im Jahr 1763 als Danksagung für das Ende der Epidemie errichtet wurde. Hier finden Sie auch die serbisch-orthodoxe Kirche aus dem Jahr 1752. Die den Platz umgebenden Häuser im Barock-, Rokoko- und im Zopfstil stammen aus dem 17. und 18. Jahrhundert und sind zumeist von serbischen Kaufleuten errichtet worden. In den Sommermonaten werden auf dem Platz zahlreiche Freilichtaufführungen veranstaltet. Wenn man von hier aus die Vár-Lépcsö, die Burgtreppe, hinaufsteigt, gelangt man zum Templom tér (Kirchenplatz) am Kirchen- oder Burghügel, wo man eine herrliche Aussicht über die Dächer von Szentendre bis hinunter zum Donauufer genießen kann. In den Sommermonaten wird auf diesem Hügel immer ein Markt abgehalten.

Die im 15. Jahrhundert erbaute Kirche ist Johannes dem Täufer geweiht, sie wurde oftmals zerstört und wieder aufgebaut. Bei der Restaurierung nach dem Zweiten Weltkrieg entdeckte man gotische und romanische Reste, auch Fenster und eine Sonnenuhr, die im heutigen Bau eingeschlossen waren. Diese historischen Elemente wurden sorgfältig restauriert und sind heute in ihrer ursprünglichen Form zu sehen. Zur Erkundung des historischen Teiles empfehlen wir Ihnen, sich von Ihrem Rad zu trennen, da das Fahren hier wegen der groben Pflastersteine sehr beschwerlich ist. Szentendre hat sich in den letzten Jahren zu einem touristischen Zentrum entwickelt, was auch die große Zahl der Gasthäuser und Souvenirläden belegt. Überall trifft man auf kleine Geschäfte und Verkaufsstände, und rund um den Hauptplatz kann man ungarische Volkskunst erwerben.

Museum Aquincum

Von Szentendre nach Budapest 23,8 km

12 Von der historischen Innenstadt weiter dem **Dunakorzó** folgen ⤳ nach dem Platz geradeaus weiter gegen die Einbahnstraße ⤳ kurz nach der kleinen Brücke beginnt auf der linken Straßenseite ein zweispuriger Rad- und Fußweg ⤳ vor dem Parkplatz links abbiegen und in den Park ⤳ dem Rad- und Fußweg auch auf dem Damm weiter folgen ⤳ hinter einer Kläranlage biegt der Weg nach rechts ⤳ an einem kleinen Bach entlang ⤳ **13** kurz darauf links und auf der gepflasterten Brücke den Bach überqueren ⤳ gleich nach der Brücke links abbiegen und dem asphaltierten Weg folgen ⤳ nach der Linkskurve rechts in den Radweg ⤳ am See links und weiter dem Radweg folgen ⤳ **14** geradeaus weiter in den gepflasterten Weg ⤳ dem Weg durch das idyllische Naturschutzgebiet folgen ⤳ der Weg bringt Sie zurück ans Wasser ⤳ geradeaus in die kleine Straße ⤳ unter der Autobahnbrücke durch und erneut an einigen Häusern vorbei ⤳ vor dem Kanal rechts in die Straße ⤳ kurzzeitig der Straße am Kanal entlang folgen, dann links abbiegen und auf der Brücke über den Kanal ⤳ links auf den schmalen Weg und am Kanal entlang zurück zur Donau ⤳ der breiten Promenade auf dem Damm folgen ⤳ **15** am Ende der Promenade weiter parallel zur Donau ⤳ Bäder, Campingplätze, Pensionen, Hotels und Gasthäuser säumen den Weg, bis Sie schließlich den quer verlaufenden Eisenbahndamm erreichen ⤳ **16** im Rechtsbogen von der Donau weg ⤳ gleich links auf eine kleine Brücke abbiegen, am Ende der Brücke wieder links ⤳ Rechtsbogen und unter der Bahnlinie hindurch ~ der langgezogenen Linkskurve folgen ~ Sie kommen zu einer etwas schräg versetzten Kreuzung, hier müssen Sie geradeaus weiter ~ nach der Kreuzung beginnt auf der rechten Seite ein Radweg, welcher an der Hauptstraße entlangführt.

TIPP Wenn Sie an dieser Kreuzung rechts abbiegen, zur Bundesstraße vorfahren und dort rechts abbiegen, erreichen Sie das Museum Aquincum.

Museum Aquincum

Um Christi Geburt eroberten die Römer das heutige Westungarn und machten es zur Provinz Pannonien, die Anfang des zweiten Jahrhunderts geteilt wurde. Zur Hauptstadt von Unter-Pannonien wurde Aquincum, eine Siedlung im heutigen Obuda, dem Nordteil von Buda. Das Wort Aquincum ist keltischen Ursprungs (Ak Ink) und bedeutet soviel wie „ergiebiges, reichliches Wasser".

An der Ausfallstraße von Budapest nach Szentendre kann man noch heute die Ruinen der alten Römerstadt besichtigen. Nach heutigen Maßstäben waren die Wohnhäuser mit allem Komfort ausgestattet, es gab Wasserleitungen und ein Kanalisationsnetz. Anfangs war in der Stadt nur eine kleine römische Truppe stationiert, Ende des ersten Jahrhunderts schon eine ganze Legion. Das Militärlager dieser

Budapest, Vajdahunyad-Burg

Legion befand sich im heutigen Zentrum von Obuda, am Budaer Brückenkopf der Árpad-híd. Zu Beginn des zweiten Jahrhunderts nahm der kaiserliche Statthalter in der Provinzhauptstadt seinen Sitz ein. Erster Statthalter war der spätere Kaiser Hadrian. Den Palast des römischen Statthalters haben Archäologen auf der Obudai-sziget ausgegraben. Die Reste der Siedlung der Zivilbevölkerung, der Bügerstadt (municipium), sind auf dem Ruinenfeld beim Museum von Aquincum zu sehen. Außerdem gab es in den ersten Jahrhunderten der römischen Herrschaft am Fuße des Gellerthegy noch eine awarische Siedlung mit einem kultischen Zentrum. Diese drei Ansiedlungen, die der awarischen Urbevölkerung am Gellerthegy, das römische Militärlager und die rundherum entstandene Zivilstadt, bilden zusammen Aquincum.

Im 2. und 3. Jahrhundert erlebte Aquincum eine Blütezeit. Ende des 4. Jahrhunderts aber war die militärische Kraft des Römischen Reiches erschöpft, und Aquincum konnte den Angriffen der aus dem Osten vordringenden Nomadenvölker nicht mehr standhalten, daher wurde es Anfang des 5. Jahrhunderts nach einer mit den Hunnen getroffenen Vereinbarung geräumt.

Die Überreste der Siedlungen, die manch seltene Kostbarkeit beherbergten, kamen erst bei Abbrucharbeiten im letzten Drittel des vergangenen Jahrhunderts zum Vorschein. Eines der Glanzstücke ist eine kleine Wasserorgel, die der Grieche Ktesibius um 140 v. Chr. erfunden hat. Die Wissenschaft kannte dieses Instrument zwar aus Beschreibungen des griechischen Mathematikers und Mechanikers Heron von Alexandria und von Abbildungen auf Münzen, man konnte sich jedoch von ihrem Klang keine Vorstellung machen, bis die Orgel in Aquincum gefunden wurde. Sie war nach dem Brand eines Hauses erhalten geblieben. Ihre 52 bronzenen Pfeifen geben einen Klang von sich, der an eine Panflöte erinnert. Zu den vielen anderen Kostbarkeiten gehört etwa auch ein Fußbodenmosaik, das den Raub der Deinaeira darstellt. Es besteht aus tausenden kleinen Steinen, die eine ungeheuere Leuchtkraft besitzen.

Auf dem Radweg neben der Straße am Gewerbegebiet entlang ⤳ bei der zweiten Querstraße rechts ab, Sie befinden sich nun in der **Remény Ede utca** ⤳ bei der nächsten Möglichkeit links ⤳ an der T-Kreuzung rechts und gleich danach links über die Straße ⤳ parallel zu den Bahngleisen ⤳ die Gleise überqueren und weiter neben der Bahn entlang ⤳ rechts abbiegen und gleich wieder links in die **Folyamör utca** ⤳ nach dem Parkplatz der Links-Rechts-Kombination folgen ⤳ geradeaus in den Rad- und Fußweg durch die kleine Parkanlage ⤳ weiter geradeaus auf die Kopfsteinpflaster-Straße.

Sie fahren vor bis zu einem kleinen Platz ⤳ hier warten vier lebensgroße Statuen aus Bronze auf Sie ⤳ auf diesem Platz rechts halten und schon befinden Sie sich auf einem romantischen größeren Platz, dem **Fö tér** ⤳ **17** leicht links halten und über diesen Platz ⤳ Sie kommen zu einer Bushaltestelle, dort links halten ⤳ direkt vor der Árpád híd beginnt wieder ein Radweg.

VARIANTE Hier können Sie auch auf die **Árpád híd** auffahren und weiter über die **Margitsziget** (Margareteninsel) radeln. Sie treffen dann auf die **Margit híd**, wo Sie rechts abbiegen und somit auf die Hauptroute gelangen.

Für die Hauptroute unter der Brücke hindurch ⤳ Sie sehen ein grünes Radwegschild, welches die Margit híd in 3 km ausweist ⤳ weiter geradeaus auf dem Radweg rechts neben der breiten Straße ⤳ auf der Rad- und Fußgänger-Brücke über Bundesstraße und Bahngleise ⤳ straßenbegleitend direkt am Donauufer entlang bis zur **Margit híd** **18** ⤳ wenn Sie weiter der Radwegbeschilderung an der Donau entlang folgen, ziehen die beeindruckendsten Bauwerke der Donaumetropole an Ihnen vorbei: rechts oberhalb liegen die **Burg**, die **Fischerbastei** und die **Matthiaskirche**, das **Hotel Gellért** und schließlich die **Zitadelle**, auf der anderen Donauseite das **Parlament** ⤳ an der imposanten **Kettenbrücke** vorbei und weiter zur **Elisabethbrücke** (Erzsebét híd) **19**.

ZUM BAHNHOF Der einfachste und schnellste Weg zum Bahnhof Keleti pu., von wo aus die wichtigsten Fernzüge in verschiedene Richtungen starten, führt über die **Erzsebét hid** und die **Rákóczy út.** Allerdings herrscht hier sehr starker Verkehr, sodass Sie besser auf Nebenstraßen ausweichen oder das Fahrrad auf dem Gehsteig schieben sollten.

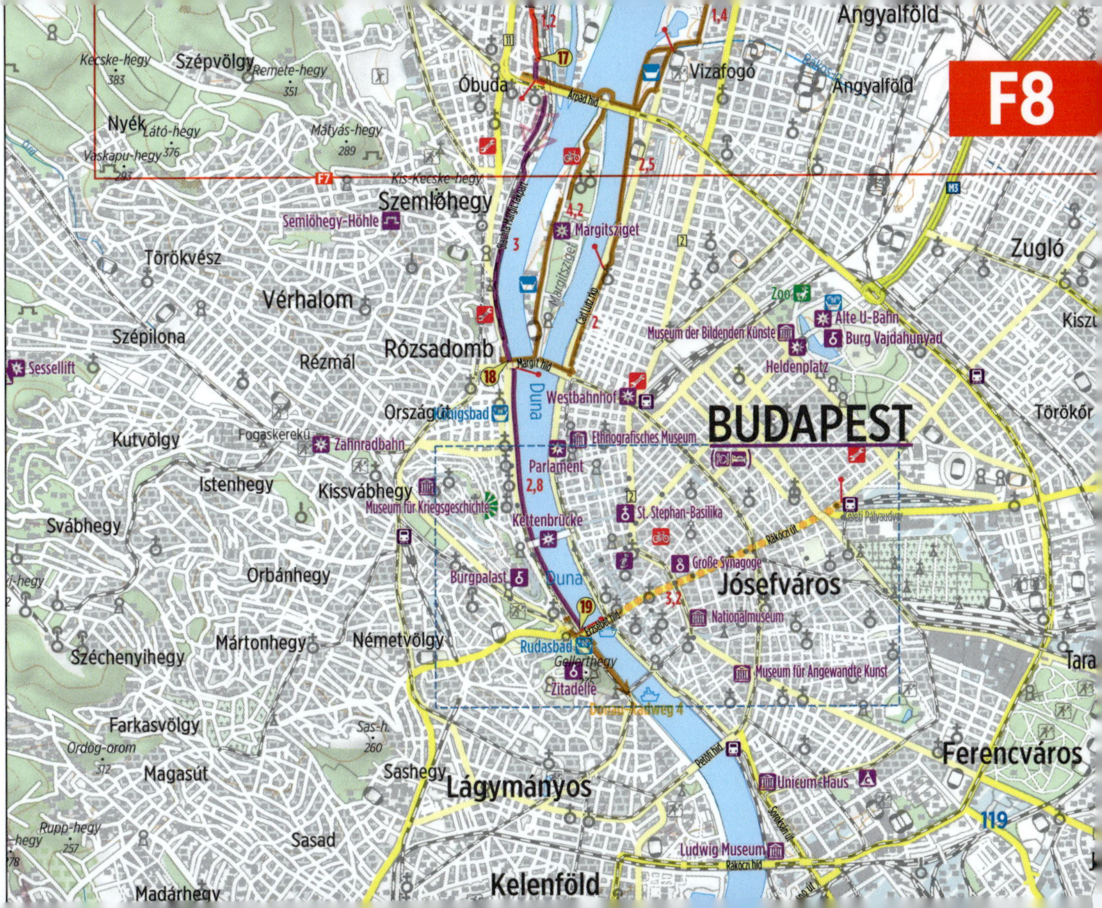

Budapest, Fischerbastei

Budapest

Vorwahl: 01

Tourinform, Sütő utca 2, Deák tér, 3188718, @ gog253

Mahart Passnave, Belgárd rakpart, 4844010. Sightsseingfahrten in Budapest. @ dkx584

Aquincumi Múzeum és Régészeti Park (Museum und archäologischer Park Aquinicum), Szentendrei út 135, 2501650 Das Museum zeigt die Überreste der Siedlung Aquincum (2.-4. Jh.), die zur Zeit des Römischen Reiches auf dem Gebiet des heutigen Óbuda bestand. Der Ruinengarten zeigt das bürgerliche Zentrum von Aquincum mit öffentlichen Gebäuden und Privathäusern. @ wbe423

Iparmüvészeti Múzeum (Museum für angewandte Kunst), Üllői út 33-37, 4565100, Aufgrund von Renovierungsarbeiten vorübergehend geschlossen. In einem anpruchsvollen Jugendstilbau untergebracht, zeigt es mit vielfältigen Gebrauchsgegenständen aus aller Welt die Geschichte des Designs. @ rdn822

Ludwig Múzeum, Komor Marcell u. 1, 5553444 Zeitgenössische Kunstsammlung des Kölner Ehepaars Irene und Peter Ludwig. Die Sammlung bietet einen Überblick über die letzten 50 Jahre internationaler und die letzten 10 Jahre zeitgenössischer Kunst in Ungarn. @ huc535

Magyar Nemzeti Galéria (Ungarische Nationalgalerie), Szent György tér 2, Burgpalais A-B-C-D-Flügel, 2019082, 0620/4397331 Die Sammlung zeigt Werke ungarischer Malerei vom 15. bis zum 19. Jh. Besonders sehenswert die spätgotischen Altarflügel, Landschaften und Portraits des Malers Mihály Munkácsy (1844-1900) und das Schaffen der ungarischen Impressionisten, unter ihnen Pál Szinyei Merse und Kosztka Tivadar Csontváry. @ rho223

Magyar Nemzeti Múzeum (Ungarisches Nationalmuseum), Múzeum krt. 14–16, 3382122, 3177806 Das größte und prestigeträchtigste Museum des Landes präsentiert diverse Sammlungen zur Geschichte der Völker Ungarns. Im Prunksaal sind die ungarischen Krönungsinsignien aus dem Jahr 1000 ausgestellt. @ yho521

Néprajzi Múzeum (Ethnographisches Museum), Kossuth Lajos tér 12, 4732442, 0670/4654080 Neben fast 225.000 ethnografischen Objekten umfasst die Sammlung in dem modernen Gebäude auch Fotografien, Manuskripte, Fotografien, Volksmusik und Filmaufnahmen. @ ldr381

Szépmüvészeti Múzeum (Museum der Schönen Künste), Dózsa György út 41, 4697100 Das weltberühmte Haus besitzt die größte Sammlung spanischer Meister außerhalb Spaniens (Velazquez, Goya, El Greco). Die Moderne Galerie zeigt Werke von Monet, Pissarro, Renoir, Cézanne, Gauguin und andere. Antike-Sammlung. @ mqt665

Történeti Múzeum (Historisches Museum), Szent György tér 2, Burgpalais E-Flügel, 4878871 Die Schau umfasst die Zeit von der Romanik bis zur Renaissance und ist für jene ein Muss, die sich für die Stadtgeschichte mit dem Schwerpunkt Burgviertel interessieren. @ cxi264

Unicum Ház (Unicum-Haus), Dandár u. 1, 4762383 Hier erfährt man mehr über die Herstellung des traditionellen ungarischen Getränks und die Geheimnisse der Kräuter, aus denen es besteht, sowie über die Ge-

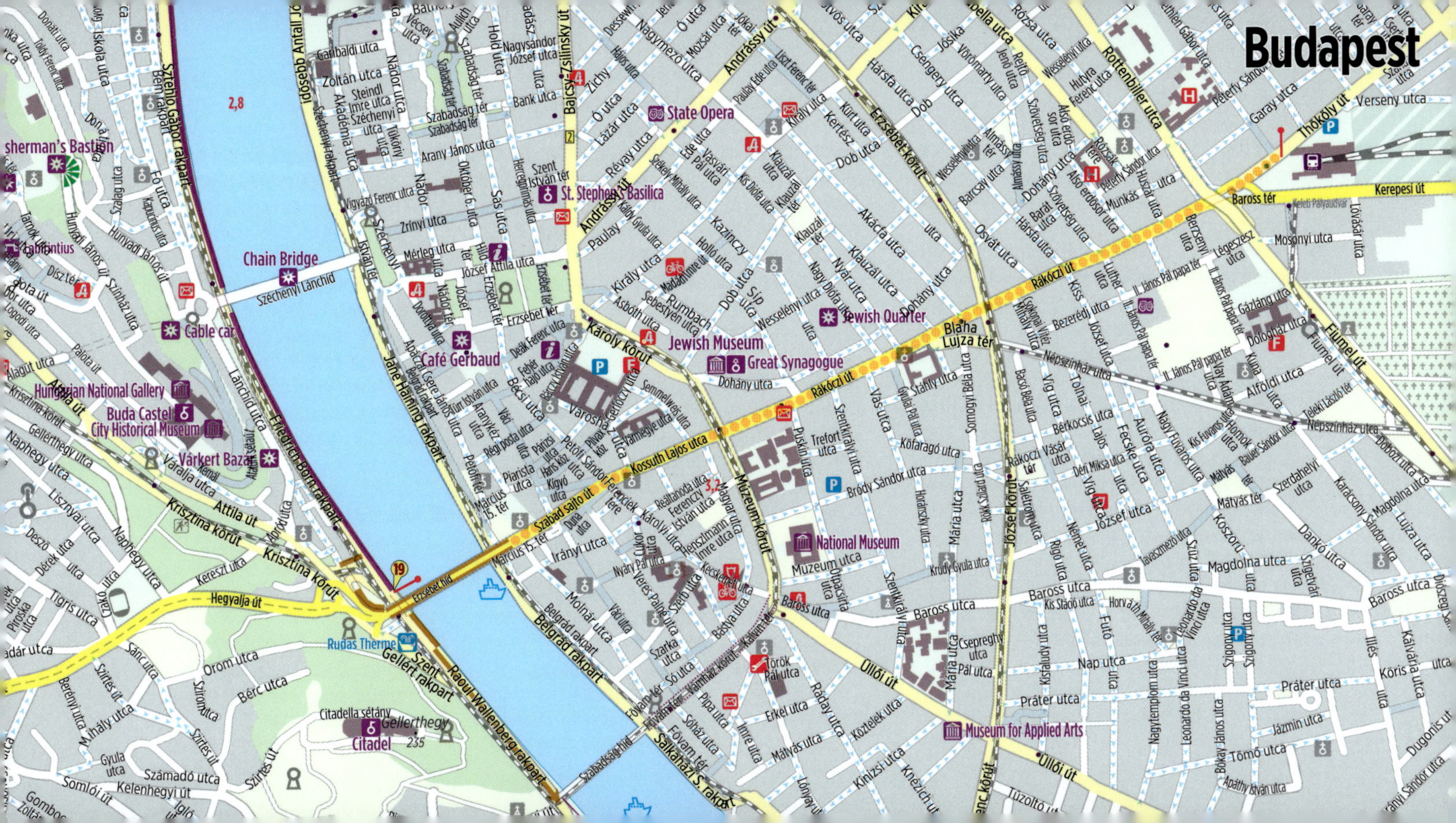
Budapest
sherman's Bastion
Chain Bridge
Széchenyi Lánchíd
Cable car
Hungarian National Gallery
Buda Castel
City Historical Museum
Várkert Bazár
St. Stephen's Basilica
State Opera
Café Gerbaud
Jewish Museum
Great Synagogue
Jewish Quarter
National Museum
Museum for Applied Arts
Rudas Therme
Citadel
Gellérthegy
235
Citadella sétány
Szent Gellért rakpart
Raoul Wallenberg rakpart
Belgrád rakpart
Jane Haining rakpart
Friedrich Born rakpart
Széchenyi rakpart
Idősebb Antall József rakpart
Szabadság híd
Erzsébet híd
Hegyalja út
Attila út
Krisztina körút
Alagút utca
Lánchíd utca
Andrássy út
Bajcsy-Zsilinszky út
Károly körút
Múzeum körút
Kossuth Lajos utca
Szabad sajtó út
Rákóczi út
Blaha Lujza tér
Erzsébet körút
József körút
Üllői út
Baross utca
Baross tér
Kerepesi út
Thököly út
Fiumei út
Népszínház utca
Dohány utca
Wesselényi utca
Király utca
Dob utca
Rottenbiller utca
Garay utca
Verseny utca
Mosonyi utca
Rumbach Sebestyén utca
Ráday utca
Kálvin tér
Fővám tér
Sóház utca
Vámház körút
Múzeum utca
Szentkirályi utca
Puskin utca
Bródy Sándor utca
Somogyi Béla utca
Mária utca
Práter utca
Nap utca
Magdolna utca
Mátyás tér
Köris utca
Tömő utca
Szabadság tér
Zrínyi utca
Október 6. utca
Arany János utca
Nádor utca
Sas utca
Deák Ferenc utca
Erzsébet tér
Március 15. tér
Váci utca
Petőfi Sándor utca
Régi posta utca
Hunyadi János út
Fő utca
Szilágyi Dezső tér
Naphegy utca
Orom utca
Bérc utca
Kelenhegyi út
Számadó utca
Somlói út
Tigris utca
Keleti Pályaudvar
Kis Stáció utca
Horváth Mihály tér
Leonardo da Vinci utca
Bókay János utca
Szigony utca
Jázmin utca
Dugonics utca
Tűzoltó utca
Kinizsi utca
Pál utca
Csepreghy utca
Kisfaludy utca
Futó utca
Vajdahunyad utca

schichte der Hersteller, der Familie Zwack. Während der Tour kann man Unicum verkosten. @ gtm152

Zsidó Múzeum (Jüdisches Museum), Dohány u. 2, ✆ 4135500 In Nachbarschaft der Großen Synagoge zeigt die Sammlung wertvolle Gegenstände der jüdischen Kultur und eine eindrucksvolle graphische Darstellung über die Konzentrationslager und die Deportation ungarischer Juden. @ obv387

Mátyás-templom (Matthiaskirche), Szentháromság tér 2, ✆ 4890716 Die auch Liebfrauenkirche genannte Kirche wurde 1255-69 unter König Béla IV. als Teil der Burg von Buda erbaut. Um 1370 wurde die Kirche von König Ludwig dem Großen in eine gotische Hallenkirche mit drei Schiffen umgebaut. 1541 eroberten die Türken die Stadt Buda und wandelten die Kirche in ihre Hauptmoschee um, die Kirche war fast 150 Jahre als Büyük Camii, Große Moschee, bekannt. Im 17. Jh. wurde die Kirche schließlich barockisiert. @ kty771

Szent István Bazilika (St. Stephan Basilika), Szent István tér 1, ✆ 3110839 Mit dem Bau der größten Budapester Kirche wurde 1851 begonnen, 1868 stürzte jedoch die Kuppel ein. Nach Plänen von Miklós Ybl konnte schließlich 1905 das eklektische Werk eingeweiht werden. Als Reliquie wird hier die rechte Hand des ersten ungarischen Königs Stephan (975-1038) aufbewahrt. @ rkv656

Nagy Zsinagóga (Große Synagoge), Dohány u. 2, ✆ 4135584 Die größte Synagoge Europas bietet für 3.000 Menschen Platz und ist ein Werk eines Schülers Otto Wagners. Eine Gedenktafel erinnert an Theodor Herzl (geb. 1860 in Budapest). @ xcf444

Citadella (Zitadelle), Gellérthegy, Gellért-Berg. Die Festungsanlage „wacht" seit 1849 über die Stadt, errichtet als Reaktion der Habsburger Siegermacht auf den ungarischen Freiheitskampf. Heute wird sie vom „Befreiungsdenkmal" überragt, das 1947 als Erinnerung an den Sieg der Sowjettruppen über die Wehrmacht aufgestellt wurde. Großartige Aussicht auf die Burg und die vom Fluss zweigeteilte Stadt. @ msi834

Halaszbastya (Fischerbastei), Szentháromság tér, ✆ 4583000 Die Bastei wurde 1895-1902 an Stelle der alten Budaer Burgmauer nach Plänen von Frigyes Schulek im neoromanischen Stil erbaut, die spitzen Steintürme symbolisieren die sieben Stammesführer der Ungarn. Die Fischerbastei bietet einen fantastischen Ausblick über Budapest. @ nqe112

Vajdahunyad vára (Burg Vajdahunyad), Vajdahunyad vár, ✆ 4220765 Ursprünglich zur Millenniumsausstellung 1896 aus Holz erbaut, wurde die Burg 1896-1908 mit Steinen und Ziegeln neu errichtet. Die Anlage soll anhand von Nachbildungen aus Romanik, Gotik, Renaissance und Barock die Geschichte der ungarischen Baukunst dokumentieren. Im Mittelpunkt steht eine Rekonstruktion der Burg Vajdahunyad in Siebenbürgen. In der Burg befindet sich das Ungarische Landwirtschaftsmuseum. @ lak436

Labirintius (Burglabyrinth), Úri u. 9 Eine faszinierende Präsentation der weitläufigen unterirdischen Gänge der Burg. Im 15. Jh. wurde Vlad Tepes, auch als Graf Dracula bekannt, hier gefangen gehalten. Später wurde das Höhlensystem als Lagerraum, Weinkeller und im Zweiten Weltkrieg als deutsches Hauptquartier genutzt. @ ygg217

Szemlő-hegyi-barlang (Szemlő-hegyi-Höhle), Pusztaszeri út 35, ✆ 3256001 Von KennerInnen als der „unterirdische Garten von Budapest" bezeichnet, wartet die Höhle aus dem Eozän, eine von vielen in der Umgebung, mit wundervollen Stalagmiten und Stalaktiten auf. @ nqi188

BudaBike Tours, Szent István tér 4, ✆ 0670/6711274. Geführte Sightseeing-Radtouren. Treffpunkt Szent István tér vor der Basilika. @ tib273

Budavári Sikló (Standseilbahn zum Burgpalast), Clark Ádám tér 1, ✆ 2019128 Die 1870 erstmals eröffnete Bahn fährt mit originalgetreuen Wagen zwischen den originalgetreuen Stationen. Die Fahrt dauert bloß ein paar Minuten. An der unteren Station, am Kopfe der Kettenbrücke, befindet sich der 0-Kilometerstein, von dem die in Ungarn angegebenen Entfernungen gemessen werden. @ etr541

Burgviertel, Stadtteil Buda. Im Mittelalter befand sich hier der Stadtkern und damit das politische und kulturelle Zentrum Ungarns. Nach der Besatzungszeit durch die Türken entstand das Viertel im 18. Jh. neu, auf diese Zeit geht das Gros der sorgfältig restaurierten Bausubstanz zurück.

Fogaskerekű Vasút (Zahnradbahn), Városmajor, ✆ 2584636 Die Fahrt auf der 1874 angelegten, 3,5 km langen Trasse durch die Budaer Villenviertel auf den Széchenyi-Berg verspricht einer der Höhepunkte des Stadtbesuchs zu werden. @ hoq725

Földalatti (Alte U-Bahn), Széchenyi fürdő Die Linie M 1 ist die älteste Untergrundbahn des Kontinents, errichtet anlässlich der Millenniumsfeier 1896 und verbindet unter der Prachtstraße Andrássy út verlaufend stilvoll den zentralen Vörösmarthy tér mit dem alten Zoo im Stadtpark. @ bcw872

Hősök tere (Heldenplatz), Dózsa György út. Der Platz wird beherrscht vom Millenniumsdenkmal, das 1896 anlässlich der Tausendjahrfeier der Landnahme errichtet wurde und die Größe der ungarischen Nation vor Augen führen soll. @ tth541

Jüdisches Viertel, Erzsébetváros, Elisabethstadt, VII. Bezirk. Die jüdische Gemeinde in Budapest zählte in der Vorkriegszeit rund 200.000 Menschen. Heute ist vom einst vielfältigen Gemeindeleben nur mehr wenig zu sehen, jedoch bieten sich hinter den abbröckelnden Fassaden für Interessierte die reizvollsten Entdeckungen jüdischer Architektur und Lebensweise. @ lop546

Kávéház Gerbeaud (Café Gerbeaud), Vörösmarty tér 7-8, ✆ 4299000 Das touristische Aushängeschild unter den Budapester Kaffeehäusern, aber mehr wegen seines verschwenderischen gutbürgerlichen Interieurs als der Konfiserie zuliebe einen Besuch wert. @ wek634

Magyar Állami Operaház (Ungarische Staatsoper), Andrássy út 22, ✆ 8147100, ✆ 0630/7812630 Die Ungarische Staatsoper (1875-84) ist eines der prachtvollsten Beispiele der Neorenaissance-Architektur. Finanziert wurde der Bau von von der Stadt Budapest sowie König Franz Joseph I., der als Bedingung festlegte, dass sie kleiner sein sollte als die Wiener Staatsoper. Es gibt geführte Besichtigungstouren. @ bwg765

Margitsziget (Margareteninsel), XIII. Bezirk. Die jüngere Geschichte der Insel beginnt Ende des 18. Jhs., als der Vizekönig Joseph von Habsburg hier ein Sommerpalais bauen und einen Park mit exotischen Bäumen anlegen ließ. 1867 wurde die erste Heilquelle entdeckt, womit die Entwicklung zum Bade- und Kurbetrieb begann. Heute für den motorisierten Verkehr gesperrt, ist die 288} m lange Insel ein beliebter Erholungsort. @ fdd288

Nyugati pályaudvar (Westbahnhof), Nyugati tér 57. Der sehenswerte renovierte Bau ist ein klassischer Kopfbahnhof (1874-77), dessen Glashalle von August de Serres und die Eisenkonstruktion von Gustave Eiffel, dem Erbauer des Pariser Eiffelturms, stammt.

Budapest

Zugligeti Libegö (Sessellift), Zugligeti út 97, ✆ 3943764 Die ungefähr 1 km lange Bahnstrecke verläuft in einer Höhe von etwa 8 m. Die Fahrt dauert ca. 15 min. und die Aussicht vom Johannesberg (János-hegy) ist traumhaft. @ jtb741

Bike & Relax Kft, Madach Imre ut 12, ✆ 0043 664 402 1691, ✆ 0630/3008003. Geführte Radtouren in Budapest und Umgebung. @ ogc831

Állatkert (Zoo), Állatkerti krt. 6-12, ✆ 2734900 Der 1866 eröffnete Zoo ist dank seiner historischen Gebäude und seiner Sammlung von mehr als 850 Tierarten und über 2000 Pflanzenarten einer der führenden Zoos der Welt. @ piv644

Király fürdő (Königsbad), Fő u. 84, ✆ 2023688. Das 1566 vom türkischen Pascha Sokoli Mustafa erbaute Bad ist nur eines der zahlreichen reizvollen Badeanstalten und Heilquellen der Stadt. Im 18. Jh. barock und 1827 klassizistisch erweitert, bestehen die Becken und die große Kuppel noch im Original. @ wqr756

Rudas fürdő (Rudasbad), Döbrentei tér 9, ✆ 0620/3214568. Hier stand schon vor dem türkischen Bau von 1566 eine Badeanlage, gespeist von radioaktivem und schwefelhaltigem Wasser. Eine Erweiterung erfolgte Ende des 19. Jhs. durch Miklós Ybl. Auch heute wird diese Quelle noch als Heilbad genutzt. @ awc276

Széchenyi Gyógyfürdő (Széchenyi Bad), Állatkerti krt. 9-11, ✆ 0620/4350051, @ hgm311

Budapest ist eine Stadt der Gegensätze, die in ihrer heutigen Form zwar nicht mehr als 100 Jahre zählt, aber den vergangenen Glanz der Monarchie ausstrahlt.

Sie ist die unbestrittene Königin unter den ungarischen Städten und weit mehr als nur deren größte.

Juristisch gesehen erfolgte die Stadtgründung erst 1873 durch die Vereinigung der drei bis dahin unabhängigen Städte Pest, Buda und Obuda. Die Ursprünge der Stadt gehen aber auf Siedlungen der illyrisch-keltischen Ewarisker und auf das römische Legionärslager Aquincum zurück.

Die Magyaren errichteten dann die Burg Kurszans, die ihr erstes Herrschaftszentrum darstellt. 1241 wurden Buda und Pest von den Mongolen zerstört. König Béla IV. ließ 1247 auf dem Schlossberg in Buda die erste königliche Burg errichten, die später zu seiner ständigen Residenz wurde. Pest bedachte er mit staatlichen Vorrechten, die auch den Steinbruch und Klein-Pest am linken Donauufer einschlossen. Der Name Pest scheint von den Kalköfen herzurühren (altslawisch pesti: der Ofen) und zeugt von der – lange Zeit – großteils slawischen Bevölkerung.

Nach der Eroberung durch die Türken war Buda Sitz eines Paschas und aus den zahlreichen Badehäusern, die die Römer hinterlassen hatten, wurden die berühmten türkischen Bäder. Erst in der zweiten Hälfte des 18. Jahrhunderts kam es zum wirtschaftlichen und kulturellen Aufschwung, wobei Buda rasch von Pest überholt wurde, das 1848 zum geistigen und politischen Mittelpunkt des Landes wurde. Um diese Zeit wurde die Stadt von einem starken Trend zum Neuen erfasst. So eröffnete Budapest 1896 die erste Untergrundbahn auf dem europäischen Kontinent, die damit nach der Londoner Metro die zweitälteste der Welt darstellt. Aus dieser Zeit stammen auch die aus Stahl und Glas erbauten Bahnhöfe und Markthallen.

Die Donau trennt Buda von Pest, die beiden Stadtteilecht sind durch acht prachtvolle Brücken verbunden. Buda ist der ältere Teil der Stadt, ihr Mittelpunkt befindet sich heute aber in Pest. Um den engen Stadtkern lagern sich breit ausladende neue Viertel, axial gegliedert von Boulevards von pariserischem Gepräge mit vierreihigen Platanenalleen und großen Plätzen.

Die Fischerbastei, ein altertümlicher Prunkbau, ist der augenfälligste Teil einer ganzen Kulisse verschiedenster Stile. Hinter der Bastei liegt der schönste Teil von Buda mit der würdigen Matthiaskirche, dem alten Rathaus mit Renaissancefassade und vielen anmutigen kleinen Gassen: schmucke Barockpalais gesellen sich zu noblen Patrizierhäusern, die zum Teil gotische Fundamente aufweisen.

Auf dem Burgberg befindet sich die königliche Burg. Sie wurde nach dem Abzug der Türken durch ein Freudenfeuer zerstört. Franz A. Hillebrand baute sie im Barockstil wieder auf, später wurde sie von Miklós Ybl umgestaltet, und 1945 brannte sie aus. Beim Spaziergang durch die Gässchen des Burgviertels sollten Sie in der Uri utca 9 Halt machen. Hier befindet sich der Eingang zum unterirdischen Höhlensystem der Burg. Die mehr als zehn Kilometer langen Gänge sind natürliche Höhlen, die im späten Mittelalter miteinander verbunden wurden.

Sie haben nun das Ende Ihrer Radreise erreicht. Wir hoffen, Sie hatten einen erlebnisreichen und interessanten Radurlaub und freuen uns, dass Sie ein ***bikeline***-Radtourenbuch als Begleiter gewählt haben.

Das gesamte ***bikeline***-Team wünscht Ihnen eine gute Heimreise!

Übernachtungs- und Serviceverzeichnis

Kategorien

- Tourist-Information
- Hotel
- Hotel garni
- Gasthof, Gasthaus
- Pension, Gästehaus
- Privatzimmer
- Hostel
- Motel
- Naturfreundehaus
- Apartmenthotel
- Bed and Breakfast
- Bungalow
- Ferienwohnung (Auswahl)
- Bauernhof
- Heuhotel
- Sonstiges
- Jugendherberge, -gästehaus
- Campingplatz
- Zeltplatz (Naturlagerplatz)

Die Auflistung stellt keine Empfehlung einzelner Betriebe dar und erhebt keinen Anspruch auf Vollständigkeit. Um das Verzeichnis stets aktuell zu halten, sind wir für Mitteilungen bezüglich Änderungen jeder Art dankbar. Der einfache Eintrag erfolgt für die Betriebe natürlich kostenfrei, aus Platzgründen können wir diesen allerdings nicht garantieren. Vor allem in Tourismusgebieten mit großem Übernachtungsangebot muss die Liste aus Platzgründen automatisiert leicht gekürzt werden.

Kennzeichnung

I Preiskategorie unter € 25,–
II Preiskategorie € 25,– bis € 35,–
III Preiskategorie € 35,– bis € 50,–
IV Preiskategorie € 50,– bis € 70,–
V Preiskategorie € 70,– bis € 100,–
VI Preiskategorie über € 100,–
o.F. kein Frühstück angeboten
HP mit Halbpension
nur Zimmer mit Etagenbad
Bett+Bike Betrieb
2.5 Entfernung vom Weg in Kilometer Luftlinie

Preise

Die Preise gelten als Richtwert pro Person in einem Doppelzimmer mit Dusche oder Bad inkl. Frühstück. Die angegebenen Preiskategorien entsprechen dem Stand des Erhebungs- bzw. Überarbeitungszeitraumes und können sich von den tatsächlichen Preisen unterscheiden. Besonders während Messezeiten, aufgrund von unterschiedlichen Zimmertypen und nicht zuletzt saisonal bedingt sind preisliche Schwankungen möglich.

Radwerkstätten u. -vermietung

- Fahrradwerkstatt
- Servicestation od. -automat
- Fahrradvermietung
- E-Bike Verleih
- E-Bike Ladestation
- abschließbare Abstellanlagen

bett+bike adfc

Alle mit dem Bett+Bike-Logo gekennzeichneten Betriebe erfüllen die vom ADFC vorgeschriebenen Mindestkriterien als „Fahrradfreundliche Gastbetriebe" und bieten darüber hinaus so manche Annehmlichkeit für Radfahrer. Detaillierte Informationen finden Sie unter ***www.bettundbike.de***.

adfc Allgemeiner Deutscher Fahrrad-Club

Entfernung

Die blaue Zahl (2.5) beim Betrieb gibt die Entfernung zur Route in Kilometern an. Bitte beachten Sie, dass sich diese Zahl auf die Luftlinie bezieht, ohne Berücksichtigung der Höhenmeter und der tatsächlichen zurückzulegenden Strecke.

Updates

Aktuelle Korrekturen zum Übernachtungsverzeichnis erhalten Sie über das LiveUpdate auf ***www.esterbauer.com***.

Von Wien nach Bratislava

Wien Ⓐ

Vorwahl: 01

- Tourist-Information, Albertinapl./Maysederg., 1. Bezirk (Wien), ✆ 24555 0.5
- Tourist-Information Hauptbahnhof, Am Hauptbahnhof 1, im Infopoint der ÖBB, ✆ 24555 0.5

Wien/1. Bezirk Ⓐ

Vorwahl: 01

- Tourist-Information, Albertinapl./Maysederg., ✆ 24555 0.5
- Tourist-Information, Albertinapl./Maysederg., ✆ 24555 0.5
- H **Austria, Am Fleischmarkt 20, Wolfeng. 3, ✆ 51523, II-V** 0.5
- **Vienna Explorer, Franz-Josefs-Kai 45, ✆ 8909682** 0
- H Alma Boutique Hotel, Hafnersteig 7, ✆ 5332961, IV 0
- H Das Tigra Hotel, Tiefer Graben 14-20, ✆ 53396410, IV-V 0.5
- H De France, Schottenring 3, ✆ 313680, IV-V 0
- H Domizil, Schulerstr. 14, ✆ 5133199, IV-V 0.5
- H Kaiserin Elisabeth, Weihburgg. 3, ✆ 515260, IV-VI 0.5
- H Kärntnerhof, Grashofg. 4, ✆ 5121923, IV-VI 0.5
- H König von Ungarn, Schulerstr. 10, ✆ 515840, VI 0.5
- H Mailberger Hof, Annag. 7, ✆ 5120641, III-VI 0.5
- H Marc Aurel, Marc-Aurel-Str. 8, ✆ 53336400, ✆ 5335226, IV 0.5
- H Post, Fleischmarkt 24, ✆ 515830, III-V 0.5
- H Royal, Singerstr. 3, ✆ 515680, IV-VI 0.5
- H Schlosshotel Römischer Kaiser, Annag. 16, ✆ 51277510, V-VI 0.5
- H Starlight Suiten Renngasse, Renng. 13, ✆ 5339989, V-VI 0.5
- H Vienna Marriott, Parkring 12a, ✆ 515180, VI 0
- H Zur Wiener Staatsoper, Krugerstr. 11, ✆ 5131274, ✆ 0664/3461840, IV-V 0.5
- P Arenberg Boutique Hotel Zentrum, Stubenring 2, ✆ 51252910, V-VI 0
- P Dr. Geissler, Postg. 14, ✆ 5332803, III 0
- P Neuer Markt, Seilerg. 9, ✆ 5122316, III-V 0.5
- P Opera Suites, Kärntner Str. 47, ✆ 5129310, VI 0.5
- P Residenz, Ebendorferstr. 10, ✆ 40647860, III-IV 0.5
- P Riedl, Georg-Coch-Pl. 3/4/10, ✆ 5127919, III-V 0
- P Sacher Apartments, Rotenturmstr. 1-3, 7. Stock, ✆ 5333238, ✆ 0676/4451658, o.F., IV-V 0.5
- Newton-Bikes, Lobkowitzpl. 3, ✆ 0650/3635346 0.5
- Pedal Power Vienna, Bösendorferstr. 5, ✆ 7297234 0
- Radhaus Singer, Reichsratsstr. 13, ✆ 4062143 0.5
- Trek Bicycle Vienna, Hegelg. 19, ✆ 5130514 0

Wien/2. Bezirk Ⓐ

Vorwahl: 01

- H Austria Classic Hotel Wien, Praterstr. 72, ✆ 211300, IV-VI 0
- H Henriette Stadthotel, Praterstr. 44-46, ✆ 2148404, IV-V 0
- H Hilton Vienna Danube Waterfront, Handelskai 269, ✆ 72777, V-VI 1
- H Kunsthof, Mühlfeldg. 13, ✆ 2143178, III-IV 0.5
- H Mercure Wien City, Hollandstr. 3, ✆ 213130, IV-V 0.5
- H Odeon, Weintraubeng. 31, ✆ 2142362, ✆ 0650/4720732, IV 0.5
- H Stefanie, Taborstr. 12, ✆ 211500, V 0.5
- H Wilhelmshof, Kleine Stadtgutg. 4, ✆ 21455210, IV-V 0.5
- H ibis Wien Messe, Lassallestr. 7a, ✆ 217700, III-V 1
- Peter Vesecky, Böcklinstr. 64, ✆ 7289311 1
- Radsport Rih, Praterstr. 48, ✆ 2145180 0
- Sator Bike Shop, Böcklinstr. 104, ✆ 7289136 1
- Star Bike, Bruno-Marek-Allee 11, ✆ 2198560 1

Wien/3. Bezirk Ⓐ

Vorwahl: 01

- H Garten- & Kunsthotel Gabriel, Landstraßer Hauptstr. 165, ✆ 7123205, III-IV 2
- H Mercure Grand Hotel Biedermeier Wien, Landstraßer Hauptstr. 28, ✆ 716710, V-VI 1
- H Urania, Obere Weißgerberstr. 7, ✆ 7131711, III-IV 0.5
- H Vienna Sporthotel, Baumg. 83, ✆ 79882010, IV-V 1.5
- H ibis budget Wien Sankt Marx, Franzosengraben 15, ✆ 7984555, III-IV 2
- P Bosch, Keilg. 13, ✆ 7986179, III 1
- P Kibi Rooms, Landstraßer Hauptstr. 33, ✆ 7121068, III 1
- Fahrrad1030, Sechskrügelg. 2, ✆ 0699/17000542 1
- Galaxy Fahrräder, Hintere Zollamtsstr. 11, ✆ 0699/11398484 0.5

Wien/4. Bezirk Ⓐ

Vorwahl: 01

- H Beim Theresianum, Favoritenstr. 52, ✆ 5051606, III 0.5
- H Carlton Opera, Schikanederg. 4, ✆ 5875302, III-VI 0.5
- H Congress, Wiedner Gürtel 34, ✆ 5055506, III 0
- H Drei Kronen, Schleifmühlg. 25, ✆ 5873289, IV 0.5
- H Johann Strauss, Favoritenstr. 12, ✆ 5057624, IV 0.5
- H Kaiserhof Wien, Frankenbergg. 10, ✆ 5051701, IV-VI 0.5
- H Prinz-Eugen, Wiedner Gürtel 14, ✆ 5051741, III-IV 0
- H Sommerhotel Wieden, Schelleing. 36, ✆ 50152100, III-IV. von Juli bis September geöffnet 0.5
- P Attaché, Wiedner Hauptstr. 71, ✆ 5032301, III 0.5

2rad-shop Gerhardt, Wiedner Hauptstr. 55, ✆ 0676/6850715 0.5

ARGUS Shop, Frankenbergg. 11, ✆ 5050907 0.5

Wien/5. Bezirk Ⓐ

Vorwahl: 01

H Allegro, Matzleinsdorferpl. 1, ✆ 5442743, o.F., I-II 1.5

H Art Hotel Vienna, Brandmayerg. 7-9, ✆ 5445108, IV 1.5

H Austria Trend Hotel Ananas, Rechte Wienzeile 93-95, Eingang Sonnenhofg. 8-10, ✆ 54620901, III-V 1.5

H Holiday Inn Wien City, Margaretenstr. 53, ✆ 58850, IV-V 1

H Ibis Wien City, Schönbrunner Str. 92, ✆ 590070, III-IV 2

Fw Residenz Johann-Strauß, Einsiedlerg. 19, ✆ 5441351, ✆ 0676/5378816, II-V 2

MITICO Bikes Vienna, Margaretenstr. 107, ✆ 9072087 1.5

die radwerkstatt, Margaretengürtel 134, ✆ 5443801 2

Wien/6. Bezirk Ⓐ

Vorwahl: 01

H Die Josefine, Esterházyg. 33, ✆ 58870, V-VI 1.5

H Ibis Wien Mariahilf, Mariahilfer Gürtel 22-24, ✆ 59998, IV 2

H Leonardo, Matroseng. 6-8, ✆ 599010, ✆ 59901551, IV 2

H Secession, Getreidemarkt 5, ✆ 588380, V 0.5

H Terminus, Fillgraderg. 4, ✆ 58773860, III-IV 0.5

P Esterhazy, Nelkeng. 3, bei Mariahilfer Str. 67, ✆ 5875159, o.F., II-III 1

P Haydn, Mariahilfer Str. 57-59, ✆ 58744140, III-V 1

Kolpinghaus Wien Zentral, Gumpendorferstr. 39, ✆ 58756310, II-IV 1

Westend City Hostel, Fügerg. 3, ✆ 5976729, II-III 2

Bicycle Company, Getreidemarkt 1, ✆ 8901028 0

Ciclopia, Stiegeng. 20, ✆ 5867633 1

Cooperative Fahrrad, Gumpendorfer Str. 111, ✆ 5965256 2

Fahrrad+Skii, Linke Wienzeile 124/128, ✆ 5978288, ✆ 0664/1004659 1.5

IG Fahrrad, Otto Bauer G. 16, ✆ 5235113, ✆ 0650/3346723 1.5

Radsport Niesner, Schmalzhofg. 10, ✆ 5970477, ✆ 0664/1810921 1.5

Wien/7. Bezirk Ⓐ

Vorwahl: 01

H Admiral, Karl-Schweigerhofer-G. 7, ✆ 521410, III-V 0.5

H Gilbert, Breite G. 9, ✆ 5231345, IV-VI 0.5

H Intercityhotel Wien, Mariahilfer Str. 122, ✆ 525850, III-IV 2

H K & K Maria Theresia, Kirchbergg. 6, ✆ 52123, III-V 0.5

H Kugel, Siebensterng. 43, ✆ 5233355, V-VI 1

H Max Brown 7th District, Schottenfeldg. 74, ✆ 3761070, V 1.5

P Altstadt Vienna, Kircheng. 41, ✆ 5226666, V-VI 1

P Atrium, Burgg. 118, ✆ 0664/3436212, III-IV 1.5

P Dormium, Kandlg. 35/7, ✆ 5267340, ✆ 0681/10395390, IV 1.5

P Hotel Schani Salon, Mariahilfer Str. 58, ✆ 5240970, V. eröffnet nach Umbau wieder im Herbst 2018 1

P Urban Stay Columbia, Kochg. 9, ✆ 4056757, III-IV 1

P Walzerstadt, Zieglerg. 35, ✆ 5237122, III 1.5

JH, Myrtheng. 7, Neustiftg. 85, ✆ 52363160, I 1

IG Fahrrad, Westbahnstr. 28, ✆ 5235113 1.5

reanimated-bikes, Westbahnstr. 35, ✆ 5224018 1.5

Wien/8. Bezirk Ⓐ

Vorwahl: 01

H Alpha, Buchfeldg. 8, ✆ 4035291, III 0.5

H Graf Stadion, Buchfeldg. 5, ✆ 4055284, V-IV 0.5

H Josefshof, Josefsg. 4/8, ✆ 404190, V 0.5

H Rathaus, Lange G. 13, ✆ 4001122, V 0.5

P Adria, Wickenburgg. 23, ✆ 4020238, o.F., III 0.5

P Andreas, Schlösselg. 11, ✆ 4053488, o.F., IV 0.5

P Baronesse, Lange G. 61, ✆ 4051061, IV-V 1

P Excellence, Alser Str. 21, ✆ 4079620, III-IV 1

P Lehrerhaus, Langeg. 20-22, ✆ 4032358, III 0.5

P Zipser, Lange G. 49, ✆ 404540, III-IV 1

Wien/9. Bezirk Ⓐ

Vorwahl: 01

H Am Schottenpoint, Währinger Str. 22, ✆ 3108787, IV 0.5

H Atlanta, Währinger Str. 33, ✆ 4051230, III 1

H Bleckmann, Währinger Str. 15, ✆ 4080899, III 0.5

H Gala, Viriotg. 5, ✆ 310083711, III 2

H Harmonie, Harmonieg. 5-7, ✆ 3176604, V 1

H Mozart, Nordbergstr. 4, ✆ 3171537, III-IV 1

H Regina, Rooseveltpl. 15, ✆ 404460, V-VI 0.5

H Riess City, Türkenstr. 27, ✆ 4022010, ✆ 0660/6241164, o.F., III-IV 0.5

H Strudlhof, Pasteurg. 1, ✆ 3192522, IV 1

P Vera, Alser Str. 18, ✆ 4062595, III 1

Fw Pension Huber/Appartements in Wien 9, Sechsschimmelg. 4/17, ✆ 02243/33884, ✆ 0664/1616331, IV 1.5

Arizona Bike, Nußdorfer Str. 3/3, ✆ 0680/1161575 1.5

Bikers, Spittelauer Lände 12, bei P+R Spittelau, ✆ 2764960 2

Enzovelo, Spittelauer Lände 11, ✆ 3100545 1.5

Mountainbiker, Währinger Gürtel 146/150, ✆ 4707186 2

Wien/10. Bezirk Ⓐ

Vorwahl: 01

i Tourist-Information Hauptbahnhof, Am Hauptbahnhof 1, im Infopoint der ÖBB, Wien,

✆ 24555 0.5
H Bosei, Gutheil-Schoderg. 7B, ✆ 661061096, IV 3.5
H Eitljörg, Filmteichstr. 5, ✆ 6881182, V 4.5
H Kolbeck Zur Linde, Laxenburger Str. 19, ✆ 6041773, II-III 0.5
H Zeitgeist Vienna, Sonnwendg. 15, ✆ 902650, V-VI 0.5
P Arnes, Quellenstr. 120, ✆ 0699/19040580, o.F., II-III 1.5
P Puzwidu, Himberger Str. 67-71, ✆ 6882168, ✆ 0664/9821640, III-IV 6
Rad & Service, Oberlaaer Str. 105, ✆ 0676/6259112 6

Wien/22. Bezirk Ⓐ

Vorwahl: 01
H ARCOTEL Kaiserwasser, Wagramer Str. 8, ✆ 224240, IV-V 2.5
H Asperner Löwe, Asperrnstr. 96, ✆ 2882088, III-IV 3
H Meliá, Donau-City-Str. 7, ✆ 901042003, V-VI 2.5
H NH Danube City, Wagramer Str. 21, ✆ 2675972, ✆ 260200, V-VI 3
Neue Donau, Am Kleehäufel, ✆ 2024010 0.5
2rad-shop Gerhardt, Langobardenstr. 19, ✆ 2825144 2
Biber Sport, Soldanellenweg 53/2/1, ✆ 972425, ✆ 0699/19472425 3.5
Bike+More, Agavenweg 21, ✆ 7344401 7
Bikestore, Erzherzog-Karl Str. 14, ✆ 0660/1112948 3.5
Copa Beach, Copa Cagrana 1, Reichsbrücke/Donauinsel, ✆ 2635242, ✆ 0664/3458585 2
DR Bike, Maria-Tusch Str. 9, ✆ 2806986, ✆ 0660/2037104 4.5

Orth an der Donau Ⓐ

Vorwahl: 02212
Tourismusinformation, Schlosspl. 1, Schloss Orth, ✆ 3555 0
Gemeindeamt, Am Markt 26, ✆ 2208 0.5
P Marchfelder Pension, Schwarzeckerweg 4, ✆ 0676/4924490, II 0.5
P Maria, Uferstr. 1, ✆ 2843, ✆ 0699/12374581 0
P Sabine, Wiener Str. 5, ✆ 0664/4644976 0.5

Haslau-Maria Ellend Ⓐ

Vorwahl: 02232
Gemeindeamt Maria Ellend, Wienerstr. 11, ✆ 80250 1.5
Gh Strasser, Bahnhofpl. 1, ✆ 80230, ✆ 0650/2647800 1.5

Scharndorf Ⓐ

Gemeindeamt, Bodenzeile 1b, ✆ 02163/2303 0

Petronell-Carnuntum Ⓐ

Vorwahl: 02163
Donau Niederösterreich Tourismus, Hauptstr. 3, ✆ 355510 0.5
Gemeindeamt, Kirchenpl. 1, ✆ 2228 0
H Marc-Aurel, Hauptstr. 10, ✆ 2285, ✆ 0650/5611115, III 0.5
P Il Centro, Hauptpl. 21, ✆ 43090, III 0
Camping Petronell, Bruckerstr. 28, ✆ 0677/62771435 0.5
nextbike-Station Archäologischer Park Carnuntum, Hauptstr. 1a, ✆ 02742/229901 0.5
nextbike-Station Bahnhof, Bahnhof, ✆ 02742/229901 0.5

Bad Deutsch-Altenburg Ⓐ

Vorwahl: 02165
Marktgemeinde, Erhardg. 2, ✆ 62900 0
H Kurzentrum Ludwigstorff - Parkhotel, Badg. 21, ✆ 626170, V. 79 0
H Stöckl, Hauptpl. 3, ✆ 62337, III-IV 0

P Madle, Badg. 22, ✆ 62763, ✆ 0699/11578335, III 0
P Parkpension Bichler, Badg. 38, ✆ 62977, ✆ 0699/11810141, III 0
P Schön, Neustiftg. 10, ✆ 62753, III 0
Pz Hofmeister, Badg. 3, ✆ 0676/3538927, II 0
raditäten, Badg. 24, ✆ 0676/6713040 0
nextbike-Station, Bahnhof, ✆ 02742/229901 0.5
nextbike-Station Museum Carnuntium, Badg. 42, ✆ 02742/229901 0

Eckartsau Ⓐ

Vorwahl: 02214
Gemeindeamt, Obere Hauptstr. 1, ✆ 22020 0.5
Gh Kramreiter, Untere Hauptstr. 12, ✆ 2203, II-III 0.5
Pz Schreiner Maria, Untere Hauptstr. 1, ✆ 0664/73620851 0.5
Schloss Eckartsau, Schloss 1, ✆ 2240 0

Loimersdorf (Engelhartstetten) Ⓐ

Vorwahl: 02214
Pz Pekarek, Ortsstr. 58, ✆ 0680/2070582 4.5

Engelhartstetten Ⓐ

Vorwahl: 02214
Gemeindeamt, Obere Hauptstr. 2, ✆ 2292 3
Pz Privatherberge Ornauer, Untere Hauptstr. 5, ✆ 0676/84972668 3

Hainburg a.d. Donau Ⓐ

Vorwahl: 02165
Gästeinformation, Ungarstr. 3, ✆ 62111400 0
Gemeindeamt, Hauptpl. 23, ✆ 621110 0

H Altes Kloster, Fabrikspl. 1a, ✆ 64020, IV-V 0
Mo Motel Hainburg, Pressburger Reichsstr. 70, ✆ 64840, ✆ 0676/4895050, III 0
Gh Mo Pizzeria „el pirata", Pressburger Reichsstr. 72, ✆ 64840, ✆ 0676/4895050, II 0
Gh Zum goldenen Anker, Donaulände 27, ✆ 64810, IV-V 0
Fw Nawratil, Ungarstr. 16, ✆ 0699/12641020, II 0
nextbike-Station, Hauptpl. 24, ✆ 02742/229901 0

Wolfsthal (A)

Vorwahl: 02165
i Gemeindeamt, Hauptstr. 42, ✆ 62676 0
Hg Fidi, Sportplatzweg 11, ✆ 65120, ✆ 0676/3779504, IV 0
P Villa Pannonica, Villag. 9, ✆ 0664/3812074, III-IV 0

Petržalka (Bratislava) (SK)

Vorwahl: 02
H Miva, Bzovícka 38, ✆ 63822556, II-III 4.5
Hg Incheba Expo, Viedenská cesta 7, ✆ 67272542, ✆ 0911/100725, o.F., II 0.5
Chilli's Bike, Šustekova 2690/25, ✆ 62250919 1

Bratislava (Preßburg) (SK)

Vorwahl: 02
i Bratislava Information Service, Klobučnícka 2, ✆ 16186, ✆ 54419410 1
H Aplend City Perugia, Zelená 5, Staré Mesto, ✆ 0902/411111, IV-V 1
H Apollo, Dulovo 1, ✆ 55968922, ✆ 0903/231893, III-V 1.5
H Astra, Prievozská 14, ✆ 58238111, o.F., II-III 2
H Botel Marina Hotelschiff, Nábrežie armádneho generála Ludvíka Svobodu, ✆ 048/4148753, II-III 0.5
H Bratislava, Seberíniho 9, ✆ 20606100, II-III 4
H Bôrik, Bôrik 15, ✆ 20925000, III 1.5
H Crowne Plaza, Hodžovo nám. 2, ✆ 59348111, IV-V 1
H Devín, Riečna 162/4, ✆ 59985111, IV-VI 0.5
H Galéria Tachyon, Vančurova 1, ✆ 54777817, III 2.5
H Marrol's, Tobrucká 4, ✆ 57784600, IV-VI 0.5
H Modena, Vlčie Hrdlo 1/A, ✆ 58597293, ✆ 948/998488, II 4.5
H Nivy, Liščie nivy 3, ✆ 55410390, o.F., II-III 2.5
H No16, Partizánska 16a, ✆ 54411672, ✆ 0903/445900, o.F., III 1.5
H Plus, Bulharská 1743/72, ✆ 48231920, II-III 5
H Radisson Blu Carlton, Hviezdoslavovo nam. 3, ✆ 59390500, V 0.5
H Remy, Stará Vajnorská cesta 37a, Nové Mesto, ✆ 44455063, ✆ 0907/408369, o.F., I-II 7
H Sorea, Kráľovské údolie 6, ✆ 32112870, III 1
H Tatra, Námestie 1. mája 5, Staré Mesto, ✆ 59272111, IV-V 1
H West, Kamzíkov vrch 3139, Kamzíči vrch, ✆ 54788693, III 5
H ibis Centrum, Zamocka 38, ✆ 59292000, III 1
P Arcus, Moskovska 5, ✆ 55572522, III 1.5
P Gremium, Gorkého 11, ✆ 0911118123, o.F., II 0.5
Ho Downtown Bratislava B&B, Panenská 31, ✆ 54641191, ✆ 0902072942, I 1.5
Ho Svoradov, Svoradova 13, ✆ 54411908, ✆ 0910/842917, o.F., I 1
Mladá garda, Račianska 3544/103, ✆ 0918/664020, I 4
Studentenheim Jura Hronca, Bernolákova 2716/1, ✆ 0918/664030, I 2
Camping Zlaté Piesky, Cesta na Senec 2a, ✆ 44257373, ✆ 44450592, I 7

Von Bratislava nach Komárno (SK)

Bratislava (Preßburg) (SK)

siehe Von Wien nach Bratislava

Čilistov (SK)

Vorwahl: 031
H Komorán, Pri hrádzi 33, ✆ 5909100, III 0.5
H X-Bionic Sphere, Dubová 33/A, ✆ 3262111, VI 0.5
P Lindtner, Lipová 34/7, Hársfa ut. 7, ✆ 5626021, ✆ 0905 517 864 0.5

Šamorín (SK)

Vorwahl: 031
H Samaria, Bratislavská 100/D, ✆ 0905262092, IV 2
Bike Union, Školská 3, ✆ 0948722822 1.5

Gabčíkovo (SK)

Vorwahl: 031
H Arpad, Hlavana 1040, ✆ 5595555, ✆ 0903/237951, o.F., II 0.5
P Hóstád, Hlavná 843/16, ✆ 0905/728919 0.5

Ňárad (SK)

Vorwahl: 031
P Platan, Ňárad 434, ✆ 5549414, ✆ 0908/188585, III 0.5

Vámosszabadi

Vorwahl: 030
P Villa Vamus, Széchenyi u. 5, ✆ 9028451, II-III 1
Fw Intertranscoop Lake House, Szabadi ut. 16/B, ✆ 070/4036003, IV. ganzes Chalet für max. 8 Personen 2

Nagybajcs

P Nagybajcsi Lovaspark és Vendégház, Tómelléki út, ✆ 030/6528006, II-III 0
Fw Körtefa Vendégház, Szabadi út 22, II 0

Číčov (SK)

Vorwahl: 035
P Jolán, Na priekope 676/37, ✆ 3210100, II 0.5

Veľké Kosihy (SK)

Fw Countryhouse Kukkónia, Nový rad 134 1.5

Nová Stráž (SK)

Fw Villa Modern house near river Danube, 26 Kostolná, IV-V. ganze Villa für max. 7 Pers. 1

Komárno (SK)

Vorwahl: 035
i Tourist Info, nám. Gen. Klapku 1, ✆ 2851205, ✆ 0948/830202 1

H Banderium, Nám. M.R. Štefánika 11, ✆ 7730156, II-III 0.5
H Bow Garden, Štúrova 1017/2, ✆ 7732237, o.F., I-III 1
H Litovel, Dunajske nábrežie 10, ✆ 0903/443885, II-III 0.5
H Peklo, Platánová alej 1, ✆ 7740620, IV 0
P Apáli, Mŕtve rameno Váhu č. 50, ✆ 7721721 3
P Bella, Jókaiho 9, ✆ 7713028, II 1
P Duna, Dunajská 2, ✆ 0911/317730, I-II 0.5
P Hubert Varga, Jókaiho 19, ✆ 7701787, ✆ 0903/219688, I-II 1
P Lehár, Lehárova 10, ✆ 0918/293924, o.F., I 0.5
P Olymp, Lehárova 12, ✆ 0917/871787, II 0.5
P Szekeres, Svätojánska 12, ✆ 7725927, ✆ 905/431665 1
Fw Apartmán Silvia, Kalmana Thalyho 9, ✆ 908/524624, III 1
piko bike, Meštianska 3018, ✆ 0948/045115 0.5

Alzbetin ostrov (Komárno) SK

Vorwahl: 035
P Delta, Malodunajské nábrezie 10, ✆ 7731566, II 0.5
P Marcipán, Malodunajská cesta 9, ✆ 0915/470877, I 0.5

Von Bratislava nach Komárom (H)

Bratislava (Preßburg) SK

siehe Von Wien nach Bratislava

Petržalka (Bratislava) SK

siehe Von Wien nach Bratislava

Rusovce SK

Vorwahl: 02
H Ponteo - Activity Park Rusovce, Starorímska 1A, ✆ 20909010, ✆ 0911/445542, III-IV 1.5
P Pri Kaštieli, Balkánska 57/86, ✆ 62859112, ✆ 0905/411889, I-II 1
P Rusovský Penzión, Balkánska 114, ✆ 62859572, ✆ 0902/382139, II 1

Čunovo SK

Pz Ubytovanie Cunovo, Novosadná 276/12, ✆ 0918/645426, I 0.5

Rajka

Vorwahl: 096
P Kiserdő Vendégház, Ady Endre út 14., ✆ 030/9161724, o.F., I 1
Aranykárász Kemping, Mosoni-Duna part, ✆ 030/2164122 0

Dunakiliti

Vorwahl: 096
H Diamant Hotel, Csölösztői út 1, ✆ 671470, V 1
P DuNatura Vendégház, Gyümölcsös ut. 49, ✆ 0620/2366837, I 0.5
P DunaÁgi Vendégház, Rév u. 14, ✆ 0620/2627988, I 0
P Villa Hedi, Gyümölcsös út 62, ✆ 224554, ✆ 0630/4591203, I 1
Vadvíz Kemping, Duzzasztómü, ✆ 0630/4866922 1.5
Vizpart, Csölösztőszigeti út 1, ✆ 224579, ✆ 0630/2253318 1

Feketeerdő

P Luca Háza, Fő u. 7, ✆ 0620/9353203, III 3

Dunasziget

Vorwahl: 096
P Családi Kalandok Háza, Park u. 6, ✆ 0620/4769422 0
P Zátonyi Csárda, Zátonyi u. 2, ✆ 233505, ✆ 0630/9360520, I 0
Pz Búroki Vendégház, Doborgaz u. 46, ✆ 233137, o.F. 0.5
Ho Dunaszigeti Erdei Iskola, Sérfenyő u. 26 / b, ✆ 206887, ✆ 0620/2285220, o.F., IV-VI. Schlafsäcke sind mitzunehmen 0
Fw Karolina Apartmanházak, Cikola u. 39a, ✆ 233060, ✆ 0620/3563585 0
Fw Maywald Vendégház, Sérfenyő u. 137, ✆ 233350, ✆ 0620/5997749, I-II 0.5
Nagyszigeti Sátorozóhely, Dózsa György utca, ✆ 0620/4428501 0.5
Szürke Hód, Doborgaz u. 39, ✆ 0620/3960617 0.5
Tündérsziget Ökopark Kemping, Fő ut. 65 0.5

Cikolasziget (Dunasziget)

Fw Citellus Apartman, Cikola utca 94, ✆ 0630/3996051, IV 0
Cikolaszigeti Kisvesszősi kemping, Duna utca 6, ✆ 0620/3960617, o.F., I 0.5

Kisbodak

Esthajnalcsillag Sátorozóhely, Kisbodak Gátőrház u. 1, ✆ 0620/4319220 0.5

Dunaremete

Vorwahl: 096
Fw Ilona Vendégház, Fő u. 1, ✆ 718005, ✆ 0630/2367362 0

Lipót

Vorwahl: 096
H Orchidea, Rákóczi u. 42-44, ✆ 674042, ✆ 0630/4869537, AI, V 0
P Fazekas Vendégház, Kossuth út 27, ✆ 96/721316, ✆ 0630/5922590, I 0
P Fw Kék Duna, Petőfi S. u. 3, ✆ 674018, ✆ 0670/3866823, o.F., I 0
P Fw Orchidea Panzió és Apartmanházak, Békefa sor 5, ✆ 96/960027, ✆ 0630/3864722, I-II 0
Fw Fehér Hattyú, Fő út 80, ✆ 720013, ✆ 0630/5606984, I 0
Lipót Termál és Élményfürdő & Camping, Fő u. 84, ✆ 0630/4737656 0.5

Mosonmagyaróvár

Vorwahl: 096
Ciklámen Tourist, Fő út 8., ✆ 555526 0.5
Tourinform, Magyar u. 9, ✆ 206304 0.5
H Aqua Hotel Termál & Kemping, Kígyó u. 1,

☎ 579168, HP, IV 0.5
[H] Corvina Szálloda, Mosonyi Mihály út 2, ☎ 218131, ☎ 576065, II-III 2
[H] Engler Hotel, Partos u. 14, ☎ 566425, I 2.5
[H] Flexum Thermal Superior, Kolbai Károly u. 10, ☎ 206871, IV 0.5
[H] Fészek Fogadò, Kígyó u. 22, ☎ 211599, ☎ 0620/9823224 od. 0620/2216299, I 0.5
[H] [B&B] Hotel Latja Park, Kórház Str. 6, ☎ 207088, III 0.5
[H] Panoráma, Gulyás Lajos u. 21, ☎ 216167, II 1
[H] Simbad Hotel, Kolbai Károly u. 4, ☎ 0630/6462520, III-IV 0.5
[Mo] Kis-Duna Motel & Kemping, Gabonarakpart 6, ☎ 216433, I 4
[Mo] Motelnet T, Kölcsey u. 4, ☎ 576796, I 2.5
[P] Czinger Vendégszobák, Csillag u. 24, ☎ 219807, ☎ 0630/2156948, o.F., I 0.5
[P] Nimród, Királyhidai út 59, ☎ 211141, II 1
[P] Oroszlán Panzió, Gorkij u. 48, ☎ 213540, ☎ 0630/2590939 0.5
[P] Vitalitás panzió, Kereszt u. 5, ☎ 576754, ☎ 0620/3721775, II 0
[Pz] Kovács, Zurányi u. 9, ☎ 212135, ☎ 213020, ☎ 0630/2984337, I 1
[Fw] Erdös Vendégház és Apartman, Horgász u. 7, ☎ 579497, ☎ 0630/5168752, I 2.5
Körkerékpár Szaküzlet, Kolbai Károly u. 23, ☎ 576013, ☎ 0670/4330410 0.5

Halászi

Vorwahl: 096

[P] Regia, Kossuth u. 102, ☎ 210684, ☎ 0620/3128676, I 0
[Fw] Radek Vendégház, Kossuth u. 21, ☎ 830314, ☎ 0620/3712060, I 0
[Fw] UGO Babos-Major, Kőhídi utca 11, ☎ 210-303, ☎ 0620/9513116, III 0.5
Party Csárda, Duna stny, ☎ 573036, ☎ 0630/2729015 0.5

Hédervár

Vorwahl: 096

[P] Barokk Vendégház, Rózsa F. u. 61, ☎ 0630/4549485, I 0.5
[P] Hédervári Lovasklub Vendégház, Vámkerék u. 2, ☎ 0630/6304471, I-II 1
[P] Kont, Kossuth Lajos u. 19, ☎ 571001, ☎ 0630/9792902, o.F., III 0
[P] Park Panzió, Fő út 41, ☎ 204974, ☎ 0630/6227090, I 0
[Fw] Kék Apartman, Kossuth L. u. 13, ☎ 215430, ☎ 0630/3742426, I 0

Kimle

Vorwahl: 96

[P] Dunahaus Vendégház, Béke u. 59, ☎ 096/228644, ☎ 0630/2707450, o.F., I 4

Novákpuszta (Kimle)

Vorwahl: 96

[P] Szigetköz Camping & Vendégház, Iskola u. 2/1, ☎ 096/228068, ☎ 0630/9050500 3

Ásványráró

Vorwahl: 096

[Fw] Horgásztanya, Petőfi u. 45, ☎ 524988 2
[Fw] Lali Vendégház, Lipóti u. 13, ☎ 0630/9081363, V 1.5
Part Camping, Kikötő u. 51, ☎ 0670/6254881 2

Mecsér

Vorwahl: 096

[P] Dunaparti, Ady E. u. 45, ☎ 213386, ☎ 0620/9495789, o.F., I 1.5

Dunaszentpál

[P] Lovas Panzió, Magyar utca 4, ☎ 096/352291 2

Dunaszeg

Vorwahl: 096

[Pz] Horváth, Fő u. 32, ☎ 602460 0.5
[Pz] Pércsi, Rákóczi u. 11, ☎ 352137, ☎ 0620/9648331, I 0
[Pz] Zöld Vendégház, Szechenyi u. 8, ☎ 602276, ☎ 0620/2003068 0.5
[B&B] La Curia, Somosalja u. 1, ☎ 0630/6485244, III 0

Győrzámoly

Vorwahl: 096

[Fw] Klauz-ház, Szent István u. 5, ☎ 0630/3551484 0

Győr

Vorwahl: 096

[i] Tourinform Győr, Árpád u. 32, ☎ 311771, ☎ 336817 0
[H] Alfa, Tihanyi Árpád u. 23, ☎ 316846, II 1
[H] Amarillis Hotel, Királyszék u. 25, ☎ 447261, ☎ 0630/6227241, o.F., I 5
[H] Amstel Hattyú Fogadó, Töltésszer u. 18, ☎ 518423, II-III 0.5
[H] Arany Szarvas Fogadó, Radó sétány 1, ☎ 517452, ☎ 0620/2783229, II-III 0.5
[H] Baross, Baross Gábor u. 69, ☎ 516290, ☎ 516300, I 1
[H] Bolero Hotel, Fehérvári u. 75, ☎ 526400, II 1.5
[H] Capitulum, Király u. 3/b, ☎ 512350, III-IV 0.5
[H] Corvin Hotel, Corvin u. 17-19, ☎ 515490, ☎ 312171, II 0.5
[H] Famulus Hotel, Budai u. 4-6, ☎ 547770, IV 0
[H] Fonte Hotel, Kisfaludy u. 38, ☎ 513810, III-IV 0
[H] Fortunátus Szabadidö Klub, Kandó K. u. 15b, ☎ 311206, ☎ 0620/9353940, I 0.5
[H] Golden Ball Club, Szent István u. 4, ☎ 618100, IV 0.5
[H] Ibis Győr, Szent István út 10/b, ☎ 509700, III 0
[H] Isabell, Lakatos u. 15, ☎ 528020, III 1
[H] Klastrom, Zechmeister ut 1, ☎ 516910, III 0.5
[H] Konferencia, Apor Vilmos püspök tére 3, ☎ 511450, III 0

H Kálvária, Kálvária u. 22D, ✆ 510800, ✆ 0620/2587211, II-III 1
H Lévai, Schweidel u. 23, ✆ 317685, ✆ 335572 0
H Rába, Árpád út 34, ✆ 889400, II-III 0
H Rákóczi, Rákóczi u. 41, ✆ 524703, ✆ 312717, I 0.5
H Révész, Hédervári u. 22-24, ✆ 320667, ✆ 0670/3623279, III 0
H Smaragd Hotel, Eörsy u. 19, ✆ 519083 1.5
H Weldi, Pesti út 35-37, ✆ 529540, III 0
H Wesselényi, Wesselényi u. 3, ✆ 510040, III-IV 1
P Csendes Éj, Szabadság u. 52, ✆ 333100, ✆ 0670/3899595, I 0.5
P Duna, Vörösmarty u. 5, ✆ 329084, ✆ 0620/9261778, II-III 0.5
P Família Panzió, Szt. Imre u. 131/b, ✆ 436961, ✆ 0670/5519999, I 3.5
P Fantázia Panzió, Banai u. 56/b, ✆ 411915 2
P Fehér Hajó, Kiss Ernő u. 4, ✆ 317608, ✆ 0670/8812253, I 0.5
P Gróf Cziráky, Bécsi kapu tér 8, ✆ 528466, ✆ 310688, ✆ 0670/3778707, I-II 0.5
P Hummel, Kálvária u. 57, ✆ 412599, ✆ 823201, o.F., I 1.5
P Hunyadi, Hunyadi u. 10, ✆ 329162, II 0.5
P Katalinkert Panzió, Sarkantyú köz 3, ✆ 542087, ✆ 542088, ✆ 0630/2775592, I 0.5
P Kertész, Iskola u. 11, ✆ 317461, III 0
P Kiskút, Kiskúti út 41/A, ✆ 0670/8815673, II 0.5
P Fw Kuckó Panzio, Arany János u. 33, ✆ 316260, ✆ 0620/9321941, o.F., I 0
P Pihenő, 1-es főúton, HRSZ 0681/4, ✆ 0670/4536330, I 0
P RQ Boutique & Unique Hotel, Híd u. 12, ✆ 310408, III 0.5
P Relax, Rába u. 60, ✆ 315584, II-III 1.5
P Fw Soho Panzió, Kenyér köz 7, ✆ 550465, ✆ 0630/7582181, I-II 0
P Szederfa Panzió, Hédervári u. 16, ✆ 0620/4283871, o.F., I 0
P Szenti Panzió, Fehérvári u. 155, ✆ 0620/4283871, I-II 2.5
P Teátrum, Schweidel u. 7, ✆ 310640, II 0
B City Camping & Bungalow & Apartman, Hédervári út 56, ✆ 325223, o.F., I-II 0
Blaskovics, Tihanyi Á. út 58., ✆ 421194 1.5
Blaskovics, Baross G. út 61-63, ✆ 438174 1
George Sport, Szent István út 39., ✆ 0620/3114644 0
Peppe, Nagy Imre út 91., ✆ 419507, ✆ 0620/2046685 2.5
Álmos Vezér, Corvin u. 44., ✆ 335567, ✆ 0620/2180072 1
Ladestation, Jókai u. 8, in der Parking Garage Györszol 0.5

Bábolna

Vorwahl: 034

Pz Gémesi Család Vendégháza, Jégeri u. 23, ✆ 369087, ✆ 0670/5239729, o.F. 0.5
Pz Török, Csikótelepi u. 19, ✆ 369317, ✆ 0620/3752257, I 0.5

Ács

Vorwahl: 034

Fw Akácvirág Vendégház, Akácfa u. 45, ✆ 0630/4573498, I. ganzes Ferienhaus für max. 6 Pers. 2.5
Natura Camping, Fö út 1, ✆ 0630/9467361 0
Turcsan Tekerde Kerékpár Centrum, Bartók Béla utca 44, ✆ 0620/7770520 0.5

Komárom

Vorwahl: 034

i Tourinform, Igmándi út 2, ✆ 540590, ✆ 0630/5172068 0.5
H Aqua, Táncsics M. u. 34, ✆ 342190, II-III 1
H Carrier, Varga József u. 9, ✆ 526445, ✆ 030/5710631, o.F., II 6
H Forrás, Táncsics Mihály u. 34, ✆ 540177, III 1
H Karát, Czuczor Gergely u. 54, ✆ 342222, ✆ 0620/3320180, I 1
H Thermál Hotel & Camping, Tancsics M. u. 38, ✆ 341222, III. Thermeneintritt im Hotelpreis inkl. 1
H Tulipán, Kelemen Laszlo u. 1, ✆ 342604, II 0.5
P Aranytál, Szent László u. 1, ✆ 030/5658599, II 0
P Kocsis, Táncsics Mihály u. 79, ✆ 342400, I 1
P Vasmacska/ Pension Anker, Erzsébet tér 2, ✆ 341342, I 0.5
AH Hét Vezér, Táncsics Mihály u. 34, ✆ 540720, III-IV 1
Fw Czanek, Táncsics M. u. 47, ✆ 343339, ✆ 0620/8244872, III 0.5
Fw Ilona, Czuczor utca 47, ✆ 0620/4246411, I 1
Fw Solaris Camping, Táncsics M. u. 34-36, ✆ 342551 1
B WF Szabadidöpark, Puskaporosi u. 24, ✆ 540448, ✆ 030/6649227, I 3
Komfront Kft., Mártírok ú. 47, ✆ 344443 1

Von Komárno nach Esztergom (SK)

Komárno SK

siehe Von Bratislava nach Komárno (SK)

Alzbetin ostrov (Komárno) (SK)

siehe Von Bratislava nach Komárno (SK)

Kúpele Patince (Patince) (SK)

Vorwahl: 035

H Hotel Wellness Patince, Patince 431, ✆ 0918/886715, IV 0.5

H Olive Family Resort, Patince-kúpele 292, ✆ 7731444, ✆ 0902/179079, II-III 0.5

Hg Harmonia, Areal TK 143, ✆ 0911/187870, III 0.5

P Bonaparte, Patince kúpele 292, ✆ 7731444, ✆ 0903/444834 0

Patince (SK)

Vorwahl: 035

Fw Paddi Aparmán, Hlavná ulica 11, ✆ 0905/132138 0.5

Radvaň nad Dunajom (SK)

P Fw Mlyn, Nr. 213, ✆ 0905/717104, II-III 0

Moča (SK)

Vorwahl: 035

P Helén, Hlavná 779, ✆ 7777971, ✆ 0903/231864, I 0.5

Mužla (SK)

Vorwahl: 0036

H Montanara, Mužla 713, ✆ 7583200, ✆ 0917/519104 0

Štúrovo (SK)

Vorwahl: 036

i TIK Štúrovo, Hlavná 8, ✆ 7560199, ✆ 0915/755888, III 0.5

H Fw Guest Centre, Hlavná 78, ✆ 7511023, ✆ 0908/130079, II-III 0.5

H Hotel Thermal, Pri Vadaši 2, ✆ 7560101, IV-V 0.5

H Zahovay, Námestie Slobody 10, ✆ 7511137, ✆ 0907/432150, o.F., I 0

P Mika, Bocskaiho 29, ✆ 0911/811711, o.F., I 0.5

P Fw Penzión Kormoš, Komenského 8, ✆ 7522890, ✆ 0905/513732, I-II 0.5

P St. Florian, Széchenyiho 6a, ✆ 7520060, ✆ 0908/796202, ✆ 0908/796202, II-III 0

P Welya, Pri starej pošte 1, ✆ 7511614, ✆ 0911/667884, o.F., III 0.5

Ho Hostel Dunaj, Ostrihomská 6, ✆ 7511036, ✆ 0948/124778, o.F., I 0

Campsite ATC Vadaš termálne kúpalisko, Vadašská, ✆ 7560122, ✆ 7560121 0.5

Mihálko, Hasičská 3, ✆ 0907/980547 0.5

Esztergom

Vorwahl: 033

i Irány Esztergom, Széchenyi tér 5 0.5

P **Decsi, Babits Mihály út 12, ✆ 400811, ✆ 0630/5003350, I-II** 1

H St. Adalbert, Dózsa György tér 10, ✆ 541972, ✆ 541900, ✆ 0620/7704528, II 0.5

Mo Grante, Dorogi út 5–7, ✆ 435272, ✆ 0630/9691742, II 4.5

P Fw Alabardos, Bajcsy-Zsilinszky u. 49, ✆ 312640, ✆ 0620/5774061, II 0.5

P El Greco, Pázmány Péter utca 15, ✆ 33/631064, ✆ 0630/9140595, I 0.5

P Márta Panzió, Bocskoroskúti út 1, ✆ 311983, ✆ 0630/9528016, I 1.5

P Ria Panzio, Batthyány u. 11-13, ✆ 313115, ✆ 401-428, ✆ 0620/9383091, III 0.5

P St. Kristóf, Dobozi Mihály u. 11, ✆ 416255, o.F., II 1

P Szalma, Nagy Duna sétány 2, ✆ 315336, ✆ 0630/9549138, I 0.5

P Szent György, Andrássy út. 21, ✆ 502180, ✆ 0620/2064587, II 1

Gran Camping, Nagy Duna stny 3, ✆ 402513, ✆ 0620/9795259 0.5

Altrix Sport Bolt, Kossuth Lajos u. 65, ✆ 502175, ✆ 0620/5307946 1

Neuzer, Mátyás király u. 45, ✆ 500580 4

Von Komárom nach Esztergom (H)

Komárom

siehe Von Bratislava nach Komárom (H)

Tata

Vorwahl: 034

i Tourinform, Bercsényi u. 1, ✆ 588633 0.5

H Arnold, Erzsébet királyné tér 8/a, ✆ 588028, ✆ 588130, II 1

H Casablanca, Tópart stny. 3, ✆ 489586, III 1.5

H Gottwald, Fekete ut 1, ✆ 586114, ✆ 0630/1323779, III 3

H Kalóz Fregatt, Almási u. 2, ✆ 382382, ✆ 0670/3211234, I 0.5

H Kiss, Bacsó B. u. 54, ✆ 586888, II-III 1

H Kristály, Ady Endre út. 22, ✆ 026/383614, III-IV 0.5

H Penta Lux, Boróka u. 10, ✆ 588140, ✆ 0630/8301491, III 2.5

H Ho Öreg-tó, Fáklya u. 4, ✆ 487960, ✆ 0630/7566116, III 2.5

P Parti, Boroka u. 6-8, ✆ 487864, I-II 2.5

Fényes Fürdö Kemping, Fényes fürdö, ✆ 0630/4300180 0.5

Kerékpár centrum, Bacsó Béla u. 18, ✆ 382610 1

TOM Kerékpár Szaküzlet és Szerviz, Ady Endre u. 48, ✆ 070/5008576 1

Tóparti Kerékpárbolt, Tópart u 18, ✆ 0630/4336638 0.5

Szomód

Vorwahl: 34

P Gleichauf Panzió, Tatai u. 20, ✆ 034/491178, ✆ 0630/4392457, I 2.5

Dunaszentmiklós

Vorwahl: 034

P Molnár Porta, Petőfi u. 68, ✆ 0620/9753667, I-II 4

P Rozsa, Uj u. 4, ✆ 491923, ✆ 0620/5607390, II 3.5

Dunaalmás

Vorwahl: 034

B&B Vadvirág, Lilla u. 51, ✆ 450227, ✆ 0630/3618025,

I 0.5

Neszmély

Vorwahl: 034

H Hilltop Neszmely Winehotel, Meleges-hegy Pf. 4, ✆ 550440, ✆ 0670/7746663, III 1.5

P Szabó Vendégház, Fő u. 144, ✆ 451934, ✆ 0630/4931944 0

Duna Büfé és Camping, Vízimolnár u. 2, ✆ 0630/4170628 0

Éden, Str Nr. 10, ✆ 0633/474183 0

Nyergesújfalu

Vorwahl: 033

B&B Bali Butique Rooms, Bartók B u 20, ✆ 0620/9528360, II-III 0.5

Fw Paskom Aparmanház, Paskom utca 33, ✆ 0630/1437170, III 0.5

Tát

P Fontana, Béke Tér 39, ✆ 0670/5564109, II 1

Esztergom

siehe Von Komárno nach Esztergom (SK)

Von Esztergom nach Budapest

Esztergom

siehe Von Komárno nach Esztergom (SK)

Pilismarót

Vorwahl: 033

Fw Kishíd Vendégház, Kishíd utca 4, ✆ 0630/9057266, II 0.5

Fw Villa Pilis Dunakanyar, Táncsics Mihály u. 9a, ✆ 0620/3245569 0.5

Dömös

Vorwahl: 033

Fw Dunazug Apartment, Alsórét utca 10, ✆ 0630/5154671, II 0.5

Dömös Camping, Dunapart 1, ✆ 482319 0

Lepence (Visegrád)

H Thermal Hotel Visegrád, Lepence völgy 2, ✆ 026/801900, ✆ 026/801910, HP, V-VI 0

Visegrád

Vorwahl: 026

i Visegrád INFO, Duna-parti út. 1, ✆ 397188 0

H Butikhotel, Mátyás király út 61, ✆ 0620/3880676, III-IV 1

H Honti & Autokamping Kék Duna, Fő u. 66, ✆ 398120, II-III 0

H Mr Görgey Art Hotel, Fő u. 9, ✆ 01/2279614, ✆ 0630/1394749, HP, IV-V 0

H Mátyás Tanya, Fő u. 47, ✆ 398309, I 0

H Royal Club Hotel, Fő u. 92, ✆ 597100, HP, V-VI 0.5

H Silvanus, Panoráma út 2, ✆ 398311, HP, V 1

H Visegrád, Rév u. 15, ✆ 397034, HP, IV 0.5

Gh Elte, Fő út 117, ✆ 398165, I-II 0

P Fekete Holló Panzió, Rév u. 12, ✆ 397290, ✆ 0630/8272255, o.F., I 0.5

P Patak Fogadó, Mátyás király u. 92, ✆ 397486, ✆ 0630/9153995, III. Nur für Erwachsene 1.5

P Villa Harmónia, Mátyás király u. 28, ✆ 0630/1546660, II 0.5

Jurta Camping, Mogyoró-hegy, Mátyás király út 4., ✆ 398227, ✆ 020/3997002, ✆ 20/9846052, I 1

Dunabogdány

Vorwahl: 026

P Irene Vendégház, Erzsébet Királyné u. 36, ✆ 390170, ✆ 3788039, ✆ 0630/3788039, o.F., I 0

Szob

Vorwahl: 020

Malomvölgyi Tabor & Kemping, Malomvölgy telep 1, ✆ 0670/6225709 4.5

Zebegény

Vorwahl: 027

H Hubertus, János Hegy 7, ✆ 373227, ✆ 0630/9522165, II 0

H Natura Hill, Szarvas utca 76, ✆ 030/5995732, V 1

P Almáskert, Almáskert u. 13, ✆ 373037, ✆ 030/9494200, III 1.5

Fw Malomkerék, Malom u. 21, ✆ 373010, ✆ 0630/9764472, II 1

Nagymaros

Vorwahl: 027

Törökmezöi turistaház, Törökmezö 013/2 hrsz., ✆ 350063, ✆ 0630/4844684, o.F. 3.5

Camping Nagymaros, Sólyomszigeti út 67., ✆ 355575, ✆ 0630/3688688 0

Verőce

Vorwahl: 027

H Fehér Hattyú, Arpád u. 60, ✆ 350057, ✆ 0630/3261244, I 0

Gh Magyarkút, Magyarkúti út 5, ✆ 380587, ✆ 020/5604961, ✆ 0620/5618716, I 3

Pz Csobogó Vendégház, Zentai u. 52, ✆ 0670/3683341, III 1

Fw Ilona Prémium Vendégház, Szokolyai út 40, ✆ 0620/3982020, II-III 0.5

Fw ODU House, Meredek köz 3, ✆ 0630/5877072 0.5

Vác

Vorwahl: 027

i Tourinform, Március 15 tér 17, ✆ 316160 0

H Camelot Club, HRSZ 07, an der Hauptstraße 12 zw. Veroce und Vac, ✆ 308310, ✆ 0620/6658170, II 0

H Vörössipka, Honvéd u. 14, ✆ 501055, I 1

P Csillag, Balassagyarmati út 8, ✆ 316421, II 0.5

P Napsugár, Papp Béla ut 15, ✆ 316490, I 0.5

P Zeke, Zeke u. 5, ✆ 313206, ✆ 30 525 4046, I 1

Pz Alt-Tabán Guesthouse, Tabán u. 25, ✆ 316860, ✆ 030/9103428, I 0

Pz Szivárvány, Újhegyi u. 106, ✆ 315831, ✆ 0620/5395291, o.F., III 1

B&B Fónagy & Walter, Budapesti főút 36, ✆ 310682, ✆ 0630/9615116, II 0.5

B&B Lujza & Koriander, Ady Endre sétány 5, ✆ 0630/190664, II 0

Göncöl, Ilona u. 3, ✆ /020/7727982, ✆ 0620/7727970, o.F., I 0

DZ Bike, Galcsek u. 8-10, ✆ 310554 1

Szigetmonostor

Vorwahl: 026

H Rezeda Resort, Rezeda út 27, ✆ 0630/7436287 od. 0630/4455711 1

P Regatta, Parti u. 16, ✆ 0670/3702002, II 1

Dunakeszi

P Fw Kikelet Panzió, Kikelet utca 1, ✆ 0670/2215544, II-III 0.5

P Part Cafe Pension, Duna sor 20, ✆ 027/349225, ✆ 0630/5037611, I 0

Budapest/Káposztásmegyer

H Aquaworld, Íves út 16, ✆ 01/2313600, IV-V 1.5

Budapest/XV. kerület

Vorwahl: 01

H Pólus, Szentmihályi út 131, ✆ 4109600, I 5

Budapest/XIII. kerület

Vorwahl: 01

H Danubius Hotel Helia, Kárpát utca 62-64, ✆ 8895800, IV-V 0

H Ensana Grand Margaret Island, Margitsziget, ✆ 8894752, ✆ 01/8894700, IV 0.5

Ho Fortuna Boat, Szt. István park, alsó rakpart, ✆ 7001854, ✆ 0670/3894305, II 0

Ho Island Hostel, Sirály Csónakház, Margitsziget, ✆ 0630/5877079, I-II 0.5

Fw Apartment4you Budapest, Victor Hugo u. 25, ✆ 0630/9147606, II 0.5

Budapest/XXII. kerület

Vorwahl: 01

P Belle Fleur, Bencés u. 32, ✆ 2282374, II-III 6

Tahitótfalu

Vorwahl: 026

Gh Garden Étterem Kávézó, Visegrádi út 58, ✆ 385025, ✆ 0620/3282047, o.F., II 0

Pz Boglárka Üdülöház, Pacsirta u. 34, ✆ 35310543, o.F. 0.5

Duna Camping Panzió, Kamping u., ✆ 385216, ✆ 0670/3677630 0

Leányfalu

Vorwahl: 026

P Fw Kati Pihenöház, Temető u. 6, ✆ 380278, ✆ 0621/3251040, o.F., II 1

P Villa Székely, Mókus u. 5, ✆ 0670/3272162, ✆ 0630/3857252, I-II 0.5

Dunakanyar Kemping, Alszeghy tér 1, ✆ 383154, ✆ 0670/7718311 0

Szentendre

Vorwahl: 026

Tourinform, Dumtsa Jenö u. 22, ✆ 317965 0

H All Waterfront Hotel, Dunakorzó 5, Yacht Club, ✆ 500478, ✆ 0670/3258925, I-II 0

H Bükkös, Bükköspart 16, ✆ 501360, IV 0.5

H Centrum, Bogdányi u. 15, Dunakorzó, ✆ 302500, o.F., II-III 0

H Panzió 100, Ady Endre u. 100, ✆ 310661, II-III 0.5

H Róz, Pannónia u. 6/b, ✆ 311737, ✆ 0620/9995660, III 0

P Cola, Dunakanyar krt. 50, ✆ 310410, I 0.5

P Corner, Dunakorzó 4, ✆ 300027, ✆ 0670/3277195, o.F., I-II 0

P Fw Erika Vendégház, Levendula u. 7, ✆ 313633, ✆ 0620/3339701, o.F., I 0.5

P Horváth Fogadó, Darupiac 2, ✆ 313950, ✆ 0620/9710036, II 0.5

P Ilona, Rákóczi F. u. 11, ✆ 313599, ✆ 0620/5629841, I 0.5

P Mathias Rex, Kossuth u. 16, ✆ 505570, II-III 0.5

P Szent Andrea, Egres ú. 22, ✆ 311989, ✆ 311989, ✆ 0630/9007821, I 0.5

P Vadrózsa, Vadrózsa u. 5-7, ✆ 314849, II 1.5

P Zita, Örtorony u. 16, ✆ 313866, I 0.5

Pz Jesztrebszki Tiborné, Levendula u. 10, ✆ 313636 0.5

Pz Jászai Tibor Lászlóné, Céh u. 3, ✆ 310657, ✆ 0630/3138731, 0.5

Fw Főtér, Futó u. 3, ✆ 0630/4733128, III 0

P Pap-Szigeti Camping & Pension Paprika, Pap Sziget, ✆ 310697, ✆ 310909 0.5

Balázs Kerékpárbolt, Előd u. 2/a, ✆ 312111, ✆ 0620/2031246 0.5

Pomáz

Vorwahl: 026

P Tutti Panzió, Budakalászi u. 14, ✆ 325888, ✆ 0630/3612160, o.F., I 3

Budakalász

Vorwahl: 026

P Jármy, Fürj u. 13, ✆ 342700, ✆ 0204350887, I 2.5

P Müller-Fogadó, Pomázi u. 42, ✆ 342733, ✆ 0630/3906982, I 3

Pz Fw Cuki, Budai u. 39, ✆ 341238 2

B Lupa, Tó u. 1, ✆ 0670/3807129 0.5

Üröm

Vorwahl: 026

P Kőhegy Fogado, Kőhegy u. 73/14, II 4

Budapest

Vorwahl: 01

Tourinform, Sütő utca 2, Deák tér, ✆ 3188718 1

Bike & Relax Kft, Madach Imre ut 12, ✆ 0043 664 402 1691, ✆ 0630/3008003 1.5

Bar-Ker, Cserhát u. 16, ✆ 3522395 3

Bringangyal, Balzac u. 48a, ✆ 0620/5553884 0.5

Duna, Katona József u. 3, ✆ 0670/4515526 0.5

K2 Bike, Pacsirtamező u. 16, ✆ 4530818, ✆ 0630/9952728 0.5

Wilker, Árpád fejedelem út 8, ✆ 3263646 0

Bringóhintó, Hajós Alfréd sétány 1, Margitsziget, ✆ 3292073, ✆ 0620/4234600. Verleih von Tretmobilen. 0.5

Dynamo Bike and Bake, Képíró u. 6, ✆ 0630/8681107 1

Budapest/I. kerület

Vorwahl: 01

H Aquincum, Árpád fejedelem útja 94, ✆ 4364159, V 0

H Art'otel, Bem rakpart 16-19, ✆ 4879487, V 0

H Benczúr, Benczúr utca 35, ✆ 4795650, II-III 2

H Budapest Marriott, Apáczai Cserer János utca 4, ✆ 4865000, VI 0.5

H Carlton Hotel, Apor Péter utca 3, ✆ 2240999, III-V 0

H Hilton Budapest, Hess András tér 1-3, ✆ 8896600, V-VI 0.5

H Mercure Buda, Krisztina körút 41-43, ✆ 4888100, IV 1

H Novotel Centrum, Rákóczi út 43-45, ✆ 4696103608, I 2

H Orion, Döbrentei utca 13, ✆ 3568583, III-IV 0

H Victoria, Bem rakpart 11, ✆ 4578080, IV-V 0

Budapest/II. kerület

Vorwahl: 01

H Beatrix, Széher út 3, ✆ 2750550, III 4

H Tiliana, Hárshegyi út 1-3, ✆ 3910027, III-IV 5

P Mohácsi, Bimbó út 25/A, ✆ 3267741, ✆ 0620/3233154, I-II 1

Ho Grand Hostel, Hűvösvölgyi út 69, Versec sor 1, ✆ 2741111, I-II 4

Budapest/III. kerület

Vorwahl: 01

H Alfa Art, Királyok útja 205, Kossuth Lajos üdülőpart 102, ✆ 4530060, ✆ 4530062, ✆ 0620/3967555, III-IV 0

H Attila Hotel, Attila u. 20, ✆ 2403373, II-III 1.5

H Bed-Breakfast, Rozália utca 76-78, ✆ 4541610, I 1.5

P Alfred, Vasút sor 20, ✆ 4369316, ✆ 0630/5255832, II 1.5

Budapest/V. kerület

Vorwahl: 01

H Danubius Hotel Astoria, Kossuth Lajos utca 19-21, ✆ 8896000, IV-VI 1

H Danubius Hotel Erzsébet City Center, Károlyi Mihály utca 11-15, ✆ 8893700, V-VI 1

H Kempinski Corvinus, Erzébét tér 7-8, ✆ 4293777, VI 1

H Mercure Budapest City Center, Vaci utca 20, ✆ 4853100, IV 0.5

H Mercure Budapest Korona, Kecskeméti utca 14, ✆ 4868800, IV 1

H Parlament, Kálmán Imre u. 19, ✆ 3746000, IV-VI 1

P Old Monarchia Hotel, Váci utca 79, ✆ 266-6479, ✆ 0620/4358875, I 1

Ho Domino Top Hostel, Váci u. 44, ✆ 2350492, ✆ 0620/4627287, I 0.5

Ho Maverick, Ferenciek tere 2, ✆ 2673166, o.F., I-II 0.5

Budapest/VI. kerület

Vorwahl: 01

H Cortile, Dessewffy u. 14, ✆ 6049339, IV-V 1

H Ibis Budapest Heroes Square, Dózsa György út 106, ✆ 2695300, II-III 2

H Medosz, Jókai tér 9, ✆ 3743000, III 1.5

H Radisson Blu Béke, Teréz körút 43, ✆ 8893900, IV-V 1

Ho Home Made, Teréz krt. 22, ✆ 3022103, ✆ 030/2004546, I 1.5

Budapest/VII. kerület

Vorwahl: 01

H Baross City Hotel, Baross tér 15, ✆ 4613010, III-IV 3

H Hungaria City Center, Rákoczi ut 90, ✆ 8894400, III-VI 2.5

H Ibis Budapest City, Akácfa utca 1-3, ✆ 4783050, III-IV 2

H Ibis Styles Budapest Center, Rákóczi út 58, ✆ 4628100, III-IV 2

AH Agape, Akácfa ucta 12, ✆ 7004102, ✆ 0620/9327260, o.F., II-IV 2

Budapest/VIII. kerület

Vorwahl: 01

H Museum, Trefort u. 2, ✆ 4851080, III-V 1.5

H The Three Corners Hotel Anna, Gyulai Pál u. 14, ✆ 9009071, III-IV 1.5

Ho Budapest, Könyves Kálmán körút 64, ✆ 2100816, I 4.5

Budapest/IX. kerület

Vorwahl: 01

H Actor, Viola u. 10-14, ✆ 7092423, ✆ 3230027, III-IV 2.5

H Ibis Budapest Aero, Ferde utca 1-3, ✆ 3479700, III 7

H Ibis Budapest Centrum, Ráday utca 6, ✆ 4564100, III-IV 1.5

P Boulevard City Pension, Angyal utca 13, ✆ 2152169, ✆ 30 9217 673 2

Ho Barocco, Lónyay u. 9/1/5, ✆ 9520089, I 1

Ho Violet Premium Hostel, Lónyay u. 25, ✆ 0630/2901357, I 1.5

Haller Camping, Haller utca 27, ✆ 0630/2310923 3.5

Budapest/X. kerület

Vorwahl: 01

H Expo Congress Hotel, Expo tér 2, ✆ 2636800, IV-V 6

P Arena Camping Budapest, Pilisi ucta 7, ✆ 0630/2969129, I 8

Budapest/XI. kerület

Vorwahl: 01

H Bara, Hegyalja u. 36-36, ✆ 3853445, ✆ 2094905, I-III 1.5

H Luna, Vegyész utca 17, ✆ 2046868, ✆ 0620/3604112, III 5

H Rubin Wellness & Conference Hotel, Dayka Gábor utca 3, ✆ 5053600, III-IV 3

H Ventura, Fehérvári út 179, ✆ 2081232, III-IV 4

P Korona, Sasadi út 123, ✆ 3191255, o.F., I-III 3.5

Ungarisch und slowakisch von A bis Z

Grundregeln der ungarischen und slowakischen Sprache

Die ungarische Sprache gehört nicht zu den indogermanischen Sprachen wie die deutsche, und deshalb mag Ihnen die Aussprache des Ungarischen zunächst unmöglich erscheinen. Dennoch sollten Sie versuchen, sich mit den wichtigsten Vokabeln und einigen Grundregeln der Aussprache vertraut zu machen. Nahe der österreichischen Grenze werden Sie keine Probleme haben, sich deutsch zu verständigen, besonders die älteren Ungarn können sehr gut deutsch. Aber je weiter Sie nach Osten kommen, desto mehr sind Sie darauf angewiesen, zumindest ein paar Brocken ungarisch zu sprechen.

Betont wird immer die erste Silbe eines Wortes, erst bei längeren Wörtern sind Nebenbetonungen möglich. Der Akzent auf den Vokalen regelt nicht wie in anderen Sprachen die Betonung, sondern sagt lediglich etwas darüber aus, wie lange ein Vokal ist. So wird ein Vokal mit Akzent lang ausgesprochen, einer ohne Akzent kurz.

Aussprache der Vokale Aussprache der Konsonanten

a	offenes a wie in what	c	wie z in Zaun
á	langes a wie in Tat	cs	wie tsch in deutsch
e	kurzes ä wie Hände oder e wie fest	s	wie sch in Schule
		sz	wie ss in Hass
é	langes e wie geben	zs	G-laut wie in Genre
i	kurzes i wie Mittag	z	wie s in Hase
í	langes i wie Lied	gy	wie dj in adjieu
o	kurzes o wie Politik	ly	wie j in Jahr
ó	langes o wie Ofen	ny	wie gn in Kognak
ö	kurzes ö wie können	ty	wie tj in Katja
u	kurzes u wie und	v	wie w in Wiese
ú	langes u wie gut	y	wie i in Minute

Die Konsonanten b, d, f, g, h, j, k, l, m, n, p, t, und x werden wie am Anfang deutscher Wörter ausgesprochen.

Bei der slowakischen Sprache sind folgende Regeln zu beachten:

Vokale mit ´ werden lang gesprochen.

c	wird wie z ausgesprochen
č	wie tsch
ch	ch wie in dt. ach
ď	wie dj
h	immer aussprechen (ähnlich wie im Deutschen)
ľ	wie lj
ň	nj (wie in span. Señor)
ô	ou
s	stimmloses s (wie in dt. Stress)
š	wie sch
ť	wie tj
v	w
y	i
z	stimmhaftes s (wie in dt. Sattel)
ž	j (wie in franz. jour)

Ein kleines Wörterbuch: Deutsch-Ungarisch-Slowakisch

Deutsch	Ungarisch	Slowakisch
Zahlen		
Null	nulla	nula
eins	egy	jeden
zwei kettö, két	dve	
drei	három	tri
vier	négy	štyri
fünf	öt	pät
sechs	hat	šesť
sieben	hét	sedem
acht	nyolc	osem
neun	kilenc	deväť
zehn tíz	desať	
Begrüßung		
Guten Morgen!	Jó reggelt!	Dobré ráno!
Guten Tag!	Jó napot!	Dobrý deň!
Guten Abend!	Jó estét!	Dobrý večer!
Gute Nacht!	Jó éjszakát!	dobrú noc!
Auf Wiedersehen!	Viszontlátásra!	do videnia!
Danke!	Köszönöm!	dakujem
Hilfe!	Segítség!	pomoc
bitte kérem, tessék	prosim	

Deutsch	Ungarisch	Slowakisch
deutsch	német	nemecký
ja	igen	áno
nein	nem	nie
Wochentage		
Montag	hétfö	pondelok
Dienstag	kedd	utorok
Mittwoch	szerda	streda
Donnerstag	csütörtök	štvrtok
Freitag	péntek	piatok
Samstag	szombat	sobota
Sonntag	vasárnap	nedela
morgen	holnap	zajtra
gestern	tegnap	včera
heute	ma	dnes
mittags	délben	na obed
Feiertag	ünnep(nap)	sviatok
Orientierung		
geradeaus	egyenesen	priamo
links bal, balra	dolava	
rechts	jobb, jobbra	doprava

Deutsch	Ungarisch	Slowakisch
bergab(-wärts)	lefelé	nadol
bergauf (-wärts)	felfelé	do kopca
zurück	vissza	späť
Zentrum	központ	centrum
Bahnhof	pályaudvar	železničná stanica
Bahnstation	állomás	železničná zastávka
Krankenhaus	kórház	nemocnica
Arzt orvos	lekár	
Zeit	idö	doba
Brücke	híd	most
See	tó	jazero
Fluss folyó	rieka	
Berg hegy	hora	
Kirche	templom	kostol
Stadt	város	mesto
Dorf falu	dedina	
Platz tér	námestie	
Straße	utca, út	ulica, cesta
Bad	fürdö	bazén
Toilette	vécé, toalett	toaleta
Zimmer	szoba	izba

Deutsch	Ungarisch	Slowakisch
Einkauf		
Geld wechseln	pénzt váltani	vymenit' peniaze
Apotheke	gyógyszertár	lekáreň
Bedienung	kiszolgálás	služba
Geschäft	üzlet	obchod
geöffnet	nyitva	otvorený
geschlossen	zárva	zatvorený
bezahlen	fizet, kifizet	zaplatit'
Markt	piac	trh
Lebensmittel	élelmiszer	potraviny
Essen		
Essen	Enni	jest'
Gasthaus	vendéglö	hostinec
besetzt	foglalt	obsadený
frei	szabad	vol'ne
bestellen	rendelni	objednat'
Speisekarte	étlap	jedálny listok
Frühstück	reggeli	raňajky
Mittagessen	ebéd	obed
Abendessen	vacsora	večera
Bier	sör	pivo
Brot	kenyér	chlieb
Butter	vaj	maslo
Ei	tojás	vajce
Fischhal	ryba	
Fleisch	hús	mäso
Geflügel	szárnyas	hydina
Gemüse	zöldség	zelenina
Kaffee	kávé	káva
Kartoffel	burgonya	zemiak
Käse sajt	syr	
Milch	tej	mlieko
Reis	rízs	ryža
Salatsaláta	salát	
Suppe	leves	polievka
Wasser	víz	voda
Wein	bor	vino
Wurst	kolbász	klobása, saláma
Fahrrad		
Fahrrad	kerékpár	bicykel
Radschloss	zár	zámka
Luft	levegö	vzduch, povetrie
Werkzeug	szerszám	nástroj, náradie
Schraube	csavar	skrutka
Reifen	abroncs	bicyklová pneumatika

Ortsindex

Die Seitenzahlen ab S. 125 beziehen sich auf das Übernachtungsverzeichnis.